歴史のなかの江戸時代

速水融編

藤原書店

歴史のなかの江戸時代　目次

第6章　「鎖国」を見直す　181

第7章　経済政策の視点から　219

第8章　「近世の秋」　247

歴史のなかの江戸時代

（葛飾北斎「富嶽三十六景　甲州石班沢」）

序　章

勤勉革命と産業革命

速水 融

（葛飾北斎「富嶽三十六景　駿州片倉茶園ノ不二」）

江戸時代像の変容

江戸時代に関するイメージは、ひと昔前まで、一口で言えば暗いものだった。いわく搾取と貧困、鎖国、義理人情、そういった言葉がこの時代を表わす常套句であった。約三十年前に書いた「歴史のなかの江戸時代」（本書第1章）でも詳しく述べたように、当時の教科書では、江戸時代は無前提的に「封建社会」として描かれ、封建社会なるがゆえに、身分制社会であり、自由を奪われた農民は土地に縛り付けられ、商人は儒教的道徳から士農工商の最下位に位置した、とされていた。

この度、改めて刊行する本書『歴史のなかの江戸時代』は、一九七六年一月から雑誌『諸君！』に連載され、翌年、単行本として刊行された東洋経済新報社版に、その後なされた対談・座談のいくつかを加えたものであるが、こうした対談・座談シリーズを企画したそもそもの狙いは、多くの方々の意見を伺いながら、上に述べたような江戸時代に関する通念を問い直すことにあった。

この試みに対し、中には賛意を表して下さった方も居られたが、風当りも強かったことも事実である。筆者自身、いささか肩に力が入り過ぎ、攻撃的な表現が強くなってしまった。しかし、当時考えていた江戸時代像は、現在でもぶれていない。他方で、現在の江戸時代に対する世論は、大きく変わった。一種の「江戸ブーム」とも言える風潮の中で、賛美に近い評価さえ出てきている。筆者から見れば、いささか行き過ぎではないか、とさえ思われる評価もあり、今度は江戸時代は決してバラ色一色ではなく、少なからず暗黒面を有する社会であった、と述べざるを得ないような状況になっている。例えば、歴史人口学の立場から言えば、江戸時代の後進性として、とくに都市における公衆衛生の欠如が挙げられる。「天保の大飢饉」なども、実は飢饉以上に感染症による被害がかなり大きかったのであり、平均寿命も、実は農村よりも都市の方が短かったのである。

「江戸暗黒説」から「江戸礼賛説」へという江戸時代像の変容には、この三十数年間に生じた内外の社会的変動も関係しているのだろう。七〇年代末の社会主義国家中国における改革開放政策の開始、八〇年代の日本の高度経済成長とバブル崩壊、八九年のベルリンの壁崩壊とそれに続くソ連邦解体は誰もが予想しなかった大きな出来事だった。こういった過程のなかで、江戸時代暗黒説は次第に影を薄くしていったのである。

「近世」とは何か――pre-modern か early modern か

通常、江戸時代は、日本歴史の時代区分の上では、「近世」と呼ばれる。ヨーロッパ史の時代区分が、「古代」「中世」「近代」と三区分であるのに、日本は「中世」と「近代」の間に「近世」が入る四区分である。江戸時代を「近世」と呼ぶようになったのは、誰によってか、いつ頃からかについては、筆者は確かめていない。だからどこの誰ともいえないのであるが、言い得て妙である、と思っている。ただし、これを欧州語で示す時、若干混乱が生ずる。つまり、pre-modern とすべきか、early modern とすべきか、である。後者であれば、early の次に later が、そして post さえ用意されていて、三つの modern times の経過に変質と連続を読み取ることができる。前者だと、pre は前置されたもので、それ自身 modern ではない。したがって、どちらの表現をとるかは、その言葉を使う者の歴史観を示すことになりかねない。かく言う筆者は、実は、この二つを厳密に区別することなく使ってきた。というのも、政治史に基づいて、慶長八（一六〇三）年の朝廷による家康の征夷大将軍任命から、慶應四（一八六八）年の江戸開城までの二六五年間は「江戸時代」と呼ばれるが、歴史の連続・非連続を考える際には適当ではない。社会は、なにも政治体制だけで決まるものではないからである。「江戸時代」を、始めから終わりまで不動だった時代としてではなく、むしろ「変動の時代」と捉え、またその変動のあり方にも大きな地域差がある以上、「江戸時代」を「地域的多様性」において捉えるのが筆者の立場である。

その場合、この時期を「近世」と呼ぶのは的確だと思われる。例えば、「戦国時代の内に、近世的要因が生まれた」とか、「明治維新は、かなり劇的な変動だったけれども、近世的な生活慣習まで変わったわけではなかった」といった表現が可能になるからだ。これによって、「江戸」と「明治（近代）」の連続性と断絶性という両面を示すことができる。

このような見方から、世界各国との比較史研究も可能になってくる。たとえば、フランスの旧制度《アンシャン・レジーム》期と江戸時代との比較は、とくに意味のある仕事となるだろう。かってフランスの歴史家、エマニュエル・ル＝ロワ＝ラデュリ教授との対談においても、そのことを確認し合うことができた（「新しい歴史がめざす『統合』とは」中央公論、一一七八号、一九八四年、速水編『歴史学との出会い』慶應義塾大学出版会、二〇一〇年収録）。二つの社会とも「身分制」が基礎にあるが、通常、これは「封建制」と読み替えられてきた。しかし、その内部で進んだ近代への準備、政治面における官僚制、経済面における市場経済の展開、そしてその爛熟した文化こそ、実はその後の「近代化」を準備したのである。

成熟していた江戸文化

近代を準備した時代として江戸時代を捉えた場合、何よりもまず目につくのは、その文化的豊かさであろう。ヨーロッパの大学に当たる、総合的高等教育機関こそなかったが、幕府や諸藩は学校を持ち、儒学や蘭学を教え、士族のみならず、庶民に開放されたところもあった。富裕な商人は彼ら自身で塾を開いて倫理教育を行った。それにもまして、庶民を対象とする寺子屋の存在は大きく、基本的な読み・書き・ソロバンの教育により、地域差こそ大きかったとしても、一般庶民の識字率はかなり高くなっていたのである。そこでは出版物の市場が開け、多数の書籍が世に出た。それらは都市の書店の棚に並べられたばかりでなく、貸本屋により、村々を回り、書籍の購入ができない人々にも余沢を与えたのである。出版されなくても、手稿本の回し読みによって人々は「知」の余慶に接することができた。読書層が、これほど厚みを持ったのは史上初めてのことである。読書といえば、貴族、社寺、上級武士に限られていたのが、いまや庶民の間に広がり、さらに、たとえ文字を解さなくても、民衆全員が知的好奇心に溢れる社会が出現したのである。

杉仁氏により明らかにされたところに従えば（『近世の在村文化と書物出版』吉川弘文館、二〇〇九年）、江戸時代初期から、幕府や藩の力を全く借りないで地方に上層村民を核とする文化ネットワークができ、藩境や国境を越えて文化活動が行われていた。初期には連歌の集いだったのが、読詩会となり、文人を迎えての交歓会へと広がっていった。なかには、以下のような驚くべき活動さえあった。下野国のある村の文人が、大陸中国では散逸してしまった唐詩を集め、それを出版すべくその子のSに預ける。彼は江戸へ行くがうまく行かず、有名文人を訪ねつつ東海道を下る。伊勢四日市に至り、名望家D家の客となるが、そこで事の重要性を知ったD家の主人が、付近の文人を集め、出版の資金を調達する。それを持って京都に出たSは、唐詩を印刷に付し、長崎に行く。長崎で病に倒れるが、中国人の医師の診察を受けたことから、長崎在住の中国文人と会うことができ、件の唐詩は、その中国文人の手を経て中国へお里帰りし、大変な評判になる、というおよそ考えられないような話である。

こうした北東アジアにおける文化交流が、「鎖国」という状況のもとで、しかも幕府や大名の手を一切借りずに、民間の手によってなされていた。もちろん、これには、いくつかの幸運も働いたであろうが、唐詩を編纂することからはじまり、長崎で中国文人にそれを手渡すまで、一貫した意志が貫かれて居り、偶然そうなったわけではない。しかし、このようなことが実現するには一つの前提となる条件があった。それは、以下にのべるような江戸時代における「経済社会」の展開である。

経済社会の誕生

商業・金融に関しては、江戸時代の日本は、同時期の他のいずれの国にも劣らない制度、信頼性を確立したと言えるだろう。これが開国後の欧米からの制度移入を極めて容易にしたことは疑えない。

大坂を中心とする市場経済・信用経済の展開は、商品取引がいかに隆盛を極めたかを物語る典型である。全国から、主に海路集荷された商品は、品目別に仲買商を経て荷受問屋にわたって市場で取引され、価格が決まり、集荷問屋を経て仲買商、地方問屋、小売商へと、あたかもベルト・コンベアの上を消費者に向かって流れていった。最も取引量の多かったのは米であるが、米会所の取引では、先物取引さえ行われ、現在のヘッジング（保険）の役割を演じていた。そして、大坂米会所の取引価格は、当時として取り得る最速のスピードで、江戸や主な産地に知らされた。米会所の図絵には、価格を知らせる手旗を振る人の姿が描かれ、おそらくそれをキャッチした峰の中継地からは、次の中継地へ向け、特定の色の狼煙で価格が伝えられたに違いない。

農村においては、初期には専ら耕地の拡大を通じて生産量の増大が図られたが、可耕地面積の少ない日本では、拡大はやがて限界にぶつかる。そうすると、耕地の立体的利用、つまり深耕や肥料の投与が始まる。もちろん地域差があっただろうけれども、江戸時代後半には、耕地の有機的活用や品種・種子の選択も行われるようになり、農民自身による経験を基に、多数の「農書」が印刷され、農業技術の全国的交流も進み、農民の間にも広く経済的観念が植え付けられることとなった。

このように、都市であれ、農村であれ、人々は経済的価値が何であるかを知り、適応しようとした。体系化こそされなかったが、このような経済社会の中に存在する法則に気付き、それを論述する三浦梅園のような「経済学」さえ生れた。元来、人間は多元的価値観の持ち主であるが、そのなかで経済的価値観が独立し、それに従って人々が行動するようになる。このような社会を「経済社会」と呼ぶことができる。江戸時代は、少なくも後半には、全国的に「経済社会」化が進み、人々のなかには経済的機会をとらえて富を蓄える者も出てきた。ある者は在村文人となり、ある者は江戸時代の生んだ世界的芸術家、葛飾北斎のパトロンとなって、幕府や諸藩の文化活動とは独立に、独自の活動を行ったのである。

勤勉革命と産業革命

同じころ、ユーラシア大陸の西端では、産業上の大変革が起きていた。産業革命（Industrial Revolution）である。この変革は、エネルギー源を石炭に求め、大規模な機械を用いて大量生産を可能にした工場制工業の展開であるが、何と言っても蒸気機関の発明・利用がその核心である。一八世紀前半、イングランドで起った織布機械の改良は、大量の（綿）糸の需要を引き起こし、織物業と紡績業が相互に作用しながら発展し、エネルギー源として石炭が用いられるようになり、生産工程における工場制度を生み出した。一九世紀の前半には、生産原料や燃料を運搬するため、鉄道や蒸気船が出現し、それらは西ヨーロッパ諸国に伝播し、世界は大きく変動したのである。

江戸時代の日本には、国内的にはこのような変化の必要性は全くなかった。だからこそ、幕末開港以後、滔々と流れ込んできた産業革命の成果や欧米の事物に、驚くほかなかった。明治になって導入されたもの——鉄道、馬車、道路、電信・電話、蒸気機関とそれをエネルギー源に用いる諸産業、高等教育機関、病院・衛生設備、内閣制度、議会、憲法などの法制、司法制度——を考えると、近代社会の形成にとって、何が欠けていたのかが分かる。この面だけを見れば、江戸時代と明治以降の違いを大きく考えたくなるのも、ある意味で当然である。

だが、江戸期に「経済社会」化が進んでいたことも明白な事実である。では何によってこれはもたらされたのか。「産業革命《インダストリアル・レボリューション》（Industrial Revolution）」ではなく、「勤勉革命《インダストリアス・レボリューション》（Industrious

Revolution)」によって江戸期の発展は生じた、というのが筆者の主張である。

近世において農業の労働のあり方は大きく変容した。徐々に形成されていった市場に適合するなかで、それまでの隷属的性格を持った労働が家族労働（小農化）へと変わっていった。筆者の観察では、信州の諏訪地方では、城下町を中心として同心円状に、一年にほぼ二〇〇メートルの速さで小農化が進み、一八世紀の後半には全領域が小農化した。農業と市場が結びつくことで、農産物の利益を農民自らが手にできるようになり、市場販売を目的とする生産が世帯単位で自発的になされるようになったのである。これが、すなわち「勤勉革命」である。とくにこの「革命」は、耕地拡大が限界に達し、生産量増大が、もっぱら投下労働量の増大によってもたらされるようになった時期（地域ごとに違いはあるが、ほぼ一八世紀）により深化を遂げることになる。この「勤勉」が、江戸時代を通じて農村から都市へも広がり、とりわけ明治維新以降に、経済発展と工業化を支える労働倫理となった。ただし、この「勤勉」さは、一定の社会経済的条件の下で生じたものだとも言え、決して永遠不変の日本人の「国民性」とは言えない。それは現在失われつつあるとさえ言い得る、ここ三〇〇―四〇〇年間の特徴なのである。

石高制にみる江戸時代の二面性

江戸時代において「経済社会」化が進んでいく上で大きな役割を果たしたのは、「勤勉」という人々の心性《マンタリテ》だけではない。江戸幕藩体制の「背骨」とも言うべき「石高制」の存在も大きかった。「石高制」は、検地を通じてある領域の石高を測定することから始まる。対象となるのは、田・畑・

屋敷地が主で、初めのうちはその地の主にどのような土地がどれだけあるかを提出させていた（指出検地）が、秀吉の時代になると、国を単位に、検地条令を出し、検地奉行を任命し、所領に関係なく行われるようになった（丈量検地）。秀吉は、その結果に基づき、直轄地を決めたり、家臣に領地を決めた。律令制末期から荘園制の時代にかけて、どこに、どのような土地（土地の品位に応じて面積当たりの石高を決めた——斗代）があり、年貢をどれだけ賦課し得るかが不分明になっていたのが、少なくも検地の時点では明瞭になったのである。ただし、検地は、「村」（場合によっては「町」）を単位としており、領主は村高に対して年貢をかけるのである。毎年収穫期に調査を行い、その年の豊凶を調べ（検見）、その結果によって村高に対する租率を決めた。但し、検見には色々な方法があったが、ここでは問わないことにする（検地については、速水融『近世初期の検地と農民』知泉書院、二〇〇九年参照）。

検地による年貢徴収は、生産量が長期的に一定している社会では、それなりに合理的なものであった。しかし、石高制は、一方で武士階層の秩序を決める手段となり、将軍は大名や旗本の石高を決め、それに対応する領地を与え、大名は家臣に同じように石高と領地を与えることとなった。徳川幕府が、先規仕来りを守り、現状維持（status quo）を建前としたことにより、各大名が自分の領地を再検地することは、原則的に許されなくなった。徳川以前の、太閤検地による石高が大名にも村にも用いられてきた例も少なくない。

しかし、実際には江戸時代を通じて、農産物の生産量はかなり増大していった。それが新田開発による場合は、許されていた新田検地により年貢賦課地となったが、その斗代は低く、また、施肥や深耕、耕地の効果的利用による生産量増大に関してはこれを把握できない、という根本的弱点を有していた。

ここから農民の生産物において自給部分と年貢を引いた剰余が生じることになった。では、この剰余を誰が手にしたのか、どの社会身分が自分のものとしたのか。

結論からいえば、武士層はこの剰余を自分のものとすることに失敗した。ごく少数の藩を除いて、兵農分離の結果、武士は城下町に居住するようになり、農村には特別の理由のない限り出かけることもなくなった。そうすると、余剰部分は、商人と農民（山村や漁村居住者も含める）の手に帰すことになる。もちろん、それぞれの中で平等に分配されたわけではないが、農民の場合でみると、その生活水準は明らかに上昇している。信州諏訪地方の事例であるが、十七世紀末には二十年代後半だった平均寿命は、幕末期には三十年代半ばまで延伸した。近代的医療・衛生設備のなかった時代に、平均寿命は生活水準を示す指標であり、たとえ五、六年でも、大きな変化と言うべきなのである。商人層では、上層では特に致富が進み、今日の財閥に繋がる家系も生じてきた。中下層の商人も、あらゆるビジネス・チャンスを求めて走り回った。ひとり乗り遅れた武士層は、本来政治支配層であるのに、貧窮化する。藩全体としても貧窮化が進み、武士層の富商からの献金・借財は増え続け、中下級の武士のなかには、「御仕法替え」と呼ばれた一種の破産宣告を受け、年貢の収取権を失い、決められた額でのつつましい生活を余儀なくされた者までいた。武士の魂ともいうべき武具を手放し、家族の賃仕事に依存したり、御家人株を売って、名目的に農民や商人の子息を養子にまでして生きつないだ彼らは、何を目標に生きていたのだろうか。

年貢収取制度としての石高制が硬直的であったことは、大きな歴史的意味を持っていた。こういった政治支配者が致富の途から脱落し、被支配者のなかから経済的に優位な者が出てきたことに、世界史的にもユニークな江戸時代の特徴を見出せるのである。もし、政治支配者が、致富の途を独占したら、その社会は少数の、強力な支配層によって統治され、中間層がほとんどなく、底辺は、貧困で無知文盲の民からなる社会になってしまう(これを二極分解型社会と呼ぼう)。このようなタイプの社会は安定的で、崩れようにもなかなか崩れないのが特徴である。つまり、頂上と、底辺があまりにかけ離れていて、内的な勢力の交替は生じ難いのである。江戸時代は、決してそうではなかった。政治的支配層と経済的富裕層が交錯し、多くの局面で中間層を持つ社会だった。こうした社会では、その構成各層間の距離が相対的に近く、内的な変動が生じやすい（これを多元型社会と呼ぼう）。このような江戸期社会の性格は、その後の日本にとっても決定的に重要であったと考えられる。

もし日本が二極分解型社会だったら、日本の近代化は全く異なったコースをとったであろう。しかし、そうではなく江戸期社会が多元型社会であったために、明治以降の近代化も、全体としては比較的均衡のとれた健全なものになった。とはいえ、日本社会も二極分解型に進む潜在的可能性を全く持っていないわけではない。戦前期の日本を考えると、二極分解型社会にかなり近づいていた、とも言えないだろうか。それに対し戦後の日本は、敗戦と三〇〇万人に達する生命の喪失を代償にして、多元型社会に踏みとどまったように思われる。

しかし、現在、われわれ日本人は、確固たる未来像を描き得ず、混迷のなかにいる。本書は、こういった状況に対し、直接の回答を与えるものではないが、江戸時代を見つめ直すことにより、日本の経験や、日本社会が持っていたものは何だったのかを今一度問うてみようとする試みである。

第1章

歴史のなかの江戸時代

速水 融

（葛飾北斎「富嶽三十六景　神奈川沖浪裏」）

教科書のなかの江戸時代

「……幕府も藩も、農民から取り立てる年貢がおもな収入であって、労役も農民にかけていた。このように農民は、幕府や藩をささえる土台であったから、その支配には念入りに心をくばった。家康は『百姓が生きぬように、死なぬように考えて年貢を取れ』といったと伝えられているが、幕府も藩もこのような方針で農民を支配した。五公五民・四公六民などの基準を定め年貢をきびしく取り立てるとともに、衣食住にまで干渉して低い生活をさせ、田畑の売買を禁じたり、分家を制限したりして、年貢が納められないほどの貧しい農民が生じるのを防ごうとした……（中略）……四民（士農工商——引用者）それぞれのなかにもさらに身分の差別があり、武士では大名・家老から足軽にいたるまで、農民では村役人層から検地帳に名をのせられない者にいたるまで、町人では町役人層から借家人にいたるまで、こまかく身分が分けられた。そして身分がちがう者の間では、ふつう交際も結婚もおこなわれなかった。こうして、すべての人を身分によって上下に分けて支配する封建社会ができあがった。」（『中学社会　歴史的分野』日本書籍、一九七三年、傍点引用者）

以上は、現在中学で使用されている一教科書からの引用である。表紙には「文部省検定済」の六文字が印刷してある。私はこれを史実の記述や歴史の解釈の誤りを訴えるために引用しているのではない。ただ、ここでは、このような記述をする教科書が、義務教育の中学において用いられていることの意味を考え、そして、もし全国の中学校で、このような記述の線に沿って歴史の授業が行われているとすれば問題があるということに読者の注意を喚起したいためである。

また、義務教育ではないが、今や進学率九〇％をこえている高等学校の教科書ではどうなっているのだろうか。私の手許にあるのは、やはり「文部省検定済」のある教科書である。第七章と第八章が江戸時代の記述にあてられている。第七章から一部を引用しよう。

「一般に封建社会では農業の生産が中心で、手工業も農家が副業としていとなむ程度であり、交換経済が未発達で、大部分のものが自給自足の生活をしていた。幕府や諸藩はできるだけこの状態をたもとうとしたが、経済の発達につれて自給自足の生活はくずれ、やがて封建制が崩壊していった。封建社会を維持しようとする力と、くずれる要因との対立が近世の歴史の一面である。」（『詳説日本史』山川出版社、一九七五年）

この文章やさきの中学の教科書に共通することは、江戸時代が封建社会であるということが前提とされていることである。一体この「封建社会」とはどの様に定義づけられているのだろうか。高校教科書の方でみれば、鎌倉時代を取り扱った第五章に、次のように説明されている。

「封建制度には、（イ）土地の給与をつうじて主従のあいだに御恩と奉公という関係がむすばれるという支配階級内部の法秩序を意味する側面と、（ロ）土地・農具などをもつ小農民が土地からの移動の自由をうばわれ、農奴として領主に現物地代をおさめているという経済的な社会制度を意味する側面とがある。ここでは、（イ）の側面を問題としているが、（ロ）の社会制度がいつごろ成立したかについては、諸説が対立してまだ定まっていない。」そして、言うまでもなく、鎌倉幕府における将軍・御家人間の関係が、右の（イ）による封建制度であり、「守護・地頭の設置によって国家的制度としての封建制度がはじめて日本に成立したといわれている。」
それでは、江戸時代はなぜこの（イ）または（ロ）の理由で封建社会と呼ぶに値する時代であるというのであろうか。この教科書にはそれが明示されていない。のみならず、「日本史では、近世は、封建的な支配が確立された時代すなわち後期封建社会をいい、一六世紀末の安土桃山時代と一七—一九世紀の江戸時代がそれにあたる。」として、江戸時代が封建社会であったことはあたかも自明の理であるかのごとく取り扱っている。

念のためにお断りしておきたいが、右の引用文が見当外れだ、ということを主張しようとしているのではない。それどころかむしろ試験問題に対して右のような回答が書けたら満点の評価が与えられるに違いない。だが、問題はそれがむしろ完璧すぎることにあるのだということから始まる。

中学・高校という、人格形成の最も大事な年齢層において、人間とは何かを問うに絶好の機会を提供してくれるはずの歴史、とくに「日本史」の教科書が、このような記述をしていることの意味は決定的に大きい。おまけに、とくに現在の高校は大学入試の受験準備校化していることはしばしば指摘される事実である。筆者はすべての高校生がそうだとは決して考えていないが、彼らは大学入試の対策として、選択する社会科の内の一教科を定め、それをいわゆる「暗記もの」として、その教科書や入試対策書を試験直前に棒暗記する。日本史に限ったことではないが、どの大学でどのような問題が出ているか、そういった需要に応じる模範解答を付した入試対策書が書店の棚を埋めていて、この種の本の出版は今や一つの成長産業となった。受験準備校、予備校の盛況また然りである。

だから高校生は、さきに引用したような優等生的な文章を覚えたり、自分が全く中身を読みもしない文学作品の成立年代や、それが……派に属するというレッテル貼りに至るまで棒暗記に忙しくなる。最も恐ろしいのは、彼らが、こういうことを通じて「歴史学」とはそういうものだ、と思ってしまうことである。

たしかに、中学・高校の、とくに社会科系の教科書を書くことは難しい作業である。紙数や表現法にはきつい制約が加えられている。そして、それを用いて教えることも普通考えられるよりももっと難しいことに違いない。筆者にそれをやれと言われてもうまくやれる自信は全くない。

このような状況は、次の二つの理由から生じているように思える。一つは大学の入学試験であり、他の一つはアカデミックなレベルでの現在の日本における歴史研究のあり方である。

前者について言うならば、高校生の半分以上はいずれかの大学を受験する。彼らはいくつかの大学、その内いくつかの学部の入試を受ける。ところが大学の方では、各大学、各学部毎に問題を作り、短時間に採点して合否を決めている。勢い問題や採点の省力化が行われる。受験生や採点者が、じっくり取り組めるような状況では到底ない。つまり棒暗記で点がとれるような問題が選ばれてしまう率が高くなる。筆者自身も二〇年近く、自分の勤める大学の学部の日本史の出題・採点に参加して来たが、その時ほど自分の職業を呪いたくなる時はなかった。正直なところ一刻も早くそこから抜け出したい気持で一杯だった。

しかし、この方の理由はまだしも改善可能である。つまり、そのような形の入学試験をやめてしまえばよいのである。また、もう一つの解決法としては、棒暗記の通用しないような問題を出すことである。しかし、おそらくこれは、短期日の間に合否が判定されねばならず、かつ各大学、各学部毎に試験が行われている現在では直ちに実行することは困難であろう。

「天動説」と「地動説」

しかし、ここで強調したいのは、むしろ第二の問題である。現在、自然科学系の学問と、人文・社会科学系の学問とくに歴史学とを比較して異なる点は、相対的に、前者では積み上げ可能、後者ではあたかも賽の河原のごとくであって、積み上げはごく限られた範囲でしか行われていないということである。もちろん、自然科学の内にも今まで定説と考えられていた学説が一挙に覆され、もとからやり直しというような例があり、人文・社会科学系の内に、自然科学に近い壮大な建築が行われる分野のあることも確かである。だが、今ここでとりあげようとしている日本史の研究に限るなら、極端に言えば、一方では依然として「天動説」を信じている者が多数いて、「地動説」を唱える者は異端視されているような状況である。いわんや、「地動説」のなかで、さらに地球の軌道が、円か、円錐曲線かというようなより進んだ議論が成り立つには程遠い。

それでは日本史研究における「天動説」というのは一体何なのだろうか。これにも二つの側面がある。一つは、さきにも引用した教科書の文章に表れているように歴史研究における完璧性への固執である。教科書でなくても、専門家の書いた概説書や専門書の記述は、大部分が断定的に書かれ、とりあげられた問題はもう研究し尽され、疑問の余地など全くないのだ、と受け取られがちである。あるいはまた、歴史にはもう疑うことのできない「歴史法則」があって、歴史研究はその法則がいかに具現化されているか――多少のヴァリエーションを含むとしても――といった調子で書かれている著書・論文がいかに多いことか。

また、他の一つは、歴史研究とは、史料、とくに文献史料を掘り出して来て、それをただ紙面に並べることによって史実を提供した、甚だしくは歴史を研究したと満足げな多くの日本史研究者の態度である。しかし、これに関してはまだ救いがある。とにかく、世の人に、「史料」を発掘提供しているのだから、史料の第一発見者、または、史料編纂者としての功績は認めなければならない。歴史家の仕事は、このような史料を材料としなければ成り立たないからである。ただしその場合、彼らは歴史研究者ではなく、「史料発掘者」、ないしは「史料編纂者」として評価を受けるべきである。

こういった二つの側面は、一見それぞれ独立した別個の問題のように受け取られるかもしれないが、これは一つの楯の両面だと思われる。だからこそそれを「天動説」と名付けたい。プトレマイオスによって体系化された「天動説」以前にもいろいろな「天動説」があったのと同様である。

歴史学においては、実際には断定的に物事を考えたり、表現したりすることはむしろ稀なケースでしかない。もちろん、叙述法として断定文を用いることは許されなければならない。そうでなければ、著述は不可能となる。しかし、教科書はもちろんのこと、概説書から専門書に至るまで、「これとは異なる考え方もある」とか、「これには疑問の余地が多い」とか、「ここまでしか判っていない、ここから先は未知の分野なのだ」といったような表現がとられることはあまりない。「もしこのような条件が満たされれば」とか、「このことが事実として証明されていることを前提とした上で」というような条件つきの表現は、むしろ日本の歴史家の間では一般にタブー視さえされている。しかし、歴史学、とくにわが国の歴史学は、前提や条件なしの断定文で書けるところまで進んでいるのだろうか。

およそすべての科学にあてはまることだと思うのだが、科学的認識は次のような順序でなされるものであろう。問題を設定したら、観察――仮説の導出――検証または実験による仮説の検定――理論化。自然科学の場合、多くの分野ではこれらのステップを踏むことが十分可能である。観察は、たとえば、精密な顕微鏡で対象をのぞき、その状態や変化に関するあらゆる情報を集めることである。もちろん、この過程で対象物に手を加えたり、いろいろな角度から観察することも行われる。

ガリレオが手製の、今の水準では低精度の望遠鏡で木星の衛星がぐるぐる廻っているのを発見したのは一六〇九年のことであった。彼はその観測事実から、その約一世紀前にすでに理論家として、「地動説」を唱えていたコペルニクスの仮説を見事に検証したのである。ガリレオがカトリック教の強いイタリアにいたために宗教裁判にかけられたり、その未完の主著『新科学対話』が彼の死の間際に、ようやく新教国オランダで出版され、手にすることができたといった物語は、まさに一つの「歴史」である。

最近では、こういった天体観測は電波望遠鏡等を用いることによってガリレオの時代とは比較にならぬほどの進歩をとげている。自然科学において、このような観察・検証、そして分析手段の発達がいかに大きな意味を持つかについては説明を要しないことだろう。

歴史研究における史料

歴史研究においては、自然科学の場合と異なって、この観察や検証が不十分にしかできない。歴史家が主として観察・検証の素材とするのは、文献史料である。このことは、決して文献史料以外の素材を用いてはいけないことを意味しているわけではないが、文献史料は何といっても歴史研究の中心的素材であることに疑問を持つ者はいないだろう。ところが、人類史において、文献史料が作られ、現在に伝えられている時代や地域は限られた範囲でしかない。しかも、ある問題設定に対して、直接にせよ間接にせよ有効な素材となる史料はますます限られてくる。

日本について言うならば、いわゆる古代史ブームの中心課題の一つである「邪馬台国」論争の原典は、中国で書かれた『魏志倭人伝』、それも真の意味での原本はなく、後年の写本が素材となっている。だから最も年代の古い写本には邪馬壹国とあるところから、邪馬台国などは史料にもなかったのだと唱える人までいるほどである。いずれにしても、その著者自身の旅行記でもない、伝聞に基づいて書かれた著作の、そのまた写本を材料にして論争されているのである。従って素材の質については、言うまでもなく非常に低い。筆者には、わが国の歴史家や知的職業に従事する人々がなぜそのような素材に群がり、大量のエネルギーをつぎ込んで来ているのか、今もって理解できない。たしかに、不完全な素材からあれこれと想像をたくましくすることは、知的遊戯としては楽しいことである。しかしそれはあくまでも「推理」の域を出るものではなく、科学としての歴史研究においては、数少ない古代史家の貴重な時間を浪費したという点においては、むしろ大きな損失でさえあるとみることもできる。

どの時代でも書かれ、そして現在に伝えられ、研究者が利用可能な文献史料はまず量的にいって不十分であり、また質的にいって書かれた当時のことを不十分にしか伝えていない。史料は意志を持った人間の手によって書かれたものであり、そこには書き手の能力や限界、彼のおかれた状況が常につきまとうものである。その史料が、誰によっていつ、いかなる目的のために作成されたのか、書き手はいかなる性格の持ち主で、どのような状況の下に書かれたのか、が判らなければ史料の向う側にある事実の観察自身誤りだらけのものになってしまう。さらに加えて、その史料が、いかに、どのような経路を通って、現在に伝えられているかを確認することもまた大切な作業である。いかなる文献史料でも（あるいは現在の社会に関する情報でも）、史料批判を欠いては歴史研究は成立しない。

ここで一つ、現在のわれわれの生活が、何十年か何百年か未来の歴史家の研究対象となった場面を設定してみよう。仮に税務署への所得税の申告書が史料として残されているとする。彼はそれを用いて、一九七〇年代の日本人の所得について個別研究をするものとする。言うまでもなく、納税者は、納税額をなるべく少なくしようとする。いわゆる租税の回避行動である。これを道徳的、法律的立場から云々することはこの際止めておきたい。とにかく大部分の納税者はもしゴマ化すことができたら所得の申告額を少なくしようと努力する。何せ一国の総理大臣の関係する企業でもこれは行われていたのだ。だから当然申告書を用いた彼の研究では所得は過小に評価されてしまうだろう。それでは申告書ではなくて納税額の決定通知書を用いれば正確か？　これも正確とは言えそうにない。困るのは、申告書にせよ、それに対する税務署側の対応である決定通知書にせよ、実際の所得額は、書類上のそれより多いには違いないが、どの程度多いかが判らないということである。中には、この文章を読んで、俺は正確に所得を申告しているのだぞ、昭和五十年代の日本にも正義感に満ちた人間がいることを覚えておけ！という抗議が来るかもしれない。たしかに、全員が所得をゴマ化しているわけではないのである。ところが、そういうことになると、ますます後年の研究者は困る。誰が正義漢で、誰が正義漢でないかの判別をしなければならないし、どの程度正義漢でなかったかを測定しなくてはならない。そのような測定装置などいくら技術革新の世とはいえ、作れるものではないだろう。

結局のところ、歴史研究者は、いつの世であれ、そして何を対象とするのであれ、多かれ少なかれ、質的にも量的にも不完全な素材を用いざるをえないのである。そして、このことは、素材の点では相対的にはるかに有利な自然科学との間にギャップを生じることになる。不完全な材料では、理論によって補いうる場合もあろうが、一般的には観察・検証の過程が不完全にならざるをえない。

日本史研究の二つの欠陥

以上からもお判りいただけるように、わが国の日本史研究には二つの致命的な欠陥があるように思われる。

一つは、歴史学においては、あるきまった普遍法則がすでに発見されているということから出発して、それに合うべき「史実」を史料から求めるという態度である。ここでは前述の科学的手続きの内、観察と仮説の設定を欠き、検証も十分行われていないことになる。あるいは本来自らの苦闘によって切り開かなければならないこの過程を、既存の、権威者の手に委ね、その努力を放棄してしまっていることである。この態度に立つとき、歴史研究はまことに気楽で、居心地のよいものになるだろう。何しろ、観察、仮説の設定という作業は、とくに歴史研究においてはおそろしく大量の時間と労力、そしてある場合には資金を必要とする。本を数冊買って読めば済むというようなものではない。さきに述べた文献史料の持つ不完全性を補うためには、それを間接的史料でカバーしたり、非文献資料に拠ったり、ありとあらゆる材料を探さなければならない。このことは検証の過程にもあてはまる。自分が立てたにせよ何にせよ、仮説に都合のいい史料だけを抽出したのでは、検証とは言えないだろう。都合の悪い史料があるのかないのか、仮説に相反する事例がないということが証拠づけられるのか、がはっきりしなければ検証は完了したとはいえない。

欠陥の第二は、歴史研究という名の下に、史料、とくに文献史料の羅列で済まされているという状況である。多数発行される歴史書や論文を読んで感じるのは、いかに多くの頁数が、史料の転載にあてられているか、ということである。もちろん、歴史研究にとって史料を読むことは欠かすことのできない基礎作業である。また、未刊の史料を公刊することの意義も大きい。しかし、さきに述べたような意味で批判の手続きを踏むことを必須の条件とする史料をそのまま引用して、観察や検証が済んだとするのは歴史の研究とはいえない。そこから史料の向う側にある史実をいかに読み取り、史料に直接表現されていない、あるいは史料の書き手や、当時の人々には意識されてもいなかったかもしれない事実や法則を読み取らなければならない。あたかも自然科学の場合に、観察や検証が対象物を直接肉眼でみるだけでは到底満足しえないのと同様である。観測や実験のための装置が必要だし、そのためのテクニックが当然要求されるのである。

史料を生《なま》のまま並べるのは、あたかも食事において材料に何の手も加えないでそれらを食卓に並べるに等しい。もちろん日本の刺身のように、生のまま食べる料理もあるが、それとて、板前の庖丁の入れ方一つで味は大いに変ってくるし、調味料なしで食べる人はまずいないだろう。歴史家は研究者であるからには、材料に自分の腕を振って加工し、味をつけ、最高の料理を世に提供する義務がある。そのための技術的訓練が、日本史の専門家養成において根本的に欠けているのではあるまいか。日本では歴史研究にとって必要な技術とはせいぜい古文書を読める能力だと思われている。だから、やたらに史料を並べ、頁数ばかり多い業績が氾濫し、数千円、最近では一万円をこえる専門書の洪水を前に溜息をつくことになるのである。

史料の生のままの引用は必要最小限にとどめ、少なくも、それに対する自分の解釈を述べるべきである。より根本的には史料の公刊は史料集として行うべきであり、その意味で、歴史の研究者と、史料学者・史料編纂者とははっきりと分業すべきである。そして、さらに言えば、研究者は真の意味での分析を行うべきである。そして、そのためにはあらゆる可能な手段をもっと探すべきである。社会科学の方法のみにとどまらず、数学、統計学、さらには自然科学的方法に至るまで。

筆者はここで何も自分の方法を誇示宣伝するつもりは毛頭ないが、たとえば数量的分析などは、もっともっと歴史研究にとり入れるべきであろう。また、歴史考古学的ないしは産業考古学的方法、さらには主として伝承を材料にする民俗学的方法、物質文化《マテリアル・カルチュア》を対象とする民具学的方法というような非文献資料による方法をもっともっと活用すべきであろう。一般には歴史補助学といわれている地名学、言語史、耕地形態学等はもちろんのこと、航空写真や赤外線写真を利用した自然科学的方法――花粉分析という重要な方法を含む――の活用また然りである。

総じて、日本の歴史家は、このような自然科学的方法、数量的方法を好まない傾向が強い。中にはそれらに対して強いアレルギー反応を示す人さえいる。もちろん、この方法だけが歴史研究の方法だとするならそれは明らかに間違いである。筆者は、科学として不完全な歴史学を、科学に一歩でも近づけるために、イデオロギーや世界観という形而上学的な道具でその空隙を埋める前に、やらねばならぬことが沢山あるのではないか、その一つとして数量的接近もあるのではないか、ということを提唱しているにすぎない。

また、日本の場合、多くの歴史家は地理学——人文地理・自然地理の双方——に暗い。すべてとは言わないまでも、大部分の歴史現象を社会的に説明しようとしている。江戸時代の後半、北関東から東北地方（太平洋側）にみられる人口減少は、明らかに長期的な夏季の気温低下という自然要因から説明できるのに、多くの場合、これを無理に社会要因、たとえば領主の苛斂誅求から説明しようとしている。こういった見方をしてしまう背後には、第一の欠陥として挙げた歴史に対する固定化した見方が先入観として入っていることが働いているのかもしれない。

以上挙げたような欠陥が最もはっきりあらわれているのが、江戸時代に対する歴史研究である。文献目録を開けば、実に膨大な量の著書や論文が出版されていて、専門家ですら自分の領域の文献すべてに眼を通すのは難しい。だが、敢えて言うならば、それらの大部分は、研究としては残念ながらさきに示した二つの根本的欠陥を備えたものなのである。

「封建」の語の定義

欠陥の第一の点については、冒頭の中学・高校の教科書に示されているように、大多数の著者は、江戸時代は封建社会であるという大前提に立って物事をみている。なぜなら、明治以降、日本は資本主義国として近代化・工業化を行った。そして、ある一つの歴史の見方に従えば、古代（奴隷制）社会↓封建（農奴制）社会↓資本主義社会↓社会主義社会という世界史的、従って普遍的法則が存在するという。そして資本主義社会（近代社会）が成立するためにはその間に市民革命がなければならないという考え方も多数を占めている。今の日本の歴史学界で、この見方に疑問を提出することは、コペルニクスやガリレオが、あの時代に「天動説」を否定し、「地動説」を唱えたのと同じような勇気が要る（それでも彼らが自説を主張するのにいかに慎重な配慮をしなければならなかったかは、自然科学史の啓蒙書を読めば直ちに理解できるだろう）。実際には、江戸時代が封建社会だったかどうかについて大いに疑問が感じられるのである。それは、江戸時代が、古代社会だったとか、近代社会だったという理由からでは全くない。

ここではそもそも、多くの人々が前提としておいている世界史的法則なるものが果してあるのかないのか、それへの疑問から出発しているのである。誰だったか名前は思い出せないが、ある人が「封建社会の前は古代社会に決まっている」というようなことを言っておられた。その時には、そう言えるのかなと思った程度であったが、今だったら直ちになぜそんなことが言えるのかと反論するだろう。

古代社会とか封建社会という呼称は定義が非常に難しい。資本主義社会・社会主義社会だって同様である。『古代資本主義』という著作さえあるほどだし、封建社会に至っては、歴史家が百人いれば百通りの定義ができるほどである。

だが今日、一般に用いられているこの「封建社会」という用語法は、ヨーロッパ中世社会に具現された社会を指していることは明らかだし、さきに世界史的法則として挙げた歴史の見方も実は西ヨーロッパで生れ、そこでは適用が可能だと考えられた一つの見方なのである（現在の西ヨーロッパで、このような見方で歴史をみる人は果して何人いるのだろうか？）。つまり、いまの日本で用いられている封建制、封建社会という言葉は、古代中国（周）の「封建制」でもなく、頼山陽が日本史に持ち込んだもの――彼は鎌倉幕府の成立をもって「封建」の世が始まったと考えた――でもなく、西ヨーロッパの歴史学用語としてのフューダリズム、フューダル・ソサイアティの訳語である。しかし、ヨーロッパ内部においてさえ、封建制度が人類史に普遍的に存在する制度であったのか、ヨーロッパ固有のものであるのか否かについては、一八世紀前半のモンテスキュー対ヴォルテール論争以来の長い伝統があるのであって、そう簡単に決着のつく問題ではない。

最近における専門的著作でも、一方では封建制は、西ヨーロッパの、それもライン河とロワール河にはさまれた地域に発達した特有のものだとする見方（ガンスホーフ等の法制史的定義）もあるし、他方では日本を含むより広い範囲で封建社会を考える見方（M・ブロック等の、あるいはデュルケーム社会学的方法をとり入れた「アナール」学派の考え方）まであって、それこそ定説がない。資本主義社会の定義はそれに較べればまだ問題は少ないかもしれないが、これもしばしば「……段階」というグレードがつけられている。社会主義社会でも、理論の上では定義は明快なはずだが、実際に社会主義国が誕生してみると、社会主義国相互間でお互いを非社会主義国呼ばわりしている始末である。

だから、江戸時代イコール封建社会であるという単純な歴史観にのっとった解釈はこの際捨て去るべきではないか。そして、先入観を捨てて江戸時代の実態を究明すべきではないか。その結果、江戸時代をフューダル・ソサイアティと呼ぶに十分値する証拠を得たとき、江戸時代は封建社会であるといえばよいのである。

現在のように中学の教科書から、専門家の著書に至るまで、何の疑問もなく「封建社会」という概念を江戸時代に適用してしまうことから江戸時代をいったん解放してみたい、それこそがまさに、今回このような企画をした筆者の意図なのである。

江戸時代というと、人々はまず何をシンボル語として思い出すだろうか。いつかアンケート調査でもやってみたいところだが、貧困搾取の社会だったこと、義理人情の世界だったこと、鎖国によって世界の大勢から遅れをとってしまったこと、要するに近代化にとっては乗りこえ、否定されるべきマイナス標語がベタベタ並べられるに違いない。たしかに江戸時代はどう考えたって近代社会ではない。しかし、近代社会でないからヨーロッパ史の物差しで測った封建社会だというのは、いかにもヨーロッパ中心史観に毒されていることになる。われわれは、あまりにも強いこの汚染を何とかふり払う努力をすべきなのである。

もう一ついけないことは、本に代ってマス情報伝達手段として、おそらくアメリカについで普及しているテレビの影響である。否応なく眼に飛び込んでくる江戸時代の画面は、チョンマゲを結い、士農工商の身分秩序にがっちり組みこまれ、そして義理人情の世界に生きる人々の姿である。中には、その中にヒューマニズムを見出し、近代社会への胎動を表現しようとする意図を持ったプロデューサーの番組もあるが、見る人は、たいていの場合、あのチョンマゲ姿をみただけで、さきに挙げたような江戸時代への先入観を再確認してしまうことになりはしないか。何しろ現代は映像文化の時代なのである。

経済学はどうか

ところで、これまで歴史学を一つの科学として取り扱って来た。これはとくに筆者自身が、歴史の中でも、経済史という領域でトレーニングを受け、専攻していることから影響を受けている結果かもしれない。経済史は経済学と歴史学の中間領域の学問である。ここでちょっと隣の、その経済学の分野をのぞいてみよう。

社会科学の内でも、自然科学に最も近いといわれている経済学の分野では、さすがに「天動説」はもう信じられていないか、または少数派になりつつあるかのようにみえる。辻村江太郎教授はその著作の導入部において次のように言っている。

「惑星の楕円軌道を確定したヨハネス・ケプラーが、円軌道こそ造物主の完全性の象徴である、という若い頃からの信念を捨てることができず、ティコ・ブラーエの観測結果にもとづく自分の計算の正確さを最後まで疑っていたということは有名であるが、知的領域におけるこの種の美感覚への執着に共感を持たぬ科学者は稀であろう。（中略）しかし、ひとたび確立された理論体系が知的な意味でいかに魅力に富むものであるにせよ、その実証的妥当性を確認することなく、それから導かれる命題の正当性を主張しつづけるとすれば、それは客観性を欠く教義の押し付けに堕してしまう。コペルニクスもケプラーもそのような態度はとらなかった。」（辻村江太郎・黒田昌裕『日本経済の一般均衡分析』筑摩書房、一九七四年）さらに著者はその少し後で次のように続ける。

『政府は何もするな』という新古典派の教義に対して、**有効需要調整**のための政策的関与を積極的に認めた点でケインズ理論は革命的である。しかし、**市場機能**への政策介入を認めた訳ではないから、理論設定としては、新古典派体系を破棄したのでなく、新古典派体系に欠けている部分を補足したにすぎない。新古典派体系を**円軌道の経済学**とすれば、ケインズはそれを**楕円軌道の経済学**に拡充したのであって、その意味では連続的な一般化である。マルクスが**市場機能による最適資源配分**の命題を否認して、別個の理論体系を呈示したのが、新古典派体系からみて不連続なのとは対照的である。」そして次の章の末尾で言う。

「いま、われわれは現行の各種制度・政策のうちで、アダム・スミスがその必要性を認めたであろうと思われるものが少なくないことを見た。その意味で、**自由放任の主張**に付されるスミス自身の留保条件は、ケインズの軌道修正よりも広範囲に亘っている。アダム・スミスがもし新古典派以後のような厳密・精緻な理論体系を打ち樹てるとしたら、競争市場という**円軌道**を含むことはもちろんであるが、それをケインズのように**楕円軌道**で包摂するにとどまらず、さらに条件を緩めて**円錐曲線軌道**の範囲にまで理論の守備範囲を拡げたであろうことは疑いない。第Ⅱ部以下のわれわれの研究はその方向への努力である。」（太字原著者）

以上の引用は、一つは筆者自身が、幸か不幸か経済史という、限界領域に立っていて、双方の文献に接することができるというか、接しなければならないという立場にあることから、この著者の意図が、便宜的な学問の分類にすぎない歴史学の著作ではないにもかかわらず、十分理解した、少なくもしうると思っているからできたのであるが、この引用には非常に重要な含意が二つ含まれている。

一つは、経済学においては、地動説はすでに確立しているらしいということである（もちろん、このことはすべての経済学者が地動説を信じているということを意味しているわけではない。経済学者の内に天動説信者がいても一向構わない）。二番目は、真の意味で経済学の確立者といわれるアダム・スミスの偉大さである。右の引用からも容易に理解できるように、アダム・スミスの理論体系は、潜在的には円錐曲線軌道の経済学にまで拡大しうる可能性を持つ、開いた構造であったということであり、その点においてまさに彼は真の意味で経済学の確立者なのである。なぜスミスがかくあり得たのかについては判らない。ここで挙げ得るのは、彼の経済学が専門化されすぎたその後の経済学とは異なっていたこと、そして、『諸国民の富』の前の著作が『道徳情操論』という一見経済学とは縁のなさそうなものであったこと、つまり、彼は「人間」を見ていたのだということのみである。

歴史はフィクションか？

正直なところ、天動説優勢の日本の歴史学の方にも片足をつっこんでいる経済史研究者にとっては、経済学の分野では円錐曲線軌道の分析が試みられていることを知った時、ルネッサンス以前の世界と、現代世界とに同時に住んでいるような違和感を感じざるを得なかった。

というわけで、経済史という、限界領域にいる者にとっては、歴史はどうしても「科学」であるべきだと考えたくなる。しかし、本当にそうなのだろうか、という疑問は常に頭のどこかに残っていることも事実である。なぜなら、もし科学としての歴史を強調し、そのような態度で研究すればするほど、さきに述べたような理由から、それが科学としていかに不完全か、観察や検証が、非常に制約された条件のもとでしかできないかが判るからである。しかし、歴史は科学でない、としたらいかなる歴史学が要求されるだろうか。最近読んだある本（『近代の成立と中世』二玄社、一九七五年）――それは歴史に関する座談会の形式をとったもので私をこの上ない知的興奮にさそい込んだものだが――の内で、座談のいわば司会役を務められていた理論物理学者のY氏は、歴史家であるK氏に、「……歴史はフィクションでしょう」と問いかけられている。それに対してK氏は、「ええ、それは全くそのとおりですね。……」と答えている。つまりここでは歴史は科学ではなく、フィクションであるということになる。

筆者の歴史学に対する態度はK氏の言葉とは逆で、それはノンフィクションであるという立場だと自分では思っている。しかし、K氏は純歴史畑で育ってこられたのだし、その主張が全く理解できないわけではない。それどころか、筆者が今まで読んでこれは最高の歴史書だ、と思ったのは、アンリ・ピレンヌの『ヨーロッパ世界の誕生』と、ホイジンガの『中世の秋』の二冊である。ともにその構想といい構成といい、さらには表現といい、私の最も愛好するモーツァルトの晩年の作品であるト短調の交響曲やクラリネット五重奏曲と同じように、いわば心の底までしみ通ってくるようなもの、つまり「芸術」である。疲れたり仕事や生活に自信を失ったとき、私はその世界にしばし浸って心を癒すことにしている。

だから、さきの対談でY教授はK氏の歴史はなぜフィクションなのかという説明を聴かれた次に、

「……どうせそうなら、できるだけ面白いフィクションを作ってほしい」と言われているのである。

たしかに、物理学者の眼からみれば、歴史学はフィクションにみえるだろうし、歴史学者がそれに賛同しても一向構わない。

場面をかえてこれをゲームにたとえてみよう。自然科学者と経済学者と歴史学者が三人でポーカーをやっているとする。最終の段階へ来て自然科学者は手にフォアカードを持ち、経済学者はスリーカード、歴史学者はワンペアを持っている。劣等な役しか持っていない歴史学者はゼスチュアで、声をはりあげたり、途方もない額のかけ方をして何とか優位の手を持っている自然科学者や経済学者に対抗しようとする。経済学者はそれに較べればいくらか楽である。とくに、彼がさきに述べたような円錐曲線軌道の経済学を確立した経済学者ならば同じフォアカードぐらいの役を持っていると言ってもいいだろう。だから極めて冷静に余裕をもってゲームに臨むだろう。自然科学者は大体いつも悠々とゲームをする。しかし、自然科学者だって、最高の役、すなわち、スペードのスーツでロイヤル・ストレート・フラッシュを持っているわけではないから一抹の不安を持つかもしれない。

幸い、歴史学者も経済学者も、そして自然科学者も、それぞれの科学性をかけてポーカーを競うことはやらなくていいし、またやるべきではない。だが、それぞれの「科学性」をポーカーの役にたとえれば以上のようなことになるのではないか。

だから、歴史家が、歴史学は科学にあらずとして、科学性を競い合うゲームからリタイアしてしまう理由は十分にある。そうなれば歴史学者は芸術家でなくてはならず、さきに挙げたピレンヌやホイジンガのように「珠玉篇」を世に残さなければならない。

しかし、そういったことが十分理解できるにもかかわらず、筆者自身はいま、歴史、とくに経済史において「科学性」をギリギリの限界まで追求してみたい気持を抑えることができない。おそらく、これから先、苦難にあえぎ、「努力」という言葉の重味を身にしみて理解しなければならないことぐらい判っているつもりだが……。ピレンヌやホイジンガもそういった歴史の科学性への求道の末に芸術の世界に到達したのではないだろうか。だから自然科学者に比べて社会・人文系の学者は、たいていは何度か行き詰り、不安や虚しさに襲われ、自信を喪失する。同じペースで仕事を続けられる人はむしろ珍しく、多くの人は、サイクルの差こそあれ躁期と欝期とを持っている。筆者自身についても例外ではなく、時として自分でも驚くような躁期が来たり、それが過ぎるとどうにもならない欝期がめぐって来る。

固定化された江戸時代像

さて、話を江戸時代の歴史に戻すと、新しい提言はむしろ江戸時代の歴史を専攻していない者からなされていることに気付く。たとえば、「一六、一七世紀に日本人は大きな価値観の転換を経験したのではないか？」という文化人類学者M氏の発言、「江戸時代というのは、……もう封建制じゃないですわ」といわれている西洋史家のK氏、明治以降の日本の工業化の源泉を求め、江戸時代の再検討を迫る経済発展論の専攻者達。そして、ナショナリティの上では日本人ではない人々からの江戸時代の再評価への提言。これらの声はいずれも日本に住む江戸時代の歴史専攻者ではない人々から発せられている。

こういった状況に対して、江戸時代の専攻者は肯定・否定を問わず応えるべき義務がある、と筆者は思う。ところが、今までのところこれらに対するまともな回答はほとんど出ていない。極端な言い方をするならば、あるのは冷やかな無視か、ひどくイデオロギッシュな罵倒である。

江戸時代を研究する歴史家がこのような態度に陥ってしまった理由はいくつかある。まず第一に、江戸時代の日本は、史料が多すぎる。勢い研究者はその史料の山と格闘するのに大半の時間を費やさなくてはならない。おまけに、たとえば筆者の関連する農村史料のごときは、大部分が私蔵史料であって、探し出すだけでも大変な努力が要る。そのために他の分野の研究者と交流したりする時間も惜しいという気持を持つことは誰にもある。しかし、長期的にみて、異なった分野の専門家間の知的交流は、それぞれの研究者にこの上ない刺激と、広い視野を与えることになるのではないか。もしこれを欠くと、その研究態度は訓詁転注、経典解釈学的なものになるか、ゼスチュアで虚勢をはるようなことになりかねない。つまりそれこそが、大半の人々が江戸時代について抱いているイメージの一つ、「鎖国」状態なのである。江戸時代に「鎖国」というレッテルを貼ることの可否については、このシリーズのどこかで専門研究者の意見を聴こうと思う。本当の「鎖国」は、現在の日本の江戸時代を研究する歴史家にあてはまるのではないか、とさえ思うことがある。

江戸時代を貧困搾取で塗りつぶす伝統的な考え方は、それを唱える人々が意識しているいないにかかわらず、江戸時代の社会をゼロ・サム・システムと措いているからということになるだろう。ゼロ・サム・システムとは、誰かが富をより多く得れば誰かがその分だけ配分を失うようなシステムをいう。つまり、全体として社会に配分される財の量が長期的に一定であれば、このような結果が生じる。だが果して江戸時代の社会はそうだったのだろうか？　少なくとも財の量は一定ではなかったことはすべての人が認めるところである。財に対して人口、あるいは配分されるべき一人当りの財の量が一定であったのかどうかが確かめられなければならない。これについての個別研究の多くは、それが一定でなかったこと、つまり、人口の増大を上廻る財の増大があったこと、すなわち一人当りの財の配分は増大したことを示している。それゆえ、単純な貧富の分解に関する定式はあてはまらない。全体の量が増大しつつある内で、果して社会のある階層または身分にその増大量が集中し、ある者は失ったのかどうかが量的に確定されなければならない。社会の各身分、階層においてこういったことが測定されたとき、初めてゼロ・サム・システムが適応可能か否かが検証されるのである。

筆者自身の今までの研究では、江戸時代にゼロ・サム・システムを適用することはできないのではないか、という証拠をいくつか得ている。たとえば、江戸時代の前期と後期の間に農村住民の平均余命は、五年間から一〇年間ほど長くなっている。これを農村における生活水準の上昇以外で説明することは難しい。もちろん、地域差や、時期による差異を十分考慮する必要はあるとしても。

このこと一つだけでは、江戸時代の社会全体に、ゼロ・サム・システムの適用ができないことの証明にはならないが、逆にまた、多くの江戸時代研究者が暗黙の前提としてきたようにこのシステムは、簡単に認めるわけにはいかないことを示している。いずれにしてもその回答はこういった問題について、今後の研究は何を見出すかにかかっていると言ってよいだろう。

ゼロ・サム・システムが適用できないとなるなら、今までの研究者が主たる関心として来た、財または富の配分の問題以外に、全体としてのその増分の問題に関心が払われる必要を生じる。もちろん、このことは、配分の問題を無視していいということにはならない。増分がいかに社会を構成する各身分、階層に配分されたかという問題は依然として残るからである。しかし、その場合には、計算は単純ではなくなるだろう。財や富が一定で、配分だけが問題となるならば、これを解く方程式は単純なものでよい。しかし、増分を考慮に入れなければならないとなると、それはもっと複雑になる。

以上のことからお判りいただけたように、江戸時代に対する今までの認識はどうも根本的に改めなければならないように私には思える。しかし、筆者一人ではその全面的改訂は到底できない。そこで、何人かの専門家——ただし江戸時代の歴史研究者とは限らない——にいろいろお尋ねして、対談の形式で新たな江戸時代像を描こうとしたのが本書である。

近代化＝西洋化なのか？

本書に収録した対談や座談会を通じて言えることは、少なくともここに出席された方々の発言に関する限り、筆者が冒頭において述べた江戸時代への偏見は杞憂であったということである。そして、このように活き活きとした言葉で語られる江戸時代を、私たちの頭の中に再現させてみると、そこに生きていた人々の生活や行動、そして思考は、実に多彩であり、その内のあるものは現在の日本に直接つながっていることが判る。明治以降、いわゆる西洋化《ウェスタナイゼーション》を、非西洋的文明の伝統を持つ国としては最も進めたのは日本であったとしても、それとは独立の、日本独自の文化や社会制度を造り上げたのもこの江戸時代であったようである。我々は、あまりにも急激で、物質的にはそれまでの生活形態を一変させたかにみえる西洋化に眼を奪われすぎていたのかもしれない。たしかに、一九世紀後半の西洋は、世界において隔絶した位置にあったことは事実として認めなければならないだろう。すでに産業革命を経過し、外部エネルギーの導入によって巨大な生産力を手にした西洋は、軍事力や経済力において他地域の国々とは桁違いの力量を備えていた。幕末日本が直面した相手は、一六、一七世紀に接触した相手、ポルトガル、スペイン、あるいはオランダやイギリスとは異なっていた。その時の彼らは、生れたばかりの徳川幕府の言うことを聞いてあるいは立ち去り、あるいは幕府の統制下に貿易のみを行う相手だったのである。しかし、幕末期になれば、もはやそのような態度は許されなかった。

したがって、維新以降の歴史が、それまでの歴史と、ある種の断絶面を持っていることは確かに言える。生産技術一つとっても、日本の伝統的な技術は、外部エネルギーを使わず、専ら人力によって行う精緻な工芸的性格の強いものであったから、その延長線上には、大規模な資本投下、省力、外部エネルギーの大量使用という性格を持つ産業《インダストリアル》革命は存在しない。あるとすれば、勤勉《インダストリアス》革命とでも名付くべき、長時間の激しい労働に基づく生産である。それゆえ、江戸時代の内に、この勤労に対する道徳化が進み、「勤勉な日本人」という評価は、すでにその時代からなされていたのである。

というわけで、維新後の日本の政治指導者の選択は、「進んだ」西洋の科学技術をいかに早く採り入れ、それを以って西洋に対抗するか、に注がれたと言ってよい。そしてまた、江戸時代の内に進んだ国民の生活向上欲求、国家形成、経済的行動や思考の普及によって、その採用は比較的うまく行った。むしろ成功したと言ってもよいだろう。こういった事情から、日本、とくに日本の知識人にとって、近代西洋文明は異常な重味を与えられることになる。江戸時代に培われた日本の伝統的価値観に基づく諸々の生活パターンには、否定的な価値づけがなされ、近代化＝西洋化という図式さえ定式化された。しかし、それでは日本人の生活が、何から何まで西洋化されたのか、と言えば、とんでもない話で、むしろいくら西洋を理想化して制度を移入しても、変らないものは変らなかった——少なくも現在までは——というのがホンネであろう。

本書の座談会にも出て来る問題だが、日本における人と人との関係は——「タテ社会」と名付けられている——、工業化の進んだ現在でさえ、欧米におけるそれとは異なる独特のものである。労使の交渉においてもそれははっきり現れている。最近でも、新聞紙上で、欧米の人々が石油危機以後の経済を立ち直らせた日本への関心を高め、ストライキをやらない労働組合というか、労使協調にそのカギの一つを認めたような記事が載っていた。年功序列、終身雇用また然りである。たしかに、ヨコ社会というか、職種別組合の発達したイギリス経済の不振は、多発するストライキによって生産性が落ちてしまったことが大きな原因であり、同様な傾向は、程度の差こそあれ、西ドイツを除くヨーロッパの各国に共通してみられるところである。家族主義的とか温情主義的とか、西洋近代を軸に据えたときにマイナスのレッテルを貼られてしまうこういった関係がいかに根強く日本の社会に生き残り、それなりの機能を演じて来たかを冷静に判断する必要があるように思う。筆者は何もこれを日本の美点だなどと言っているのではない。とくに、一国の歴史を長期的に判断する場合に、石油危機後の立ち直りという短期間の出来事から、すべてを美化してしまうことは非常に危険であり、八紘一宇につながりかねない。しかし、現実に、そういった日本独特の労使関係が果して来た役割を、機能的にとらえることは、レッテル貼りとは決定的に異なっている。とくにレッテルを貼る基準が借りものであるならば、貼らない方がどれだけマシなことか。もうここいらで西洋近代を絶対的尺度とする呪縛から解放される必要があるのではないか。

第一、欧米内部にそういった意味での自己反省が出て来ていて、モノサシは変りつつあることが述べられている。ことによったら、維新以後、日本が鑑として来た西洋近代は、理想化されすぎたのかもしれないのである。

江戸時代における日本の「近代化」

こういった点から、江戸時代以来、数百年にわたって続いている日本人の生活パターンと工業化に際してのその適応能力という興味深いテーマが浮んで来るのであるが、これ以上の脱線は避けておこう。

江戸時代を対象として研究を始めてみると、これほどその内部で変化を示した時代は、それ以前にはなかったのではないかと思われるほどである。とくに、社会経済史の局面で著しい。たとえば、日本の総人口は、中期から後期にかけてこそ停滞的状態を示したが、大体一、〇〇〇万ないし一、三〇〇万人から三、六〇〇万人へと、約三倍に達する増大を示し、しかも、都市人口の比率は、五%以下から約一五%にまで達した。このような変化がいかに激しいものであったかは、同様な増加を後方投影してみれば直ぐ判るだろう。一六〇〇年の人口を一、二〇〇万として、二七〇年で三倍になったとすると、一三三〇年、鎌倉幕府滅亡の頃には四〇〇万、一〇六〇年、源氏物語の書かれた直後には一三〇万人、七九〇年、平安京建設の頃には四十数万人となってしまう。これはどうみても現実的ではない。一説によれば、奈良朝期の人口はすでに五百数十万人と言われており、誤差の範囲は相当に広いとしても、到底一〇万のオーダーではない。ということは、人口は江戸時代以前にはほとんど停滞に近い状態で推移していたのが、江戸時代に入る頃から急速に増大傾向に入ったことを意味している。耕地面積や生産量の増大も当然著しいものがあったに違いない。明治以降、本州、四国、九州における耕地面積の拡大はそれほど大きいものではなく、しかも可耕地の内、耕地化された土地の占める割合は一〇〇%近かったという事実は、すでに江戸時代の内に、日本では耕地化し得る土地はすべて耕地化してしまったことを意味している。こういった状況は、人々、とくに農民にとっては死活の問題であり、江戸時代の内に、日本の農業にはっきりと、土地面積当りの生産量をいかに増大させるか、という技術発展の基調を示すようになった。農民は、一坪の土地も無駄にせず、限られた面積の中で最大の収穫をあげようと努力する。その結果、効率の低い中世以来の隷属労働力（名子、譜代、下人）は消滅し、代って細かい管理や長時間の労働に適した家族労働力が主な労働力となる農業経営が一般化するのである。江戸時代の後半ともなると、辺遠の地の例外を除いて、全国どこでも世帯規模五人前後の小家族が経営の単位となるような型ができあがる。このような画一化は、所与の条件のもとで農民が最も高い生産効率を求めてとった行動の結果であると筆者はみている。もちろん、このような変化は一朝一夕に生じるものではなく、ある時間を経て浸透したというべきであろうが、農民は頑なに先祖伝来の法を墨守していたわけではなかった証拠にもなる。

このような生産に対する積極的な働きかけを通じて、農民生活には次第に余力が形成されて来る。都市の住民を含めて、かなりの者が生存水準ギリギリという状態を脱して、多少なりとも余裕のある生活を営むようになって来る。江戸時代の社会を特徴づけている、いわゆる大衆社会状況は、こういった余力なしでは理解できないものである。書籍の出版、芝居、相撲から遊里の発達、そして旅行に至るまで、現在と同じように人々は群れ、遊んだ。お稽古事と称せられる謡や踊り、短歌や俳句、書画を嗜む人口は増大し、それら芸事を教えることによって生活の成り立つ状態が、一八世紀の末にはすでに到来していたのである。日本史に「封建」の字を持ちこんだ張本人の頼山陽も、脱藩して京都で私塾を開き、教授料をとって生活していたのである。一八、一九世紀のヨーロッパが、どの程度このような大衆社会状況にあったのかは疑問である。そこにはたしかに高度に発達した学問や文芸があったのだが、一般民衆の日常生活や知的水準ということになると案外知られていない。少なくも、日本の西洋史家は、今までそういった分野に対してあまり関心を示して来なかった。むしろ、維新後の日本の西洋化は、ヨーロッパの貴族やブルジョワジーの文化を、進んだ西洋文化としてとらえ、江戸時代に成立していた大衆社会状況と相容れないそれらの成果を、急速に輸入するという形で進められたと言っていい。結果はその輸入が拒否されたわけでは決してなく、むしろ他の非西洋諸国に比較すれば、最も深く浸透したと言ってもいいだろう。だが、ある意味ではそれは江戸時代の内に成立していた状況の犠牲においてであった。だから、現在に至って再び吹き出して来た同様の状況は、維新以後よりは、むしろ江戸時代の状態と親近性を持っているようにみえる。とするならば、近年関心が増しつつあるとはいえ、江戸時代におけるこういった分野の研究が、各分野からもっと為されてもいいだろう。

結局のところ、対談・座談会を通じて痛感したことは、筆者が当初提出した問題は、早急には解決されるものではなく、むしろ解明すべき問題が次から次へと生じて来ているのだ、ということである。にもかかわらず、近世史研究の「行き詰り」が専門研究者の間で語られているのはなぜなのだろうか。おそらくそれは、江戸時代に対するある先入観、というより、もっと広く歴史に対する固定観念の然らしめるところではないのだろうかと筆者は考える。何も歴史研究に限らないけれども、およそ創造的な仕事にとって、固定観念や先入観ほどそれを阻害するものはない。かと言って、私たちはそれらから全く自由になることもできないだろうが、少なくとも何が障害となっているのかをつきとめ、それを乗り越える不屈の意志を持たなかったら一歩も踏み出すこともできないだろう。

対談・座談会での各々の発言は、八方破れとでも言われかねないほど活き活きとしたものである。とともに、このような噴出を可能とするエネルギー蓄積量の大きさも容易に窺い知ることができる。歴史の研究は、つぎこまれる費用と、得られる成果とが甚だしく釣り合わないものである。それだけについ安易な道を選びやすいという危険性を常にはらんでいる。江戸時代への新しい評価も、こういった不断の努力の積み重ねによる裏付けを得て初めて説得力を持ったものとなることを忘れてはならない。

第２章

歴史の物差し

増田四郎（ヨーロッパ中世史）
速水　融（経済史・歴史人口学）

（葛飾北斎「富嶽三十六景　尾州不二見原」）

変えなければならぬ物差し

速水　今までの日本における歴史研究、特に日本史の研究が私には不満なのです。それは、一つには史料主義といいますか、やたら史料をベタベタと並べるのが歴史研究であるという考え方がある。もう一つはたとえばマルクスとか、あるいはウェーバーの考え方をそのままもってきて、その物差しで日本の歴史を計って、そしてそれに合うものを史実から拾い出し、それを歴史研究と考えていること、この二つがある。それが私には不満で、それらを「天動説」と名付けたのです。その辺についてまず増田先生と私との間に意見の同意があるかないか、いかがでしょうか。

増田　大変大きな問題で、私もかねがねそう思っているんですが、それは何も日本史に限ったことじゃない。社会科学的な歴史研究が出てきてから、まあ一五〇〇年か二〇〇〇年にしかならない。特に社会経済史の研究などでは、一八、九世紀のヨーロッパでできた学問体系があたかも世界理論であるかのように考えられて、世界中を捲きこんでしまったのですね。日本の学界も社会科学に関する限り学説過剰で、つぎつぎと学説を受け入れることが学問であるというようなところがある。つまり「洋才」が必要とされた。しかし、いつまでもそれでは困る。「困る」という考え方がぼくは二重の意味で出てくると思う。

それは一つはヨーロッパの学界自身が、今日のような状況になってきたことを考えてみますと、一八、九世紀の社会科学の基本的な諸概念というものは、何よりもヨーロッパの材料でできた物差しである。けれども、それが実は古代とか中世のヨーロッパの史実から作られたというよりも、むしろ一八、九世紀のヨーロッパの現実の考え方を基準にしてできている。そのために現在は古代史の見方、中世史の見方というものに対する反省をしなければならない。だから概念内容なり概念規定というものをあらためて見直そうじゃないかという動きが現にヨーロッパ学界に起っている、これが一つです。

速水　つまり日本で普通使われている物差し自体が、もうヨーロッパでは通用しなくなっているということですか。

増田　そうなんです。ところがヨーロッパ的物差しが、あちらではもう通用しなくなっているということを、いち早く知っているのはやはり西洋史を研究している者ですね。日本史の人は、いまだに一八、九世紀の物差しを金科玉条にしている。

つぎに第二点としては、日本史研究の物差しはその意味で二重に変えなければならない。ヨーロッパ自身が変りつつあり、しかもヨーロッパからみて外国である日本が、外国の物差しを受け入れたことに対して反省が出ている。いったい日本の物差しをどうしたらいいか、日本の物差しと一八、九世紀の物差し、これをどうしたらいいかという問題と、すでに崩れつつあるヨーロッパの物差しが、将来どうなってゆくかという問題。こうなると日本のどこと何をどう比べたらいいのか。そこがいま社会科学的な歴史研究が重大な曲り角というか、新しい研究方法へのスタートに立たされていると思われる大きな理由です。速水君が序に書いたようなことは私も同じように考えますが、そうすると、じゃ、どういう方法を構成していったらいいかという非常にむずかしい問題が出て参りますね。

歴史はやはり特殊性とか個性を見ていくという学問ですから、そうなるとどこで比べたらいいのか、どういう方法が打ち出されるのか、どういう概念を使ったらより正確か、という問題は、まあヨーロッパ自身がぐらついているんですから、これからはそれに対応して日本の学界も、いままでのようなもので学問をやるという態度は一度捨てて、どのような物差しを考えたらよいかということを考える時期が来ているんじゃありませんかね。

速水　まさにまき直し《ニュー・ディール》の時代ですね。

増田　その場合、僕も困っているんだけれども、比較する物差しを何におくか、向うの場合は大きくいうとイギリスとフランスとドイツとイタリア、まあその他の国でもいいのですが、それらの共通点と特色とをどういう恰好で計ったらいいのか。それには二つの方法があると思うんです。一つは『アナール』などの連中とか、君がやっていると思っている経済史なら経済というものを一つの価値体系として、そこの理論を徹底的にその側面からどんな法則があるのかを追究していく。君が書いているように、ここまでは分るけれども、ここから先は分らないのだということをはっきりさせる。あるいは人口の問題にしても、そういう形で新しい視角と方法を考え出し、そこに経済理論をうちたてようというやり方ですね。

もう一つは、これは僕の狙っているところで少し厄介なのですが、具体的社会集団あるいは地域社会の発展をできるだけ総合的にとらえ、そうした成果を社会学の概念を使って比較するというやり方です。その場合、ウェーバーなどは参考になりますが、じかには使えない。たとえば、僕が度々いうように、ソーシァル・モビリティーという問題視角もその一つです。身分関係の上昇下降現象の振幅の度合いの大きいときと、逆に停滞してしまっている時代があるのですよ。イギリスではある時期にその変動が多かった、その時期に非常に発展したとか、フランスではそれが固定した時期に社会発展が停滞したとか、いろいろなケースがある。そういうものを比較の材料として、そこからどんな方法が打ち出せるかというのをみるのは、やはり比較社会史的な問題設定だと思います。

古代とか中世とか、史料の関係で計量的な測定のできない時代についての研究をするためには、もっとやはり別の総合的な社会学的な方法を使わないと割り切れないんじゃないかという気もするんです。その点では、君のやっていることも、僕が追究しようとすることも、スタートの最終の狙いは同じだけれども、途中の方法というか、題材が違ってくるんですね。

速水　それは私も重々存じております。たまたま私がやろうとしている日本の江戸時代が、いわばそういう数量的な測定をともかくやれる材料をもっているという時代で、もしそうでなかったらこれはやれないでしょう。たとえば日本の中世ならば、おそらくできないだろう、だとすれば、やはり別の方法がそこで取り上げられるべきだ、これは仕方のないことだと思いますね。先生はヨーロッパの中世を取り扱っていらっしゃる、私が日本の江戸時代を取り扱っている、これは別だというんでは、そもそもこの対談は成立しないわけで、それが成立する基盤みたいなものがあるんじゃないかと考えていたわけです。

その直接のきっかけとなったのは、『近代の成立と中世』（二玄社、一九七五年）という一冊の本です。この本は、増田先生をはじめとして、西洋史家、哲学者、あるいは中国思想研究家、そういう方々が集まってしかも物理学者が司会をされているという非常に面白い座談会の記録です。

先日、私の専攻分野の国際学会が外国でありまして、そこへ出席するときに、この本を持っていったのです。帰りの飛行機の中でこれを読んで、食べて寝て帰ろうと思って乗ったのです。ところが読み始めたら異常な知的興奮に誘われましてね。つまり、いま先生がおっしゃったように、西洋史家は、あるいは日本史をやらない方たちといった方が正確でしょうが、そういう人たちは日本における日本史研究の中で多数を占めている方法が世界的に通用しないことを知っている、そういうことを知った上で、私たち日本史の専攻者に一種の挑発を行っているという受けとり方をしたんです。それで全然寝られなくなってしまった（笑）。読むほどにのめりこんで、増田先生はじめ他の先生方のご発言が一つ一つ自分に突き刺さってくるんですね。これからいかに自分を守るかという必死の格闘を太平洋の上空一万メートルで十時間あまりやらなければならなくなった。

そこで私は自分で何か書き出したんです。最初五、六枚で書けるだろうと思ったら足りない、もう五、六枚追加したけれどもまだ足りない。映画が始まったけれど、映画なんかどうでもいい。スチュワーデスのところへ出かけていってもっと紙をくれといったら、おまえはこの飛行機に備えてある紙を全部使うつもりかといわれました（笑）。とにかく十何枚かのペーパーを使って一つの論文の骨組みを文字通り上の空で書いたんです。それでやっと生きて羽田に着けました。それが今度の「歴史のなかの江戸時代」の動機になっているんです。

私は決して江戸時代を研究する代表者などと思っておりません。ほんのかけ出しの研究者ですけれども、とにかく私たちはこれに対して何か答えなければならないんじゃないかということを痛切に感じたんです。

増田　あの本ではそういうことを意識していた方もあったでしょうし、いつの間にかそういうことになったということもあったかもしれません。しかし、江戸時代を世界史の中においてみるというのは直接の目的ではなかった。けれどもどっちみちそうなるし、もっと拡げれば、日本史というものを世界史のなかで考えてみる、あるいはその特色を考えてみる、そんな気持があったということは否定できませんね。

「封建制」とは何か

速水　歴史を語るには、いまのところどうしても言葉を使わなければならない。ところが言葉というものはいったん使われますと、それによって非常に限定を受けるという性質を持っている。たとえば我々が封建社会という言葉を使うと、それによってあるイメージが当然浮んでしまうんですね。ところが元来の「封建」という文字は、これはいうまでもなく古代中国から来ている。日本の場合であれば、頼山陽が『日本外史』の中で「封建」という文字をもちこんだと言われている。日本とか東洋の言葉としての「封建」という伝統がずっとあった。

ところが明治以降に、だれかがヨーロッパのフューダリズムとかフューダル・ソサエティを封建制とか封建社会と訳した。そうなって参りますと、日本語の語感としての封建社会というものと、ヨーロッパの場合の封建とはこれは実際には違っているのに、それを同じ言葉で表現しなければならない。ところが、中学や高校の教科書を見ると、もう無前提的に日本にも封建社会があったというふうに書いてある。こういうことによって生ずる誤解の大きさというものは非常に恐ろしいと思います。そういった点を先生は一体どうやって解決すればよいと考えられるのか、あるいは解決不可能と思われるか……。

増田　不可能とは思いませんけれどもね。さきほど申したように、ヨーロッパでも封建制という言葉の歴史については、この間翻訳も出たオットー・ブルンナーの『ヨーロッパ——その歴史と精神』（岩波書店、一九七四年）、原本の名前は『社会史の新しい道』という題なんですが、そこにも書かれておりますように、ヨーロッパで封建制という言葉がいま使われているような恰好で自覚されたのは、フランス革命直前の社会を考えてのことで、そこに封建的なものが残っていることを指摘するという動機が強かったんですね。それじゃフランス革命直前がいま考えている封建制度だったかというと、そうじゃなくて、もっと別の理論的要請から出たものです。その中でも、特にマルクス主義の考え方が一番大きな影響を及ぼしているんじゃないでしょうか。

速水　それは洋の東西を問わずですか。

増田　さきほども言ったようにヨーロッパでは、それがいま反省されつつあるわけですが、特に日本ではその影響がいまだに強い。つまり古代は奴隷制である、中世は農奴制である、そしてその次に資本主義だといった歴史の三分法が決まっているように考えられている。これはおかしいことで、そんな考えでは中世や近世の真の姿はわからない。

そこで一つの考え方として、ヨーロッパのなかで封建制というのは、近代社会との区別からすれば、身分的特権が残っている社会、あるいは身分的特権がその支えになっているような社会である。ヨーロッパの場合だったら、貴族、僧侶、騎士、市民、農民ということになりますが、それらがそれぞれ特権をもっているという社会である。そこでは契約によって賃金とか地代とかが決まるんじゃなくて、経済的な関係プラス・アルファの義務を身分特権の低い者に課していく。それはある場合には賦役でしょうし、ある場合には貢納になる。つまり契約以外のもので義務を行使する特権階級がいるというような社会、そういうものを極めて広く封建的というふうに考えるという考え方が一つできるわけですね。それはいわば経済的というか、社会的な感覚だろうと思います。

しかし、封建制というもともと法制的な概念からしますと、封というものの授受を通じて主従関係が結ばれているという状態をもって封建制だという。その考え方になりますと、概念規定が変ってきて、ヨーロッパの場合はせいぜい一二世紀までなんですよ。というのは一二、三世紀以降になりますと、身分制議会という考え方が出てきます。イギリスのマグナ・カルタ（一二一五年）などにみられるように、支配者の権力を制限し、国王でも勝手に税金を課すことはできないというような形でパーリアメントを作っていきますね。全国民が入ってくるわけじゃないけれども、身分的代表が出てきて、国家というものは一つの客観的な制度になる。

こういうことになってきますと、これは身分制国家ということであって決して個別的主従関係を根幹とした封建的国家とはいえない。そして身分制国家の議会を無視するという傾向が起れば、これを絶対主義というのであって、決して王がはじめから絶対的な権利を前提なしにもっているわけではない。そこが東洋的な意味の支配者の地位と違う点です。そしてそれを打ち破って近代国家になるわけですね。だからその面からすれば、封建国家は一二世紀までで、あとは身分制国家。マルクス主義などでは市民革命に至るまで封建的なものが残っているというが、法制史的には一二世紀までということになります。民衆の意識とか文化という面で考えれば、封建的ということは、また別の時代分けが可能となります。

それからさきほどの言葉でいえば、ソーシァル・モビリティーが盛んになってどんどん街へ出かけていって商人や手工業者になる者が増えてくるでしょう。そうなりますと古い権威に反抗するとか、いろいろな集団を作って民衆が自己主張の場を発見するという動きがでてくる。そういうものは、文化史的にいえばもう封建とはいえない。だから「封建」という言葉にとらわれないでいいじゃないか。そうするとヨーロッパでも一二、三世紀から市民革命の間をどう考えたらいいかということは、日本史の場合と同じ意味で、江戸時代をどう考えたらいいかという問題に似てくるわけで、そういうことが問題として新たに提起されるべきだという気がしますね。

速水　私もたぶん先生とはそんなに距離は遠くないと思うんですが、歴史の時代というのは、何といいますか、たとえば古代とか中世とか封建とか、何と名付けてもいいけれども、きっちりとそういう名前で呼ばれる中身がいっぱい詰っている状態がずっと続いて、その次にもまた違った中身がきっちり詰った時代が続いているといった形で進むのではなくて、中身が詰った時代もあるかも知れないけれども、その先に転換期というか、移行期というのがあるわけですね。まさに先生がいまおっしゃったように、ヨーロッパでは一二、三世紀に狭い意味での封建制というもの——言葉にとらわれる必要はないとおっしゃいましたけれども、ある一つの時代が終りを告げた、そして次の、何と名付けていいかわからないけれども、次の時代への移行期、転換期というものが始まって、それがずっと続いて近代——一八、九世紀としますか——まで、狭い封建制の概念でも、近代概念でも名付けようのない時代がある、むしろそういうふうにとらえた方がいい。転換期の方が時間的に長くなったって一向構わない。つまり、レッテルの貼りようのない時代があるんだということを知るということが大事なのじゃないかと思うわけです。

増田　ヨーロッパ史についていいますと、一二、三世紀までの時代と、それから市民革命までの時代というように、中世を仮に二つに分けた場合、あとをも封建制と言わなければならんという義理はどこにあるのかという問題ですね。なぜそれを両方とも「封建」として総括しなければならないのかということを考えますと、市民社会というものは身分制の特権をもたない、法のもとにおける平等な社会ができるということ、それから市場構造が契約自由の原則のもとで成立するとか、要するに資本主義的自由市場構造を基準としているわけで、それ以前を封建的というふうに総括する。そうすると経済的契約関係プラス・アルファのものは全部封建的な遺制であるということになる。ただそれだけのことで、意識構造とかあるいは文化全体の色調といったものが一二、三世紀に非常に大きく変化したことが、不問に付される危険がある。

速水　つまり非資本主義といいますか、前資本主義といいますか……。

増田　そうそう、それだけのことですね。

速水　「封建的」というのはそういうネガティヴな概念である便宜的な主義だということですか。

増田　いま一般的な用法だと僕はそうなると思うな。

速水　その点私も全く同感なんです。つまり江戸時代イコール封建制と、定義できるかという問題があるわけですが、それはできる面もあります。いろいろな遺制が残っていますから。たとえば江戸時代の農民が領主に納める年貢は決して今日我々が政府に納めている税金と同じ性質のものじゃない、つまり身分間の落差で年貢を納めているわけです。その限りでは江戸時代は近代社会じゃない。しかし、それが封建制とか封建社会というふうに積極的に言えるかという疑問が出てくるわけですね。そういう点でヨーロッパは一二、三世紀が転換期であるというふうに先生はおっしゃいましたが、ヨーロッパで一八、九世紀に近代社会が、今度は積極的に定義し得る近代社会が成立する、その間六〇〇年はあるわけですね。その間の六〇〇年間は非常に長い移行期になります。

日本については、私は実は日本の封建制というのをもしヨーロッパの物差しで計った場合に、それに類似したものは戦国の群雄割拠時代であると思う。これは何も私だけが言っているんじゃなくて、そう言っている人が何人もいるわけです。その後はまさに転換移行の時代であって名前のつけようがない。近代でないから便宜的に封建社会と呼ぶのはいい、しかしそれはあくまでも便宜上の問題で、もし積極的に名付けるならば何か別の言葉をもってこなければならないでしょうね。そういう意味ではこの時代を「近世」と名付けた人は結果的には偉かったと思います。中世、近代と区別しているのですから。では、それは何なのだろうというのが私が江戸時代をやっている理由になるわけです。

増田　それは逆に申せば、明治以後産業革命をなし遂げてこれまでに至ったこの時代を一つのまとまった時代と仮に考えて、その特色は何であるかということをみて、それをどういうふうにして一括したいのか、したくないのかという問題にもなりますね。だから私も一二、三世紀から市民革命までを何という時代にするかということについては、いまのところ答は別にないんです。過渡期ということはつまり封建制という概念があって、そのことを前提として過渡期などというんだけれども、そうじゃない物差しで、たとえば六、七世紀から一二世紀までを何かの言葉で表わし、そういう時代分けの方法を使っていけば別に三分法とかマルクス主義にとらわれない別個の時代分けの概念が出てくるはずだと思う。最近いろんなことが言われるようになった。一二世紀まではアルカイク・ソサエティなんて言ったりね。

それでヨーロッパも時代分けやその表現方法には非常に困っているわけです。

速水　なるほど、ヨーロッパ史でも同じように問題があるのですね。

増田　日本の学界は一八、九世紀のヨーロッパの考え方を世界理論として受けとっており、それに自縛されて一八、九世紀的な論争なり議論から一番脱しきれないでいると思うのですが、一九世紀から二〇世紀初頭に至るまでのそういう社会経済史的なものの見方というものを考えてみますと、こんなことも言えるんじゃないか。一九世紀の後半までの学説というものは、御承知のようにマルクス主義をも含めて、人類の発展法則ということが考えられ、いろいろの発展段階説が説かれていた。マルクス主義も、今の現代をどう変革するかという実践的意思をもった発展段階説だということがいえる。

そういう状況で、とにかく一九世紀というのは、大ざっぱに言えば、発展段階説だけが学問であるかのように思っていた。そして歴史学派の行きつくところは、たとえばマックス・ウェーバーなどに見られますように、結局は社会学に橋渡しするような問題に到達せざるを得なかった。それじゃどうしたらよいかというので、ウェーバーは社会学、特にイデアル・ティプスの概念を使いながら独自の方法と世界を展開させたと思うんですね。これはウェーバー信者から叱られるかもしれないけれども。

そのときの構想というのはどういうことかというと、なぜ西ヨーロッパにだけ近代資本主義が先駆的に起ったのか、なぜ市民の誓約団体とか市民権という考えがヨーロッパにだけ起ったのか、そしてその他の古い文化圏にはそれがないのか。ヒンズー教を調べても道教や儒教を調べても、日本の歴史を調べても、他の領域においては西ヨーロッパのようなものがないんだということを証明しているだけなんだね。もちろん、それを肉づけして論証するのは大変なことでしょうが、要するにウェーバーによる学問的世界征服の結論は、西ヨーロッパだけが特殊であったということの構造を社会科学的に明らかにすることであったと思う。

このようなウェーバーなどの基本的な思考形式は、彼と関係のあったオットー・ヒンツェや現在ではさきに挙げたオットー・ブルンナーなどにも強く影響している。たとえば政治制度としては、議会制民主主義というようなものの根底はやはり身分制議会ということになる。そうすると彼らは支配者に対して、支配される側の者が、自分たちの意見を主張する場を一つの客観的な制度としてつくり上げていく。こういうのは西ヨーロッパだけで、スラブ領域にもなければ東洋にもない、もちろん日本にもない。要するに「支配」に対する民衆の在り方、対処の仕方が違うんだということになる。しかしこうした思考形式で、これからの研究が進むかという段になると、私は疑問を感じます。

ですから、またもとの問題に戻して、逆説的に申すならば、それほど特殊なものならば、そこで作られた学問を普遍法則のように考えて金科玉条として日本の歴史研究で使わなければならないという義理は毛頭ないんじゃないか。しかし、それにもかかわらずマルク・ブロックなども言っているとおり、日本の封建制が西ヨーロッパと似ているというのはどういうことなのか、似ているか似ていないかをはっきりさせることはさしあたり封建制に関してはいえるけれども、そこの点だけ比較して、一体何がわかったことになるのか。なお、もう一つつけ加えますと、僕は関西の田舎生まれなんですが、そこに残っている言葉とか風俗慣習というふうなものを見て、日本の民衆の生活の中で現代までつながる一つのスタートをなしているのは決して王朝時代じゃなくてむしろ室町だと思うんです。言葉からいっても、風俗慣習からいってもね。

転換期としての一六世紀

速水　そこは私の専攻領域にかかわってくるので申しますけれども、一六世紀くらいに何か一つの大きな価値観の転換があった――これはある文化人類学者の提言ですが――それがはじまったのが、まさに先生の御出身地である近畿地方であって、それが一六、七世紀を通じて伝播していくんですね。そして元禄ごろに一応それが全国に広がったというふうにみているんです。民衆のものの考え方、あるいは日常生活のパターンがその時代に生まれ、今に連続している、少なくともごく最近まで連続していたというふうに考えているのです。市民社会とか市民精神とかいうヨーロッパの近代の核になったような、そういうものは確かに江戸時代では薄いことは認めなければなるまいと思います。しかし経済、コマーシャライズという言葉で示されるような現象、これは江戸時代に非常に発達する。人々が経済的に行動するようになり、経済的なものの考え方をするようになる。これが先ほどの価値観の転換と多分関連があるんだろうと思うのですが、そうなってくると、世の中に経済法則が動き出すわけですね。社会全体としての経済法則というのができ上りつつある、まさにそういう時代ではないか。

それに制度がうまく乗っかるか、乗っからないか、これはいろいろあると思うんです。乗っけようとする人もいるし、乗っけまいとする人もいる。乗っけまいとした人は多分享保の改革とか、寛政の改革とか、天保の改革をやった儒教イデオロギーの強い人たちだと思うんです。それと反対に乗っけようとした人をあげれば、たとえば開明的な田沼意次なんかですね。経済だけを切り離すということは非常にいけないことだと思いますけれども、仮に今それをとってみると、そういう現象が起っている。そうなりますと面白いのは、江戸時代に日本の知識人が、日本の社会にもそういう変化が起っている、日本人が経済的に行動しようとしているということを見て、その中から法則をみつけ出そうとしている、そういう経験科学的な態度をとっていることです。

経済学というと我々はすぐアダム・スミスが経済学の始祖だと思う。それから正統学派とか歴史学派とか、最近では新古典派とか、いろいろ経済学の学派ができてしまって、何かそれだけが経済学だというように思っているのですけれども、日本にだって経済学はあったのですね。

たとえば三浦梅園という人なんですが、これは私じゃなくて同僚の西川俊作君の業績なのですけれど、彼が三浦梅園の『価原』という本を読んで次のことを見つけているんですよ。三浦梅園の『価原』の中にあることは、結局はスミスの見たものと同じで、つまり価値を生むものは何かということについて考えているんです。梅園が見たものはイギリスほどには発展していない社会だったかもしれないから、分業の利益とか、そこまではいっていないけれど、とにかく価値の根源は何かを考察して『価原』という本を書いているんです。ですから我々は、はっきりいえば日本の古典の中に経済学の一つのオリジンを見つけることだってできる。

だから仮に私が経済学を学生に教えるときに、たとえばサミュエルソンの『経済学』を使わないで、三浦梅園の『価原』をもってきて使ったっていいと思うんですね。何も私は愛国的な気持でこんなことを言っているんじゃないんですけれども、江戸時代というのはそういう時代だったんだということを忘れちゃって、何か江戸時代を逆に踏みつけにして、あれは封建時代だ、それをいかにして乗り越えるか、あるいは否定するかということをどうも我々はあまりにも強く意識し過ぎていたんじゃないかという気がするんです。

増田　梅園のことは西川君の論文で拝見したんだけれども、梅園とアダム・スミスを一応パラレルに考えていくわけですが、梅園の見ている世界というものは日本国家全体なんですか、自分の藩のことですか。それとも江戸、大坂というふうに見ているのか、その辺がよくわからないんですが。

速水　それはもちろん梅園は九州・杵築《きつき》の人間ですね。彼が自分で直接見た範囲は限られていたし、日本全体についての情報を得ることはできなかった。

増田　そうですね。その意味で非常に理論的に抽象化しているわけですね。その点で梅園とスミスは違っているのじゃないのか。アダム・スミスの見た世界というのは、もっと全ヨーロッパ的世界、さらには知り得る限り全世界的に見ていたのではないかと思うのですよ。『諸国民の富』の現実をみている水平線は非常に広いということが一つ、それからイギリスのおかれている中央集権的な国家のまとまりが、一応前提になっていて、ドイツのリストのように、国民経済を形成しなくてはならないという問題意識の必要がない。だから理論が純粋なようにみえる。

速水　私もそう思うんです。スミスの考えに従えば、付加価値の大きさこそが価値の源泉だといっている。つまり原料から完成品に至るまでの生産の過程を一国が握るということが一国にとっての価値の源泉である、だからたとえばオランダのような中継貿易というのはダメなんだという。そうするとその論理を広げていって産業革命が起れば原料がたくさんいる。自国内ではダメだとなれば植民地がどうしても要ることになる。だから植民地化の原理は言ってみればスミスの論理を実際に拡大したものだと思うんです。そこで両者の相違が範囲だとすればそれは確かにそうですが、梅園のみる眼はスミスの場合と同質のものだ、と西川さんは言っているのです。

増田　うーん。それはそれとしておいて、一五、六世紀から江戸時代は経済面の発展からみてもそれ以前とは違うんだという主張は僕もその通りだと思います。僕の考えではだいたい応仁の乱というのは、一五世紀の後半ですが、あれから都が荒れて、それから戦国時代になるわけですね。室町幕府の衰退過程で中央の文化が地方に移っていって、戦国の武将が、江戸時代とは違った形ではあるけれども、とにかく拠点に城をつくる。そうすると、やがて城下町ができて繁栄する。これは、農民が米とか他のものをつくるのが増えて、米をつくらぬ消費者階層を養えるようになることであって、産業にバラエティがでてくることで、このことはそれ以前と非常に違うのじゃないか。

速水　その点に関しては少しだけ訂正させて下さい。戦国武将の多くは城下町をつくらなかったといった方がよいと思います。つくったのは織田信長、豊臣秀吉、徳川家康です。そこに彼等三人の位置づけというのがあるんじゃないか。つまり、今川と織田が闘ってなぜ織田が勝ったかというと、織田が城下町をつくって、専門的軍隊をもって、集団戦闘訓練をやって、少数で烏合の衆の今川を破ることができたということです。

つまり、城下町をつくらないということは、武士は普段は農村に住んでいて、いざ鎌倉というか、いざ戦争というときだけ集まってきて闘うわけですね。集団戦闘訓練なんかやれないんです。そういう同じタイプの大名同士が闘っているときは条件は同じですが、片方が専門軍隊をもった場合には大規模な野戦の場合ですと、専門軍隊をもった方が強い。それをやったのが信長であり、それを継いだのが秀吉であり、うまく家康に流れていったということが、彼ら三人が天下をとった理由じゃないか。
　つまり、兵農分離をやれるという事実があったわけです。戦国時代の武将、上杉、武田、今川、毛利、島津といった連中はそういった事実のない地域の領主です。だから兵農分離をやろうにもできない。そこに兵農分離・未分離の違いの意味があって、それが城下町をつくれるかどうかにかかってくる。いま先生がおっしゃったように、城下町というのは消費人口集団ができるわけですから、非常に多彩な消費物資が要求されるわけですね。しかも年貢は米と貨幣で納められるから他のものは買わなくてはならない。その辺がどうも前に申し上げた転換と関連があるんじゃないかというのが私の一つの考えなんです。またそれとは別に城下町には城下町としての論理が働きますが。

増田　兵農分業が起る以前は、農民は自己防衛の能力をもっていたんですか？　もちろん郷士的なところはもっているだろうけれども。

速水　農民は個々にはそれを持っていないのです。だから、横につながって一つの組織をつくらざるをえない。たとえば室町時代の近畿地方というのは有効な行政力を持ったものがいなくなるわけですね。幕府や守護の権威も大きくはないし、あるいは律令政府はもう何世紀も前から何もやってくれない。だから自分でやらざるを得ないから、郷とか惣という形ができ、あるいは堺というものができる。つまりヨーロッパの自治という形に似たものができてくるわけですね。そうでない地域にはできていないんです。できていないということはだれかがそれを代行している。それがまさに戦国武将であり、あるいは戦国大名にやがてなっていく在郷勢力です。
　ですから、一六世紀の時期で日本を横にスパッと切ってみると、近畿地方とかその周辺は政治的に古いものは残っているが、経済的には非常に進んでいるし、社会的には新しい組織が生まれている。今度は近畿地方から一歩外へ出てみると、経済的には遅れているが、けれども政治的には戦国大名という新しい形の一つのテリトリーというものをもった領主制が出てきている。これはヨーロッパの物差しで計れば、封建制というものに近いものじゃないかと思いますが、そしてこれら二つの中間の地帯、美濃・尾張・三河あたりを基盤にして、信長・秀吉・家康が出たということは、両方で生じている変化をうまくひっつけることのできる場所で生まれたということなので、これは見落すことのできない重要な事実ですね。

ですから、その時期の日本は地域的には政治・経済・社会の組み合わせが微妙にくい違っている。その状態の清算が、応仁の乱以降の戦国という混乱の時代なのだ、それを統一する原理というのがどうも今の城下町をつくって、兵農分離をやって、そして士農工商の地位を決めてしまう方式であったのだろうというふうに私は考えるのです。

国民経済成立の違い

増田　私は城下町が繁栄するということは、時代の変ってくる大きなメルクマールだと思う。それで大変不思議なのは、そしてヨーロッパと違っているのは、日本の場合、信長・秀吉・家康と続いているが、統一するということが何かということで、つまり天皇制の問題に関係してくるわけですけれども、なぜ京都まで登っていけば諸侯がそれに伏するのか。何かその権威の源が京都にあって、天下統一をすると同時に征夷大将軍とか何とか官職をもらわないと次の新しい時代に入ることを許されない、という伝統みたいなものが日本にはあるわけですね。ヨーロッパにはそれはないんです。信長・秀吉・家康が天下をとったって天皇はちゃんとおいておく。そういう国家の問題が一つと、それからこれは僕の持論ですけれども、日本の場合の国民経済というものは決して明治じゃなくて、江戸時代の前半にすでにでき上っている。江戸と大坂を楕円の二つの中心にして、城下町がその周辺にネットワークをつくって、日本の市場経済というものが非常に早くまとまるんですね。

たとえば米相場をみても、金銀相場をみても、一種の国民経済の成立なのですね。ヨーロッパにはあんな状態になっていたところはないですよ、その点、ヨーロッパは遅れていると思う。イギリスでも一八世紀じゃないですか、ああいう一つの国家的な市場の統一ができてくるのは。ところがその前にヨーロッパの中世では国境を越えて、全ヨーロッパが一つの市場をつくっていた、そこが逆だと思うんです。

速水　つまり日本の方が先に国民経済をつくったということになりますね。私はそのことは非常に大事だと思うんです。つまり今我々はエコノミック・アニマルという称号を奉られているわけです。そのことと日本がいち早く国民経済をつくったということは関係してくるのじゃないでしょうか（笑）。というのは日本人は江戸時代からすでにエコノミック・アニマルだったんですと申し上げたい。たしかにコマーシャライズという点からみるかぎりは、江戸時代の経済というのはヨーロッパより発達している面もある。しかし市民社会、市民精神、あるいは近代社会をつくる政治的、社会的核になるものができずじまいに終っているというのは、今の先生の言われた国民経済が、努力なしに、自然にできちゃったからです。だから倫理を持たないアニマルなわけです。生まれっ放しというか……。そこでは西ヨーロッパのように市民は生まれない。

増田　そこが僕の困っているところなんですよ。つまりヨーロッパにおける国民経済というものは、ほんとうにいろいろな要素が加わってやっとこさ形成されていくわけです。その以前に経済的に全ヨーロッパ的交易網ができている。毛織物はイギリスやフランドルのものを買う、ブドウ酒はボルドーやモーゼルのものが買えるというふうに決まっていたんですよ。その中からフランス経済、イギリス経済、オランダ経済だといって頑張る過程が、ヨーロッパにおける国民経済の成立なんです。ドイツの国民経済の成立はバラバラになっている国を、イギリスとの対抗上、なんとかまとめ、お隣りのフランスとも競わなくてはならないというのでできてくるわけです。だから国際経済の前提の上で国民経済をつくっていくんだ。

速水　よくわかります。

増田　日本の場合は国際経済ぬきじゃないの？

速水　それなんですね。こういうふうに考えていきたいんですが、つまり日本が国民経済をつくったのはヨーロッパより努力が要らなかった。それはなぜかというと、まず一つは日本が島国であって、しかも、平安朝以降、元寇を除いて日本はヨーロッパほどに国際関係を意識しなくてもすんだ。つまり自国の中だけで自然に発展することが許されるといいますか、そんなに肩を張って外国と戦うような努力をしないでもすむ、そういう歴史の進み方をした。その結果いち早く国民経済ができてしまった。それも国際経済を前提としないでもいい国民経済ができてしまったということになるのじゃないかと思うんです。

増田　そうでしょうね。島国であって朝鮮半島も近いとはいっても……。

速水　結構遠いんですよ。ドーバー海峡は泳いで渡れる。ミサイル以前の大砲でも射程距離に入ります。朝鮮海峡は泳いで渡った人は一人しかいません。壱岐・対馬もありますが、朝鮮海峡に近い対馬からだって山のてっぺんに登ってやっと朝鮮が見えるかどうかなんですね。そのくらい距離があります。しかもあそこは海流も速いし波も荒い。だから同じ島国のイギリスでもやはり日本とは違うんですね。

増田　まったくその通りですね。イギリスはシーザーの時代から征服されているんですから。

速水　それと朝鮮半島、あるいは中国大陸というような日本に隣接しているアジア大陸の歴史があって、それらと日本の歴史が一応切れてそれぞれ別個のサイクルで動いているんですね。七、八世紀のころには非常に強い関係をもち、人の往き来もあれば文化の交流もあった。しかし、島国イギリスとヨーロッパ大陸の関係を島国日本と大陸とのそれと比較してみると、大きい違いがあるんじゃないかと思うんですね。

増田　坊さんなど命がけで求道精神に燃えて行った人はあるけれども、あとは南海貿易で多少倭寇なんかあるが、恒常的な日常物資の国際取引の場というものは日本にはないといえるんでしょうね。

速水　実は対馬が江戸時代に朝鮮貿易を盛んにやっているんですね。これは非常に面白い史実だと思います。最近このことを研究する人が出てきまして、大量の一次史料からこの問題に取り組んでいます。その方の研究によると、対馬から朝鮮へたくさんの貿易船が出ている。これはよく考えれば江戸時代をコマーシャライズされた社会として考えれば、そのくらいの貿易があってもいいと思うんですね。

我々は今までは長崎貿易しかみていなかったけれども、その対馬の朝鮮貿易は長崎をはるかに凌駕する量で、ある時期相当長く続いた。これ自身一つの発見で、我々の江戸時代史観を修正しなければならぬものにもなるのですが、今の話にひっからめてみますと、朝鮮の釜山にいわば出島があって、倭館とよばれる日本商館がそこにあり、相当数の日本人が住んでいるわけです。それで倭館・対馬・日本を結ぶ航海においてたくさんの船が難破しているんですね。ということの意味は、一つにはたくさんの船が難破したというのは、非常にあの間の航海がむずかしかったということ、それからもう一つは、それでもなおかつそれを乗り越えて貿易するだけの経済的な動機が少なくも日本ないし対馬にあったということですね。

増田　今の対馬貿易の実態というものは面白いと思うけれども、ただ我々が知っている長崎貿易などというものをみますと、ヨーロッパと比べた場合、ヨーロッパの場合は高貴な奢侈品をもってくるのではなくて、日常生活の必需品、たとえばブドウ酒とか毛織物、麻織物、穀物などになる。ヨーロッパ的なスケールで絶えずそれが生産につながっていて、それが農村の構造に影響を及ぼしている。日本の出島や対馬の貿易の影響というのは一般の農村にはほとんどないでしょう。

速水　まったくないとは言えないのですが、ヨーロッパの物差しで計れば、私はあの貿易はやはり古い型の、まさに一二、三世紀以前の奢侈品貿易だと思うんです。言ってみれば中世的な貿易です。けれども影響はあるんです。というのは銀や銅が直接、あるいは朝鮮を経由して大量に中国に流出していく。ところが片方では日本で多量の銀や銅を必要としているところから非常に困る状態が起るわけですね。というのは一七世紀をすぎると銀に関する限り、日本の国内には資源不足がおきる。一方日本と中国では金銀比価が全然違うものですから、日本から中国へ銀が多量に流れるし、対馬藩や長崎会所は商人として貿易量の拡大を望むわけです。しかも日本では銀や銅が必要だ、そこでこれを解決する方法というのが一方では貿易制限となりますが、他方では幕府の貨幣の悪鋳、あるいは藩札の発行になる。江戸時代のうちに日本人はそういう質の悪い貨幣やお札に馴れちゃった、だから明治政府はほとんど金銀準備もなくて工業化がやれたわけです。だから楽だったともいえる。もし江戸時代の経験がなければ多量の金銀準備が必要でしたね。とすればこれは大変影響があったことになる。

増田　それはその通りだと思うんだが、要するに産業を起すほどには、たとえば外国に売るために麻織物をつくろうとか、外国に売るために毛織物をつくろうというような農村の変化を伴う産業は起る余地はなかったのじゃないですか。さっき君が言った江戸と大坂における消費人口、それから城下町の消費人口があって、要するに国内の需要で農村が産業を起すというだけで……。

速水　国際貿易商品をつくる産業は、少なくとも幕末まではなかったということは言えるかもしれませんね。

増田　そうだね。開国になっても生糸かお茶でしょう（笑）。

速水　国民総生産の中で占める割合は大きくなかったでしょうね。しかし私は貿易は無視できないんだと思うのです。輸出品だって輸入品だって雇用を起しますし、付加価値もありますから。

増田　さっきエコノミック・アニマルについて、君はどえらいことを言ったね。さっきから考えているんだけれど、日本のエコノミック・アニマルというのはいまは一つの国を背景にしてエコノミック・アニマルになっているわけですが、経済倫理そのものとしては江戸時代から自分の藩のまとまりの中で考えていたんですね。

速水　藩という意識が非常に強いのは薩長ですね。明治維新の指導勢力を生んだとき、あそこは非常に藩意識が強い。しかし江戸とか大坂は藩ではない、もちろん江戸も大坂も幕府の直轄地である。しかしそこでの町人の持つものは藩意識とは違うわけですね。もっと開かれています。ですから、そういうものが混在している状態だ、しかも明治維新というのは実は指導勢力は江戸の町人でも大坂の町人でもない、藩意識の強いところからリーダーが出てきているというところが一つ明治維新の性格にもつながっているように思うんですがね。彼らはもちろんいかに江戸や大坂の町人を味方に引き込むかということをやりますけれども、町人は主体勢力というか、リーダーにはなっていないというところがこれまた面白いと思うんですよ。

増田　話は逸れるけれど、京都というのは昔からの都で天子様がおられたところだということでいろんな古い伝統的なものも残っている。江戸はやはり政治の中心でしょうね。幕府のおひざもとで政治の中心でしょうが、やはり町人の実力であれだけ大きくなったという点からすると、僕は大坂の商人というのは大変なものだと思いますね。つまり、大坂のアイデンティティは経済活動以外にはないわけですからね。エコノミック・アニマルと言ってよいかどうかわからんけれども、やはりあそこには蔵屋敷があって、諸藩の産物が集まってきて、堂島の米相場が立つわけですから、あの辺がなんとしても日本の経済全体を見る目安になるんじゃないか。そりゃあの辺にいれば、福沢諭吉じゃないけれど感覚が違ってきますよ。

速水　だから西鶴が生まれ、近松が生まれるわけですね。

増田　ロンドン商人みたいなものだ。

歴史家の窮極の使命

増田　ところでね、僕は君が狙っている歴史の科学性をトコトンまで研究していくような方法を立てて、その方法でどこまでわかるか見ていこうという考え方は非常によくわかるんですよ。そうなったときに、君自身も言われているように史料の制約を受けてすべての時代についてはやれないし、人類の経済発展などというのは史料的にどうにもならない。そうするとそれは社会科学として、そういうことの史料のある時代について非常に精緻な分析と、ある意味じゃ法則が見つかる可能性があると思う。それは事実、歴史人口学でもやっておられると思うんだけれども、そういうことを追究するということをこれからやっていくわけですか。

速水　いや、それはあくまでも一つの手段だと思うんです。私がやりたいのはやはり先生のように一つのパラダイムというものを何か自分でつくってみたい、それは幼稚なものかもしれないけれど。そのパラダイムをつくるにはやはり幾つかの礎石が必要なわけですね。そのワン・ノブ・ゼムとして歴史人口学というものを位置づけているにすぎません。たまたま今私は歴史人口学をやっています。しかし狭い意味の人口が目的なんじゃないのであって、たとえばそこで使っている宗門改帳というのはただ人の頭数を数えるためだけの史料としてではなくて、江戸時代の庶民生活の実態を最もよく我々に知らせてくれるものとして用うべきであると思っています。一番農富な情報量をもっている材料だと思うわけです。だからこいつを徹底的に洗っていけば、庶民生活の実態にいささか近づくことができるんじゃないか。私は決して狭い意味の数量経済史をやっているのではなくて、むしろ社会史とか……。

増田　ああ、それを聞いて安心しましたよ。

速水　こちらもです。ですからこういう研究方法はさっきのアナール学派に一番近いと思うんです。宗門改帳をやっていく、そしてそれを取り扱っていく際に統計学的な方法なりコンピューターを使うというだけのことなんです。自分では歯止めをもっているつもりなんです。

増田　僕は少し告白めいたことになりますが、一八、九世紀のヨーロッパの学説が先ほども言ったように経済史だと思ってやっていたけれども、今思うとその限りにおいてはつまらないですよ。日本史の概念規定だとか、あるいはこれは何カテゴリーに属するとか、これは封建的かどうかなんて議論したってあんまり面白くありませんね。

そこである意味ではちょっと逃げたというか、一回りして螺旋的に登る。すぐに富士山の頂上には登れないから、一回りすれば何メートルか登っているだろうというんで、ヨーロッパの学界の動きをも察知して地域史研究というのをやってみたんです。もちろん自然の状況から産物から地質まで調べて、ある地域というのがどういう経済的なユニティをつくり得るのか、そこでどんな農村があり、どんな都市がおこり、どんな産業が発達し、それがヨーロッパ全体の中でどういう位置づけをもって変っていくのか、つまり、それぞれ特殊性のある地域の重層的な総合体としてのヨーロッパというものが中世ならば中世を通じて総括できないか。

近世になると植民地問題が入ってくるから大変ですが、そういうものを経済生活を中心にしてまとめたいんだけれど、これがなかなか経済の純粋理論にはならないんだね。だからちょっと引け目を感じているんで、いわば逃げた言葉で今は「社会史」といっているんで、やがて、その大道をきり開きたいと考えています。

速水　「社会」という言葉は何だかよくわからないときに使う言葉としては実に便利ですね。でも先生の社会史はそういう逃げの社会史じゃなさそうだと思いますが。

増田　それは地域社会の構造変化であると同時にもう一つ僕は色気があるんだけれども、そういう庶民の生活史を調べていった上で絶対見逃せない大きいことは、私にとっては制度の変化をもたらす背景としての民衆の団体意識だと思うんです。大きく言えば国家というものをどう考えるか、村というものをどう考えるか、町というものをどう考えるか、あるいは日本でいえば藩でしょうけれど、向うでいうテリトリウム、それはどう考えるかということ。支配されるだけなのか、支配する者とされる者との関係を意識の面から追究していこうという仕事、こいつの中に何か比較のきっかけがあるんじゃないか、そうした問題を、大げさに言えば世界史的に考えてみたいのです。

速水　いずれ後の方の座談会で出てくると思いますが、これについても江戸時代は面白いのです。たとえば国際関係の意識の中で出てくる日本の国家観というものがあるわけですね。実は普通鎖国と言われている事件がまさにそれですが、つまりあれは鎖国ではなくて新しい国家観の形成の裏返しだという見方が最近出てきたんです。でもこれについて論じるにはもう時間がありませんから別の機会にします。

増田　僕はどうしても国家観の問題に行きついてしまうんだね。もちろん町とか村、あるいはファミリーというものの意識だって日本の場合とヨーロッパの場合は違う。しかし違う違うとばかり言っていたんではどうにもならないので、どう比較する道があるかについては、僕たちはどうしても社会学の言葉を使わなければならない。
それから最後にちょっと加えたいんだが、私は君の書いた文章（本書第1章）を読んだのだが、つまり歴史家がかつて問題視した、今の日本の学界をみると、歴史学者ばっかりで歴史家がいない、つまり歴史の理論的な分析だけが繊細に議論されていて、全体の絵を一般市民が読んで面白くわかるような歴史叙述のできる歴史家が少ない。これはやはり社会科学のある意味では罪で、社会科学の罪というのは変だけれども、偉大な歴史家が出ないで歴史学者ばっかりになってしまった、そういう問題も反省すべきでしょうね。

速水 私が最初に先生にお尋ねしたいと思った問題はまさにそこにあるのですが。

増田 じゃあその問題に移りましょうか。古いところではあのブルクハルトが『イタリア文芸復興期の文化』を書いたときに、あれはだれの学説がどうだとか、どんな理論かなんてことは一つも書いてない。あそこにあがっているのは、その当時の日記、その当時の統計、年代記、そういうじかのものを使って、そして全体の絵を描いているわけですよ。ベルギーの偉大な歴史家ピレンヌだってオランダのホイジンガだって、他人の学説なんてものは問題にしていないんですね。ズバリと叙述しているわけです。

速水 ピレンヌなど、捕虜収容所の中で参考書も何にもなしで『ヨーロッパ史』を書いたんですものね。

増田 それができたのは、やはり非常に個別的な地域やテーマについて、個別的な研究をこういう立場でやったところでこれだけしかわからんということを彼が知っているからだと思いますね。ランプレヒトが大著『ドイツ史』を書いたけれども、もとはモーゼルラントの統計的研究でしょう、経済的な。

ホイジンガはちょっとこれとは違うけれども……。

歴史家の窮極の使命は何かという場合、理論的な分析をやっていくことだと僕は思わないので、これは自分でできないことだけれど、僕は歴史家の最終の目的はすぐれた歴史叙述だと思っています。それは史料と分析を踏まえて、一生涯に一冊書けばいいと思うのですが、偉い歴史家をみるとそう思うんですよ。僕は君のさっきの言葉を聞いて安心したんだが、これだけが学問であって、増田のやっているあんなものはだめだというんじゃ困ったことだぞと思っていたんです（笑）。

速水　先生のおっしゃるようにピレンヌはある地域研究なり何なりをやった。地域研究というのは、まあ言ってみればボーリングですね。一人の研究者がすべての土地をボーリングすることはできない。だから一カ所か二カ所の土地を徹底的にボーリングする。そこで出てきたものをいわばそれから横に広げていって全体像をつくり上げる。これがたとえばピレンヌの仕事であり、歴史家のやるべきことじゃないか。社会科学の方法を道具として使う歴史家ですね。ホイジンガはその点では違うと思います。彼は直観から出発している。私がピレンヌとホイジンガを並べましたのは、歴史はフィクションか、という問題のためでした。そのことを最後に先生に伺いたいのですが、つまり歴史が最終的には叙述であるとなりますと、フィクションだという人も出てきますね。けれども歴史というのははじめからフィクションじゃないのでしょう？

増田　単なるフィクションじゃない。マルク・ブロックなんかが、歴史はどうせ限られた史料からの仮説であるから、あまり多くのものを同じ正確さで知ろうとしたってできるものじゃないと謙遜して言っているけれども、その研究の操作においては極めてサイエンティフィックである。つまり自分の力でき得る限り知り尽した上でどういうことになるかということであって、決して史料を無視した面白半分のフィクションじゃない。

速水　フィクションであると言いきっちゃうと歴史家は要らなくなって、歴史小説家だけでいいということになってしまう。

増田　そうなると僕らはせいぜい材料提供者でしかないということになる。けれどもそうじゃない。歴史小説家は小説家としてあっていいけれども、やはり、さっき言った意味の歴史家は必要なんだよ。

速水　じゃ、私にも当分やる仕事が残されてますね。安心しました。どうもありがとうございました。

第 3 章

自然環境と生活

荒川秀俊（気象学）
西岡秀雄（人文地理学）
伊藤和明（地質学）
速水 融（経済史・歴史人口学）

（葛飾北斎「富嶽三十六景　甲州三島越」）

「自然」は不変なのか

速水　お忙しいところをお集まりいただきましてありがとうございます。きょうは、どちらかというと、人文科学ないしは社会科学系の出身でない方々をお呼びして、江戸時代という時代に、人々が生きた自然環境についていていろいろお話を伺おうと思ってこの会を設けたわけです。「自然」は不変であるということが、一般の歴史家がとってきた態度でありました。実は、私、最初にもちょっと書いたのですけれども、「自然」は不変であるという考え方は、果してどこまで正当なものだろうか。とくに、江戸時代という時代は、三〇〇年間近くにわたるわけでして、その間に、不変であるとして、自然変動に顧慮をまったく与えないということになりますと、正しい歴史の理解ができるだろうかということを常々疑問に思ってきたわけであります。

もっとも自然は不変と言えなくもありません。たとえば何億年、何千万年というオーダーの変動の場合、三〇〇年間の江戸時代はまさに瞬間にしかすぎません。しかし他方では、後でお話し願おうと思いますが、「元禄地震」というような突発的な事象があります。津波とか、豪雨とか、台風とか、そういう突発的なもの、それから何というかジワジワとくる気温変化のようなもの、そういうものの人間生活への影響が当然あるわけです。

いろいろ皆さま方にご意見の違いはあるかもしれませんけれども、それはとにかく置いて、一体、江戸時代という時代に、我々を取りまく自然環境はどうだったんだろうか。そういう事実についてどこまで我々は知っているのか、それと人々との生活の関わり合いがどうであったのかということについてお話しいただきたいと思います。

人間の歴史とは一応切り離された自然の歴史を「江戸時代」に限って論ずること自体、そもそもおかしなことなのですが、その辺はご容赦願いたいと思います。

まず荒川先生、こういった点に関しまして、先生のご関心のあるようなところから、お話し願いたいのですが……。

気候は穏やかだったか?

荒川　江戸時代は、二七〇〇年といいますか、三〇〇年近い間全体としてはわりあい静穏であった。そのせいでしょうが、その前の時代よりは、庶民の生活はわりあい楽になった。経済史の人は、それを蓄積があったというように表現しているかもしれませんが、とにかく平和で、落ち着いてきた社会のように思います。

私は、江戸時代のことをいろいろ書いたものを見たり、あるいは人に聞いたりしてみると、江戸時代の人は非常に気質が穏やかだったと思うのです。いわゆる無礼討ちとか、あるいは切腹とか、そういう劇的なことを強調する人もいますけれども、実際には、江戸時代の人々は都会でも田舎でも、非常に穏やかなんですね。たとえば殺しのようなものは、ほとんどないんですね。そういうことがあったならば、大変なショッキングであるような社会なんです。そういう背景には、平和が二百数十年も続いたということと、だんだん落ち着いて、社会の変動がスローダウンしてあまり劇的な変化が起らなかったことがある。しかし、その間にやはり、人々に銘記されるような大事件といいますが、大地震とか、大飢饉とかというようなことが起って、それぞれの地方の人々にとって決して忘れられないような大事件として記録されております。

速水 静穏とか、起伏のなかったというのは、社会的にいって、人々の生活がそうであるということですか、それとも自然環境がわりあい静穏であったということでしょうか。

荒川 そう細かく問われると、答えに窮しますけれども、江戸時代に入って初めの間は、その前の時代ほど気象状態も悪くなくて、徐々にではあるが、暖かくなったような節も見えます。時として大暴風が起ったり、あるいは後半になると飢饉のようなことがあったりしたでしょうけれども、総体としては、わりに自然状態も穏やかな推移であったと、そう申していいんじゃないでしょうか。

速水 その点ですが、どうも江戸時代というのは、途中で寒くなって、その底に天明という時期があって、それからまた回復していると判断されている方もあるようですけれども。先生はその点では、必ずしもそうではないとお考えなのでしょうか。まあ、暑い、寒いといっても、何を基準とするかという問題があります。気温といっても最低、最高、夏の気温、冬の気温、そういうものを全部足して平均を出しても生活との関係は出てこないと思いますが。

荒川 気温について申しますと、古くからの記録を、二つ三つ拾い集めたことがありますが、まず第一に、京都で桜の花見の宴を開いた記録が平安時代から残っております。天皇、皇后とか、時としては将軍のような人が観桜会をやった記録が長期にわたって追跡できます。それを見ますと、平安時代はわりあい桜の花が早く咲いて気候が温和だったと思われるのですが、それから下って一六世紀ごろになりますと、花見の宴が遅くなる。また江戸時代にいくらか早くなって明治時代に入ったというようなことから見ると、わりあい気候が穏やかになってきたんじゃないか。

速水　桜の開花日が早くなったというのは、冬の気候が温和になったというふうに解釈してよろしいでしょうか。

荒川　桜の花が咲くというのは、たとえば農事試験場や気象庁で調べた記録によりますと、花の咲く前ひと月かふた月のあいだの温度と関係があるのです。咲く前になってから雨がちょっと降りますと、花がパッと咲きますね、そういうことがありますから、春の気候が暖かくなったといってもいいでしょうね。

それからもう一つ、諏訪で御神渡《おみわたり》という事象があります。つまり、諏訪湖が全面結氷しきったあとで、氷が明け方膨張するために、割れて盛り上ります。それを諏訪では御神渡といいますが、それの記録も、約七〇〇くらいあります。その記録を追跡してみると、とにかく戦国時代よりは、江戸後期、明治の頃になると、御神渡を起す時期がずっと遅くなっている。それから見ると、冬の寒さは戦国時代は非常にきつかったとみられます。

そのほか、それと似たようないろいろな自然現象から見て、だいたい、江戸時代は冬や春の気候が少し穏やかになりつつある時期であって、明治に入ってかなりよくなった、まあ、そんなふうに思っているんです。

トド島・アシカ島の「移動」

速水　またあとで詳しいお話を伺うことといたしまして、西岡先生、先生の気温の七〇〇年周期説ですと、逆に徳川時代に一つの底があるかのように拝見するんですが。

西岡　いまの荒川先生のお話を承っておりまして、荒川先生の場合、江戸時代をひっくるめたときに、というわけですから、たとえば鎌倉時代をとると、非常に冬の気候が悪かったというデータがあるわけですね。江戸時代は鎌倉時代よりは長いから、データで見ると、江戸時代の前期から後期にかけてだんだん変っていくという感じで……。

速水　江戸時代の中で変っていくというわけですね。

西岡　それを平均すれば、温和であるというふうに解釈もできます。

けれども明治に近寄るほど江戸時代前期より気候が悪いという感じがするんです。というのは、江戸期後半は木の年輪の育ちが悪く、それからアシカが異常に南下しています。年輪は木曾や宇都宮の事例があります。もう一つの方は、アシカ、トドの足跡を調べるために、知られている限りトド島・アシカ島という名前がついている地名を探していたある機会に、渥美半島のほうにおられる方から通知がございまして、そこにもアシカ島があったというんです。いままでずいぶん地図を見たつもりだったけれども地名としては出てなかった。それで現場へ実際に行って町役場の地図をもらったら、三千分の一の地図にしてやっと出てくる岩礁の一つにアシカ島というのが確かにあるわけですね。

それから、もう発表しましたけれども、『利根川図誌』の銚子のところをみますとアシカ島というのがあります。「アシカ島を遠めがねにて見たる図」というのがあって、アシカがたくさんいたことが判ります。

速水 その『利根川図誌』は何年に書かれたものですか。

西岡 安政五（一八五八）年ですか。とにかく多いときに二、三〇〇匹いたとある。だから、あのすぐそばで犬吠埼という地名も、気になってくるんです。あそこで犬が、アシカの吠えるのを怒って吠えているのか、それともアシカの吠えるのが犬のように聞こえるかどっちかじゃないかと思っているんですが……。これで重要なことはアシカが「年中」いると書いてあることですね。そうすると、寒流が年中洗っていたということにしないと変になっちゃうわけですね。

ところが、こんどはやはり江戸末期にできた『紀伊国名所図絵』には、「年中」とは書いてなくて、「秋の土用よりいづかたよりか来たりて、春の土用までこの島にをる」とあります。そうすると、冬中おるという意味でしょう。冬はアシカがそこまで南下しているので、当然、いまの渥美半島のところへも来るわけです。

というようなことで、太平洋岸の寒流が江戸時代の後半にはかなり下っていて、アシカがずいぶん南下していたようです。

速水 あえて誤用しますと、そのトドのつまりはどこになるんですか……（笑）。

西岡 トドの南限ですね。いま判っているのは、太平洋側では『紀伊国名所図絵』に出てくる和歌山県由良のアシカ島……。日本海側は『出雲風土記』に出てくる島根半島です。

速水　そこがトドのつまりですね。

西岡　いまのところね（笑）。

それからもう一つ『摂陽奇鑑』という本に、大坂の川が文化十（一八一三）年と文政五年と六年（一八二二、一二三年）に三回淀川まで含めて凍ったという記述がある。その一世紀前の一七〇九年の冬にパリのベルサイユ宮殿の中にあったアルコールの入った化粧水の瓶、オーストリアの皇太子が寄贈したものらしいのですが、それが室内で凍って割れたんですね。これは大変な寒さです。そして問題のフランス革命の前夜、一七八九年、パリの気温がマイナス三二・八度になって、セーヌ川が八六日間凍っていて、モンマルトルあたりの製粉工場の水車が回らない。小麦が挽けなくなっちゃったとか、そういう問題がでてきます。フランスの学者も最近は絶対主義時代の土地制度とかいうだけの問題ではいけない、自然環境の変化とブドウ価格の高騰とか、やはり、自然にひっかけての産業を考えなければ、本当のフランス革命の原因は解けないいんじゃないかという方向にだんだんいっているようですね。

速水　たしかにそのようです。気候の問題について、伊藤さん、いま出ている問題で何かご意見がありましたら……。

浅間山の大噴火と飢饉

伊藤　気候は専門ではないんですが、地変と気候との関連で一つ気になるのは、冷夏がもたらしたという天明の大飢饉です。あれは浅間山の大噴火と大きな関わりがあるんじゃないかと思うんです。あの時は実は噴火による直接の災害がまず大きい。浅間山は天明三（一七八三）年の春から夏にかけて大噴火した。そして陽暦の八月五日に大爆発とともに火山災害の中で一番恐しい火砕流というのが流れ出しました。それが谷を下って、地表の水とまじって熱泥流になって、大洪水を起し多数の死者を出しています。それから噴火によって噴き上げられた灰塵が高空に舞い上って太陽光線を遮っている。その辺の影響は荒川先生、いかがでしょうか。

荒川　ちょうど天明三年の夏、寒かったのですが、そのために天明の飢饉の幕が切っておとされた。その夏の直前に浅間山が噴火を始めたわけですが、それが人口の密集した関東地方に大変な影響を与えたのですね。

伊藤　拍車をかけたような形になっているのですね。

荒川　それに、浅間山の周辺では灰が積って農作物がみんな枯れてしまって非常に深刻な打撃をうけている。そして高空では西の風が吹いていますから、噴きあげられた灰はどうしても西側より東側に多く落ち、関東や南奥羽がやられてしまった。天明のときの浅間山の噴火は、すでに農業の生育季節に入ってからだったんですね。そういうことが社会的に実に大きな影響を及ぼしたのです。

速水　それなんですけれども、ここに、私が信頼できると思っております米沢藩と会津藩の人口趨勢の変遷のグラフがあります。米沢藩の場合、人口の最大だった時代は元禄末期（一七〇〇年頃）くらいになる。会津藩の場合は享保のころ（一七二〇年代）です。そして両藩ともそれからあと落ち込むわけです。そして最低のところは、まさに天明にあるんですね。けれどもよくみると、落ち込みとしては宝暦のほうが大きい。宝暦（一七五〇年代）で落ち込んで立ち直らないうちに、さらに天明の災害（一七八〇年代）

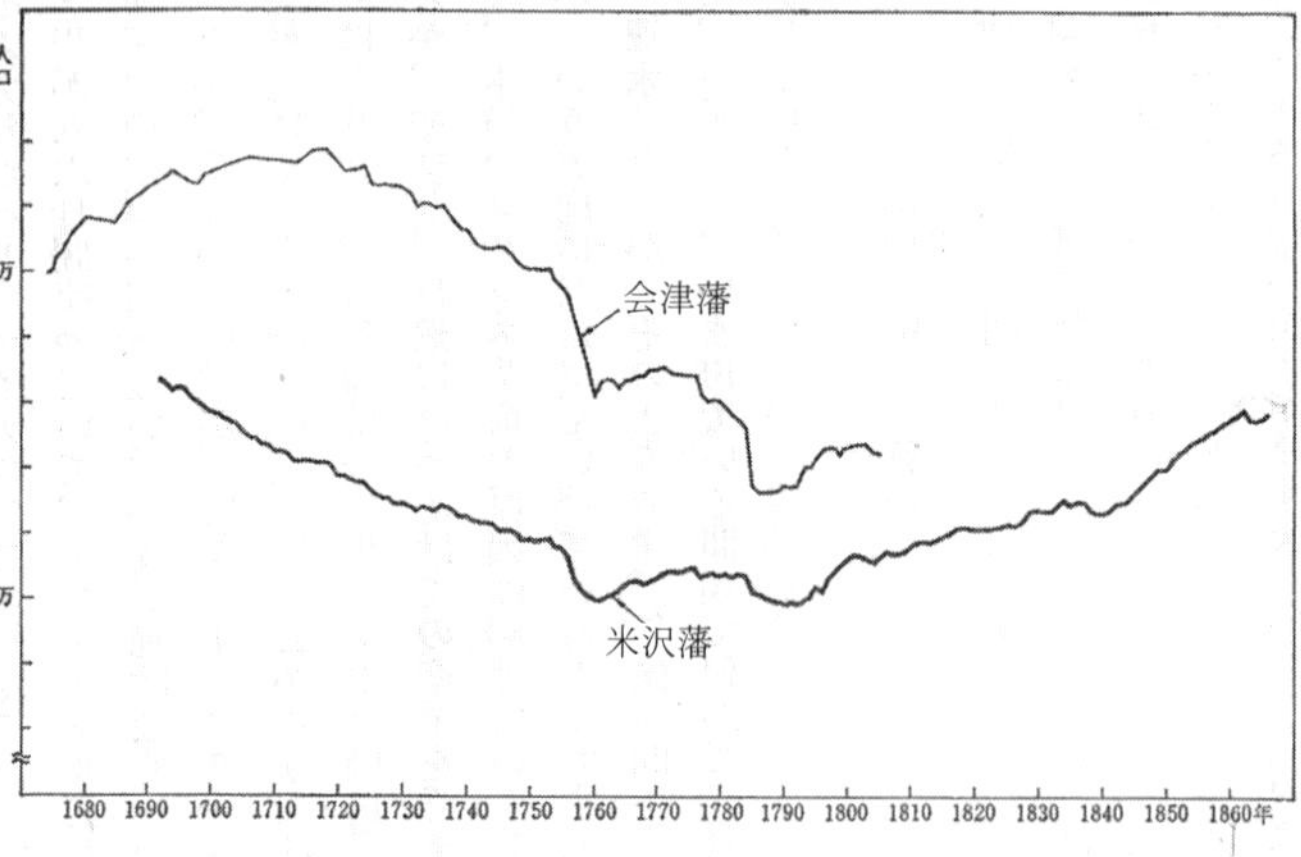

（資料）会津藩人口：高橋梵仙『日本人口史之研究』1941年、208～217頁。
米沢藩人口：吉田義信『置賜民衆生活史』1973年版、113～118頁。

が加わったというのが人口の変動にあらわれた特徴です。そしてこの両藩では最大値は明治まで遂に戻らなかった。人々は宝暦飢饉についてはあまり言わない。飢饉というと、すぐ天明の飢饉ときているのは、落ち込んだところへさらにきたということが何かあるんじゃないかと思いますが。

荒川　それについて私は、昔旧制二高の校長をしていた阿刀田令造という先生の業績を思い出します。先生が非常に力を注いだのは、地元の飢饉の研究で一千ページ以上の本を出版しているんですね。それはまさにいまの宝暦から始まって天明・天保に及んでいるんです。宝暦が非常にきつかったといっている。

速水　私は一七〇〇～二〇年ごろをピークとして長期的に人口減少が始まった、宝暦や天明の凶作はその最中に生じただけに人々に強く印象づけられたのではないかと思います。これは長期的といいますか、一〇〇年をオーダーとするぐらいの気候変動、とくに収穫期である冷たい夏の結果であるとは考えられないでしょうか。

西岡　天明の飢饉から数年遅れてフランス革命が起っているわけだから、向こうの方でもそういう証明はできませんかね。

速水　それは是非調べてみなくちゃなりませんね。

火事と風向きの変遷

西岡　さっき風向きの話が出ましたが、実は警視庁の調査で、江戸に大火があった場合の風の方向の統計を見ると、江戸期の三五回の大火事のうち、北西風二四回、北東風一回、南西風一〇回、南東風ゼロなんですね。つまり、西風が圧倒的に江戸期は多いわけです。明治・大正期に入ってから三三回の大火事を見ると、北西風は一七回に減って、北東風が一〇回にふえる。南西風は一〇回が三回になり、南東風は三回にふえている。結局、東風がふえている。だから、火元が東の方にあるときがこわいことになるわけでしょう。

荒川　私は、実は、東京消防庁の火災予防審議会の委員をしておりまして、そういう調べは東京消防庁でもやっているんですが、それによると江戸時代の大火は二つのタイプがある。一つは、南風のときに、えらく大火事になる。春先の大火事です。それから北風のときには振袖火事みたいに何ものも焼き尽くしてしまって海まで行って焼け止る。そういう二つの種類があって、東京での大火事は、北風のときと南風のときだとだいたい決まっている。ほかの風では、あまり大火事になりません。

ところが大正・昭和になってからは、消防力がグンと強くなりました。それでもう、風が強いときに少々火事が起っても、消防力で鎮圧してしまうから、風向きはあまり問題にならなくなるのです。

西岡　近代技術が火災のパターンを変えたわけですね。だけど、風向きが、気圧配置の関係で変ってきていることは事実なんでしょうかね。

荒川　そこまではよくわかりません。

速水　江戸における風向きの研究というか資料はあるんですか。

荒川　信頼ができるような記録はあまりないですね。ただ、庄屋さんのところ、あるいは代官所あたりでつけた日誌みたいなものは三〇〇年も続いたものが間々ありますが、それに風向きは書いてあったり、書いてなかったりというような程度で。

速水　風向きといっても、一定時点での風向き、ということもありますね。

伊藤　ただ、火災の場合の風向きと、高層の風とは、やはり別に考えなければいけないんじゃないかと思います。火山灰というのはほとんど東に向かって降っていますね。関東ロームがそうですし、富士山の宝永四（一七〇七）年の噴火のときにも、東の山麓の作物が焼け砂でやられてしまっているというような事件が起きている。天明三年の浅間の噴火のときにも、東にあたる上州から北関東、東北南部が降灰の被害を受けたんですね。

飢饉の原因は？

速水　浅間の噴火というのは、世界的な規模で気候を変えるほどの大噴火だったのですか。

伊藤　あのとき、世界の平均気温が少し下ったことは確かなのじゃないでしょうか。フランクリンが書いていますね。一七八三年の手記に、この年はヨーロッパ全部と北アメリカ一帯が数カ月にわたって細かい、乾いた霧で被われた、と書いています。もっとも、この年はアイスランドでも火山が噴火しましたから、両方合わさっているのかもしれませんけれども。

西岡　ところで、大ざっぱに見ると、一四世紀以降の飢饉を整理して、その原因は、雨が降らなかったからとか、あるいは寒冷かどうかということを分けていきますと、慶長以前が高温寡雨の傾向がありまして、慶長（一六〇〇年頃）から明治三十八（一九〇五）年の飢饉までが低温多雨の傾向が多いんですね。

速水　それは収穫期といいますか、夏の気候がそうだということでしょうね。

西岡　そうなんでしょうね。

速水　経済史をやっている私にとっては、さきほどからそこのところが一番聞きたいのですが……（笑）。

荒川　古代から中世の農業をやっている人の研究によりますと、だいたい、昔は、田にかける水、農業用水は清水とか、山の中腹を流れ落ちる水を使っている。そういう時代に不作が起るのは、清水とか、山を下る水がなくなったときで、これは絶対的な大不作になる。ところが江戸時代に入って、だんだん平坦地の稲作が多くなると水はいまのような使い方に変ってきた。そうすると、昔の天水を利用したやり方と違ってきます。大きな貯水池や用水路なんかを作るようになる。そこで不作になる要因が違ってきた。中世までの要因は、とにかく旱魃が大不作の原因だったのが、江戸時代には夏寒かったり日照が足りなかったりすることが、大きく響くようになりましたね。

速水　稲作に必要なのは、二〇度以上の気温が何日か続くということだったと思います。それを割ったりすると凶作になるわけですね。そのときの冬の気候は、案外よかったということはいえるんですか。つまり厳寒酷暑と暖冬冷夏といいますか、それは組み合わさっている現象であるということが……。

荒川　当て推量でそういうことを私らも書いたことがあるけれども、それはいま確実には言えません。ただ、そんな関係もいくらか統計的にはあることはいえますが。

伊藤　モンスーンの強さとの関係で仮説を立てている方もあるようですが。

速水　逆に言うと、もし、そういう関係があるとすれば、諏訪湖の結氷は、逆に、あれが結氷すればするほど夏は暑かったことになるわけですね（笑）。どうも難しい問題がいっぱいあるようですね。

地変の歴史

速水　私たち、社会科学系の歴史をやっている者にとっては、凶作・飢饉というのは大きな問題ですから、いずれまたあとで、もう一度お尋ねしたいと思います。その前に、伊藤さんが担当された「元禄地震」というテレビ番組が、非常に印象的に残っているのです。それで地震の方に、話題を移したいと思います。大ざっぱにいって、江戸時代の人々の生活に大きな影響を与えたような江戸時代の大地震について、まずご説明願いたいと思います。

伊藤　ここのところ元禄地震をはじめとして、古い地震を調べているんです。というのは、昔の地震を調べることによって、現代との関わりと言いますか、さらに将来への教訓といったものが浮かび上ってくるにちがいないということで、まず手はじめに元禄地震を調べてみたわけです。

ところで江戸時代には、社会的に大きな影響を与えたと思われる地震は、古い方からいきますと、まず江戸幕府が開かれてすぐ、慶長九（一六〇五）年一二月に大地震があります。この地震は、地震そのものによる被害は大したことはなかったが、犬吠埼から九州まで太平洋岸に大津波を寄せている。次はやはり、元禄十六（一七〇三）年の元禄地震で、これについてはあとで詳しく述べますが、その余震活動が年を越えてあまりに長く続いたものですから、幕府は縁起が悪いということで翌年改元して宝永にしたわけですね。しかし、その宝永の世も穏やかではなくて、宝永四（一七〇七）年の一〇月に、もっとすごい地震が起る。この時はいわゆる南海トラフの方の東海沖から四国沖あたりにかけて大きく動いたらしい。日本列島が経験した地震では最大級の規模のものと言われています。たぶん南海トラフに沿って、三つの地震がほぼ同時に起ったと考えていいようです。この地震で多くの家屋が全潰し、しかもまた大津波で大変な被害を出した。しかもこの大地震のひと月半のちには、富士山が噴火する、つまり宝永の噴火ですね。おそらくこの地震と噴火は関係あるんじゃないかと思います。元禄地震は相模トラフ、宝永の地震は南海トラフで起った海溝性のいわゆる巨大地震で、たった四、五年の間にそれが相次いで起ったのですから、この時期は、地学的には乱世だったといえましょう。次に挙げたいのは、弘化四（一八四七）年三月の善光寺地震です。この地震は、今流にいえば、内陸の直下型地震――直下型というのは最近マスコミが作った言葉ですけれども。

速水　善光寺の御開帳のときに重なったやつですね。

伊藤　ええ。何千という善男善女が集まっていて、その八割か九割が圧死したといわれる。しかも、犀川の右岸の虚空蔵山という山が崩れて、犀川を堰き止めてしまって、その上が大きな湖になった。それが三週間くらいのちに決壊して、三週間分たまった水がドオッと下流に押し出されて、時ならぬ大洪水になったわけですね。

速水　享保のときに起った野州五十里《いかり》の場合と同じような形ですね。

伊藤　そうですね。『理科年表』には死者一万人以上と出ております。この善光寺地震の七年後、嘉永七（一八五四）年には南海トラフで大地震がありました。ふつう、一一月二七日の改元前ですけれど、安政大地震と言っています。宝永の地震からおよそ一五〇年後です。この時も相次いで地震が二つ起きています。東で一つ起きてその翌日、正しくは三二時間後にもう一つ西の方で起きている。旧暦の一一月四日と五日ですか、連続して起きて、やはり、大津波を伴っている。

その翌年の安政二年一〇月の深更に、江戸では安政江戸地震が起きた。これはいわゆる直下型ですが、悪いことに、江戸で一番地盤の悪い荒川の下流あたりが震源になるわけです。ですから、本所とか深川とか下町の被害が大きく、吉原では裸の男女があわてて飛び出した、とかいう話もあるくらいですが、火災も発生しまして江戸としては元禄の巨大地震以来の大震災だったようです。

それからもう一つ、江戸時代ということでいいますと、政治の中心が慶長八年の開府で江戸に移ってきたわけですね。そのときにわざわざ地震の被害にあうような状態を作ってしまった。家康公のせいにするわけじゃないですけれども、多少責任があるだろうと思うんですが。というのは江戸を都市として建設するとき、駿河台あたりの土を運んで当時海だった今の日比谷から築地あたりを埋め立てて、人を住まわせてしまった。言ってみれば大規模な宅地造成をやってしまった。それがそのまま引き続いて現在に至るまで、東京の下町の繁華街になったり住宅密集地になって、大地震のたびにひどい目にあっている。おそらく東京をこういう状態に追い込んだのは、徳川幕府に責任があるように考えているんですが（笑）、しかもとくに、南関東の、日本の中でも一番震災の多いところへわざわざ人間を集中させてしまって、将来、首都にするような基盤を築いてしまった。そういう見方をしていいのかどうかわかりませんが。

元禄地震の飯茶碗

速水　私も歴史の方の資料の採訪で、地方の海岸べりの村を回りますと、紀伊半島あたりでは、宝永四年を境にして、その前がないということがあるわけですね。つまり津波でもって全部流されちゃっている。記録がそこでプツッと切れているわけです。

伊藤　海溝の中で起るような巨大地震はほとんど大津波を伴っています。元禄地震では九十九里浜から南の外房一帯にかけて相当な被害を出した大津波があったんです。ここでは慶長九年の地震以来、一〇〇年間も大津波がなかったものですから、ほとんどそういう点では教訓として伝えられていなかったんですね。いまでも現地には元禄大津波の供養碑が各所に残っていまして、中には大きな位牌の裏に亡くなった方の戒名をぎっしりと書き連ねたのがあったりします。実は、私たちはこの津波の実態を調べようと思って、九十九里の海岸を歩いてみたんです。そのときの津波は海岸からどうも二、三キロは内陸へ入ったらしいんですが、その辺を歩いて、ちょっとした拾いものをしたんですね。

速水　何を見つけられたのですか。

伊藤　大網白里町に四天木というところがあるのですが、そこでちょうど小さな川の改修工事をやっていまして、数メートルもの厚い砂の層が露出していたんです。その砂の層の中から茶碗のかけらが出てきたんです。桐の紋様のある飯茶碗の半分ぐらいのかけらです。いかにも古そうな感じなんですが、私たちにはよくわかりませんので、とにかく国立博物館へ持っていって鑑定してもらったら即座に、これは一七世紀の終り頃の茶碗だというわけです。（実物を見せながら）湾曲のしかたとか、模様とか、釉薬のひび割れの具合を見て……。まさに元禄時代だということですね。しかもこの通り、かけらは今割れたばかりのように角張っているんです。もし長いこと海岸にあったのなら、もっと磨り減って、角がなくなるはずですね。二つに割れたままの恰好で砂の層の中に入っているということは、おそらく津波と一緒にどこかの家から流されてきて、砂と一緒にどっと堆積したんじゃないかと思うんです。とすればこの四、五メートルもの厚い砂の層は、津波の堆積物だということになりそうです。つまり津波が相当な力でもって陸地を削り、砂を堆積して、その中についでに茶碗も入ってしまったんじゃないだろうか、という推測ができたので、ある程度津波のものすごさがわかってきたという話なんですけれども。

この津波の波高は、高いところで一〇メートル以上もあったんじゃないかと言われています。この元禄地震では、震害も大きく、房総はもちろん江戸から東海道小田原にかけて、かなりの被害を出しました。

そういったことで元禄地震の場合は、いわゆる相模トラフ全体がかなり大規模にわたたって動いた。おそらくエネルギーとしたら、大正十二年の関東地震の二倍以上にあたるマグニチュード八・二くらいと推定されていますけれども、相模湾の中から房総半島の南の沖合、そして日本海溝に近いところまで動いてしまったような大地震ではなかったか。

速水　ことのついでにお伺いしたいのですが、どうして昔の地震のマグニチュードがコンマ以下のところまでわかるんですか。

荒川　昔からの記録をもとにして書いたものですが、『大日本地震史料』という本が二種類出ているんです。そこに被害のあったような大地震は丁寧に記録されていますから、それで地震のあった真上のところ、つまり震央の被害状況を調べて、さらに震央からどのくらい離れたところではどれだけの被害があったかというのに当って、距離と被害との関係から、いまわかっている地震の規模と被害状況を表す公式に値を代入してマグニチュードいくつと勘定しているわけです。ですから、歴史の先生なんかによく聞かれるんですが、千年も前のような地震に、七・五とか、六・三とか、小数点以下まで書いてあるのはどうしてだ、といわれますが、それは式の中に代入しますから、否応なしにコンマ以下まで出てきてしまうわけです。

伊藤　〇・二違うと大体二倍の差になります。だから一・〇違うと三二倍くらいですか、ポイントいくつといっても、それが大変な違いになるわけですね。

速水　コンマ以下などといってバカにしてはいけないのですね(笑)。

伊藤　ちょっと手前味噌のことを申しますけれども、この元禄地震の放送をしましたらすぐ千葉県の防災課の人がとんできまして、こんな津波が自分たちの県にあったとは知らなかった。早速、津波対策を検討したいというので、私どもの資料を持っていかれまして、防災のプランを立てたらしいんです。

たぶんそれをもとにしたのだろうと思いますが、最近九十九里沿岸の町で津波の防災訓練をやっておりましたが、教育テレビでも多少はお役に立つことがありました……（笑）。

安政の大地震

速水　いわゆる安政の大地震と言われているのは、どういう地震だったんでしょうか。

伊藤　たとえば、元禄地震とか大正の地震は相模トラフ系が動いた地震ですが、安政大地震は、南海トラフ、駿河湾の中から南西に伸びていって四国沖を通る、そういう一つの海溝系があるわけですが、そっちの方が動いた巨大地震ということなんです。この大地震は二つ玉といいますか、一一月四日の朝、東側でドンと動いて大地震が起ってかなりの大津波を起して、下田に入っていたロシアの軍艦が大破したとかいう話がありますね。その翌日、一一月五日の午後にまたその西側が動いて、紀伊半島から四国南岸に大津波を起している。そういうタイプの地震ですね。もちろん、地震そのものによる被害がものすごく大きい。さらに津波の被害も大きかったんですね。

速水　すると巨大地震はどうも二度続くみたいですね。私自身の経験でも昭和十九年の東南海地震と二十一年の南海地震がそうでした。

伊藤　私たちがそういう古い記録を調べているというのは、この次に同じ所で起る地震そのものの予測とまではいかないにしても、何らかの見通しと少なくとも災害予測を立てることができるのではないか、つまり地学的な「温故知新」をやろうというわけです。たとえば、いま危いといわれている駿河湾から東海沖の問題ですが、これも安政地震やその前の宝永地震を調べると、どうもその鍵が歴史の中に秘められているような気がするんです。そういう意味で、これからの大地震の予測を立てるときには、昔の地震を追究していくというのは大切なことだと思いますね。

西岡　だいぶ前だったけど、天文学者が日本と朝鮮と中国、三ヵ国の火山の爆発と地震をグラフにしたのを調べた記事がありましたが、どちらも両方盛んな時と、わりあいまばらな時とあって、起り出すと、しゃにむに起るような感じがしましたけれども。

伊藤　地震と火山との関係は、学会でも大変論議のあるところで、両方とも日本列島が海洋のプレートに押されている現れですから、地震になって現れるか、火山の噴火になるか、どちらかと考えてもいいようですね。

＊地球は何枚ものプレートに被われているという学説にもとづけば、西進してきた太平洋のプレートは、日本海溝の下でもぐり込んでいると考えられている。もぐり込みによって押された大陸のプレートがはね返るときに海溝性巨大地震が起る。

自然変動と人間活動

速水　私ども人文系の歴史をやっている者が一番深く関心がありますのは、自然変動が農業を通してどう人間活動に影響するのかということです。しかし自然といってもいろいろあるということが判って来ました。突発的な地震、噴火による直接の被害、その影響による日照量の変化、山崩れでできた自然ダムの決壊、また気温の長期的変化が凶作の連続という形で現れる。あるいは享保十七（一七三二）年のように、蝗害といわれているウンカの大量発生が一種の自然災害として生じたりする。最近、ある本を読んで、どうもあのときの蝗害と言われているのはウンカの大量発生であって、そのもとは特殊な気象条件のもとで中国大陸から九州へやってきた。そして文字通りウンカのごとく西日本を襲う（笑）。荒川先生も言われているように、米価が上って、貨幣改鋳で米価を低落させた将軍吉宗がまた米価を上げたということで「米将軍」ということになる。そうなってまいりますと、気象ということが、普通考えられていた以上に、どうも人間生活と関わっているようにも思うわけです。『数量経済史入門』（共著、日本評論社、一九七五年）にも書いたのですが、幕府のやった全国人口調査をみると、全国合計値にはそんなに大きな変化はないけれども、地域差が実に大きい。一七二一年から一八四六年の間で、北関東の三つの国では人口は一八〇万人から一三〇万人に減っているけれども、山陽六カ国では同じ一八〇万人から二三〇万人に増えている。両方足すとちょうど同じ三六〇万人で「停滞」と言われてしまう。

しかし私はそれはたまたま「停滞」にみえるのだといいたいのです。そして、少なくとも東日本の人口減少はどうやら気候変動に主原因があるらしいということがはっきりして来たようです。そういうことは歴史家が当然気がついていいことですけれども、実はあまり誰も注意していない。当然のことながら、人口がふえれば、経済活動は大きくなるでしょうし、減ればそれだけ鈍るわけですね。そういう地域差が出ている。それがさらには、明治維新があのような形で生じた説明になるかもしれないぐらいです。それ以外の要因、とくに外国からの圧力は決定的な引き金でしょうが、少なくとも重要な前提条件の一つとして、気候の変動ということを考慮しなければなるまいと思っています。この件に関しまして何かご意見がありましたらおっしゃっていただきたいと思いますが。

西岡　私は、そういう考え方には同感でして、人口についても全部足し算してトータルで議論してしまうと「停滞」になってしまう。それで僕も、これは明治以降の話で恐縮ですが、従来の人文地理の教科書ではいつでも北海道の稲作が明治以降だんだん全道に広がっていったという地図が使われるんですね。その説明が、人間の努力によって品種改良をやったり、栽培方法の改良によって北へ行ったと書いてある。それは確かに、ウソじゃないんです。北海道大学の最近の稲作の研究では、七、八、九の三カ月の気温を積算したものが非常に重要なんだということが判って来ました。それで一応、明治期、大正期、昭和期と分けて、北海道の気象をやると、明治時代に温度が上るとたくさんとれる。大正に入ると少し上っていく。人間の努力もあるけれども、やはり積算温度が、いまの改良された稲でも大きな要因となるのじゃないかな。ですから、人口やその他の数量データの研究方法としては、いま速水さんがおっしゃったように、いつも全体で考えないで、やはり、地域なり何なり細かくみていく必要がある。日本は細長いだけに、一応地理的に分けてみて考えるというやり方をやらないといけない。初めから自然を考えに入れないで議論をしては話にならない。

荒川　大体のことを申しますと、気象の上から見ると、青森、岩手、宮城あたりまで含めて、奥羽地方の諺で言うと「飢饉は海より来たる」という言い伝えが昔からあって、奥羽地方の太平洋側、青森・岩手・宮城県、こちらの方へ寒い気団が海から押し寄せてくる。日本からいうと北東部に当たるオホーツク海あたりから北東の風が吹いてきて、ぶつかるところは、梅雨期の冷たい風がまともにぶつかって、ジトジト雨が降って肌寒いような天気になる。しかし、そういう北東の風、ヤマセ風と言っていますが、ヤマセ風がまともに吹きつける青森・岩手・宮城方面では、飢饉は海から運ばれてくるような恰好になる。しかし、一度山を越して秋田・山形の方へ行くと、それほどでもないんですね。だから速水さんの図でも、奥羽地方でも日本海側の人口はそんなに減ってはいない。そのせいで山形の庄内あたりでは「本間様には及びもないが、せめてなりたや殿様に」というほど余裕のあった人が出てくる。

速水　我々の方でも千町歩地主の本場は新潟県だということになっていますね。ところで江戸時代の稲作にとっては東北地方が北限ですから、ちょっとした気温の変化でも影響は大きいわけですが、西日本の方は、直接には出ないかもしれないですね。多少下っても余裕があると言いますか……。

伊藤　西日本の災害は、普通そういう冷害ではなく旱魃ですね。

速水　これは私のまったくの素人考えで、はたしてそういう考えをしていいかどうかということを、先生方からご批判いただきたいんですけれども、どうも江戸時代の中頃に日本の平均気温は一、二度低かったんじゃないかということが言われている。もちろん、平均気温とは何かということが大変問題だろうと思いますけれども。よく、氷河期に海水面の後退があった、地球上の平均気温が一〇度下った氷河期には、海水面がいまよりは一〇〇メートルないし二〇〇メートル低かったということが言われている。そうすると、一度の差だって、海水面に差が出てくるということは十分考えられるわけです。気温の低下があったとして、それは東北地方や北関東には人口減少という災害を与えた。ところが一方では、それが海水面の低下を伴っているとしますと、もし、遠浅の海のあるようなところ、たとえば伊勢湾の奥とか瀬戸内海沿岸、とくに児島湾とか有明海といったような地域では、海水面の低下によって干潟ができる。つまり開墾可能な、海岸干拓地が出てくる。実際、江戸時代の新田開発を見ていきますと、海岸の干潟の耕地化は一七五〇年頃に始まっているものが多いわけです。

もちろん、人文的に人口が増大して米に対する需要の増大によって、農民なり、大名なり、商人なりの土地投資が盛んになったという解釈もできますけれども、と同時にそれを可能にした自然的条件として、いわば海水面の後退ということがあったんじゃないかと思うわけです。そうなると、遠浅の海を持っていた地域では気温の低下が人口の増大に結びつくことになる。現在、濃尾地方の徳川時代の人口の研究をやっております関係で、伊勢湾の奥の方の新田開発が自分の研究にも関わってくるわけです。もちろん、地殻変動を入れるとこの仮説は成り立たなくなりますから、いま、地殻変動はないとしますが、海岸干潟の耕地化の作図も可能です。

つまり、海岸の新田開発が進んでいったということは、気温の低下が、海水面の低下を伴ったことによるのではないか。濃尾平野というのは日本でも一番平らな平野なんですね。ですから、濃尾震災や戦後の伊勢湾台風のときにはずっと奥まで水に浸ってしまう。逆に言えば、たとえ一〇センチの海水面の低下でも影響は大きかったんじゃないだろうか。同じようなことが有明海沿岸についても言えるわけです。そういうふうに、海水面の低下によって、海岸干拓が進んで西日本の人口が増大した、片一方は低下した、というところまで、もちろんほかの要因も入れなきゃなりませんけれども、少なくとも一つの要因として、そういうことを入れていいかどうかということをお尋ねしたいと思います。

荒川　私、実は、日本で盛んに、北極の気温が低くなってそれの影響で日本の周辺もだんだん寒くなっている、ということを言う人があるものですから、何か確実な資料が日本にないかと捜していまして、こういうことを近く学会で発表しようと思っているんです。

それは富士山頂の気圧と、富士山麓の三島とか沼津の測候所の気圧の観測とつき合わせて、海面から富士山頂までの平均気温を算定したものです。この平均気温は理論的にキチッと意味づけができるものです。

昭和七年頃ポーラー・イヤーと言っていますが、国際北極観測年という、世界中の動きがあった。そのときから富士山での観測が始まったんですが、そのときからの記録を集めて、平均気温を勘定してみる。そうしますと、高さ四キロくらいまでの平均気温は、一〇〇年について二度くらいの割合で下っている。これは非常に確かな事実で、近年、日本の上空の温度が下っている傾向があるということの確実な資料が見つかったことになります。

速水　農林省あたりでも寒冷化対策を始めましたね。

荒川　そうですね。寒冷化すれば水分は氷になります。したがって、海水の総量が減って陸地が乗り出してくるというような影響も考えられると思います。

伊藤　確かに、原理的には、気温が下れば海岸線が前へ出てくると思いますが、何といっても地殻変動がありますし、川が持ってくる堆積物がありますね。それがどのくらいになっているかということもあります。その辺が定量的にはっきりしないと。

自然科学者と歴史家の協力の必要

速水　こういう自然の問題を「江戸時代」という人間が勝手に作った時代におし込めること自体に問

題があるわけですね。それにいろいろな要因が働くこともわかりました。そろそろ時間ですので、もし最後に、何か私ども人文系の歴史と言いますか、そちらの方から歴史に接近している者へのご忠告ないしご批判なりがございましたら、一言ずつお伺いして終りにしたいと思います。

荒川　私は物理学をやっているんですが、物理学では、ゼロ・サム・システムというか、たとえば川が上流から流れてくるだけ、また下流に流れていく。流れてきただけ流れていきますから……。

速水　エネルギー不変の法則。

荒川　ええ。そういう状態で、変化は起っていても、状態は変らない、こういうのは、われわれは定常状態といいます。そういうのは、わりあいに取り扱い易いわけですね。

ですから、たとえば物理の問題として学生たちに教えたり、あるいは演習をやらせたりするのは、みんな定常状態というか、そういうものを前提として教えている。しかし、一方、非定常の問題があるわけですね。上から流れてくる水の方が多くて、流れ去る水の量はそれほどでもないとなると、水がたまっていままでと違うような変化が起ってきますから、しかしそうなると非常に問題がむずかしくなります。非定常の問題、それを歴史研究でやろうとすれば、問題が一段とむずかしくなるわけですね。こうしたことは経済の問題にもあるのではないですか。

速水　経済では「均衡」というわけですね。均衡状態というのを原理的には考えるけれども、現実には均衡ではないわけです。経済学の上でも、理論的にはうまく説明できるけれども、現実は説明できないということになってきますが、歴史でも、同じことがあるいは言える。

西岡　私は、初めから「寒暖の歴史」と言っているわけで、自然環境が非常に無視されて議論されている歴史を、初めから変だなと思っていたものですから、大いにそちらの立場から、どこまで突っ込めるか、とにかくやれるだけやっていただきたいと思いますね。歴史の自然環境決定論に陥ることは避けなければならない。これは例のハンチントンが『気候と文明』の中で繰り返し言っていることなんですがね。だけど他方で社会現象を何でもかんでも人文的に説明しちゃうのも困るんだなあ。

速水　それぞれの歴史事象を説明するのにその二つのサイドから迫って、どこまでがそれで説明できるのか、という問題になるのですね。

荒川　私、七、八年前にアメリカの気候変動の研究発表会に出たことがありますが、わりあいに広範囲の人が集まった。そのときマサチュセッツ工科大学の経済史の有名な先生が、主任教授に「おまえ、あのシンポジウムに行くのはよせよ」と言われたと言ってました。経済の先生は自然変動がもとで何か大きな変化が起ったというようなことは扱わないのが、一般の考え方じゃないかと思うんですが……。しかし農業のウエイトの大きい社会じゃそういえないでしょうね。

速水　江戸時代はまさにそういう時代ですね。

伊藤　日本列島というのは、天変地異を受けなければならないような宿命を負わされている。そのようなところに我々は先祖代々住みついてきたわけですけれども、これからも同じような災害はくり返すことは間違いない。そこで過去は未来を知るカギであるという視点で、やはり、自然と人文と両方から過去を読み取る必要があると思います。とくに昔にさかのぼれば、さかのぼるほど、自然そのものから読み取るのはだんだん難しくなるのですから、どうしても人文的な資料に頼らなければならない。それには江戸時代くらいのところが記録が多いし、将来を予測する上での大きなカギを握っていると考えられます。たとえば先ほどから話題にしています元禄地震、これは「元禄の太平」を終らせた地震だと私は思っているんですけれども、この地震に着目したのは、これが大正地震の一つ前の関東地震だったからです。それをいろいろ自然と人文から読み取り調べることによって、次に起る関東地震がどんなものかという見通しを立てるのに役立つわけですね。

それから寛政四（一七九二）年の島原大変。島原の雲仙岳で、半年間も地震や噴火が続いて、最後に眉山が崩れて、一万人が死んでいる。しかも、そのときのショックで起きた津波が有明海を渡って肥後の海岸にも災害をもたらす。だから「島原大変肥後迷惑」と言うんですが、そういう思いがけない災害の波及が今後の地変に伴って起る可能性は十分あるわけで、そういった点からも過去の災害から学ぶべきことは実に多いと思います。現代あるいは将来の問題としても江戸時代は、実に多くの教訓を与えてくれると思います。

最後に申し上げたいのは、要するに、自然のサイドから見た歴史の研究は、いままでの歴史教育の中でほとんど欠けていたんじゃないか、という感じがするので、やはりこれから自然科学者と歴史学者がぜひタイアップして、そういう掘り起しをやらなければいけない時代にさしかかっているのではないでしょうか。

速水　まだまだ話題も多く残されています。今日は降雨量とか、それに関連する洪水等には触れることができませんでした。また、流行病も、広い意味では「自然環境」が大いにからんで来ますし、動植物、さらには生態系、そういうことになればもっと大がかりになって来ます。ともかくそういった事柄への展望が必要であることには疑う余地はないようです。

これは天文に関連することですが、暦の問題についてこの座談中に思いついたことをちょっと申し上げたい。それは、私たちはいろいろなときに旧暦を新暦に直しますね。ところが、その新暦が、江戸時代直前（一五八三年）にユリウス暦からグレゴリオ暦に変っています。ヨーロッパの内でも国によって採用が異なりますが、新暦換算もそのあたりのところを考慮しなければいけないわけです。これはいわゆる陽暦の上の押せ押せといいますか、一種のプレート・テクトニクスじゃないか。実際の天文的現象と人間の造った暦との間に十何日かのズレが生じた。つまり暦の上で伊藤さんの言葉を借りればドンと動いたわけです。旧暦の方ではどうしているか、というと、これは閏月で解決して案外うまくやっている。もっともこいつがあるために我々研究者はしばしば厄介な目にあうのですが。ともかく大小の月の組み方を変えたり、数年に一回閏月を設けて、暦のプレート・テクトニクス理論を打ち立てているともいえます。よく考えてみると現在の陽暦にもそれがあるわけで、つまり閏年、四年に一度の二月二九日を設けるという制度ですね。これが陽暦のプレート・テクトニクス理論といえるでしょう。

きょうは大変面白い座談会が持てたことを嬉しく思います。どうもありがとうございました。

第４章

「鎖国」下の国際関係

岩生成一（日本近世海外交渉史）
永積洋子（日本近世対外交渉史）
田代和生（近世日朝交流史）
速水　融（経済史・歴史人口学）

（葛飾北斎「富嶽三十六景　駿州江尻」）

鎖国というレッテル

速水　きょうは江戸時代の国際環境をとりあげてみたいと思います。我々は寛永以降幕末開港に至る期間を「鎖国」という一言で片づけてしまうことが多いわけですが、はたしてこの鎖国という言葉自体が正しいかどうか。江戸時代を考える場合に、鎖国というレッテルを貼ってしまいますと、逆に鎖国という言葉から一つのイメージができてしまいます。これは実際正しいといえるのか、疑問があるわけです。そこできょうは江戸時代の国際関係の中でも特に貿易をご専門になさっている方にお集りいただき、まずその実態について述べていただき、そしてその上でこの「鎖国」という状況をもう一度考えてみたいと思います。

それから第二番目は、江戸時代を考える場合に、私はこの時代を一つ国家形成の時代ではないかと考えております。そうしますと、どうしても当時の国際関係というのを、切り離しては考えられなくなってくるわけで、そのことをいったい対外関係史をご専門の方はどういうふうにお考えであるのか、この二つの問題を今日の課題としてみたいのです。

豊富な貿易史料

速水　まず、岩生先生からお伺いしたいのですが、先生のご著書を拝読いたしますと、たとえばインドネシア文書館を何十年か前に訪ねられて、史料の山の中から、日本の対外関係に関する史料を発掘されるお話であるとか、あるいは黒板勝美先生と交趾《コーチ》(ベトナム北部)の日本人のお墓で拓本をおとりになったというお話から、先生がまったく未開拓であった史料の発掘にご活躍なさっていた模様が、非常に活き活きと私どもに伝えられてまいりまして、感銘をうけたのです。そこでこういった史料に関しますことからひとつ切り出していただければと思うのですが……。

岩生　インドネシア文書館の話が出ましたけれども、参りましたのはたしか昭和二年だったと思いますが、文書館はその前の年にできたばかりでした。ただし史料はほかのところにあったわけで、日本ではそういうものがあることはだれも知らなかった。私が行く前に村上直次郎先生に、インドネシアに行くって言ったら、何もないからオランダ語でも勉強してこいと言われたんです。それで向うに行ったところが、何か記録らしいものがあるという話を聞いたもので、黒板先生ととんで行って、非常に膨大な史料があるということを知りました。

その前も、向うの活字本などで、文書館があるということはもちろん聞いているし、村上先生からもそういうお話がありましたけど、自分が肌で、文書館というものはこういうものだということ、探せばいろんなものがあるということを初めて知ったわけです。

なにしろ歴史は、しっかりしたものが残ってなかったら、あとは水掛け論ですね。ある作家の人と話しましてね、ジャガタラお春の話をしたら、あなたのように研究されると、もう書く余地がない、ジャガタラお春のイメージがすっかりこわれちゃったって言うんですね(笑)。けれども歴史は、史料がなかったらだめです。いままでどんな先入観があっても、しっかりした史料が出てきたらそれに従わざるを得ないわけですから。何といっても文書の保存、修理、公開、そういう設備が必要だということを、若いとき大学出てすぐでしたけど、非常に肌で感じました。

速水　私にとって岩生先生との出会いは、いまから二十数年前になると思います。それはある学会の大会の折りに、岩生先生が最後に報告発表をなさいまして、たしかあとで「近世日支貿易に関する数量的考察」という論文になった、あの報告だったと記憶しております。

そのとき受けた感銘ですが、先生のご研究は、史料をきっちり徹底的に洗って、そのしっかりしたものの上に立って歴史像を描くことであるというふうに受けとったわけです。特に数量的なご研究、これは貿易ということになりますと、当然数量的な研究になりますけれども、数量史的なアプローチといいますか、これが岩生先生のきわだった特徴ではないかというふうに思います。

こういう点に関しまして、先生は数量史的な考察というものの必要性を、どういうふうにお考えになっていらっしゃるのか、ちょっと伺いたいと思います。

岩生　真っ正面に専門家がおられますから、何とも言えないんですけどね（笑）。ただ私がずっとやってみますと、たとえばナホッド達など西洋人が日本の貿易について若干のことを書いておりますけれども、そのほかの面、特に数量的な研究は少なかったんじゃないかと思います。しかもその材料は日本や中国になく、オランダとかイギリスに行くと、たくさんある。初めは特に数量ということをそれほど意識しなかったんですが、これが学会の一つのブランクじゃなかったか。そりゃ、いろんな先人の研究を批判して、新しい理論を打ち樹てるということも一つですけれども、ブランク、穴を見つけて、その穴を埋めていくということも、歴史家の一つの任務じゃないか。もちろんそれにはしっかりした理論の裏づけがないと、非常に虚しいものになってまいりますけれども、とにかく一応穴を埋めていく。それを埋めていく過程において、全体の動きが自然にわかってくる。そのように考えて数量的な研究を進めてきました。

速水　とにかく私が、数量史という分野で最初出会った方が岩生先生であったわけです。いま私、多少数量史的な研究に関心をもっておるわけですが、あの出会いがある意味では、私を決定づけたかなとすら思っているわけです。

ところで永積さんは、長く日本とオランダとの貿易史、それにまつわるいろいろなご研究をされてきているわけですけれども、いまの岩生先生の話に関連して……。

永積　岩生先生のお話にも出てきましたけれども、数量史とか、あるいは数に対する興味とか、そういうものを植えつけてくれるのは、ほかならぬオランダ史料ではないかと思うんです。私、ほかの国の史料をそれほど詳しく見たわけではありませんけれども、たとえばポルトガルとか、イギリスの史料と違いまして、数の羅列の帳簿類が、史料の中でもとても多いわけです。

ふつう日記というのは、毎日の出来事がもちろん書いてあるわけですけれども、オランダの日記にはそれ以外にもう一つ、会計帳簿の日記というのがありまして、さらにそれをトータルにまとめたいろいろな帳簿とかもあったりして、よくこれだけ記録を残したと思うくらいです。日記のほかに会計帳簿が二、三種類、そのほか決議録とか、往復の書簡というように史料作成のきめの細かさというものが、オランダとの貿易史研究を独特な形で可能にしているのですね。

速水　それはオランダ国民の持っている特性からくるのでしょうか。

永積　それと、実際の必要との両方だと思います。几帳面な性格がもともとあるところに、オランダ東インド会社の命令としてそれは義務づけられたわけで、記録を精確にしておかなければならない。その後任の商館長が来たときに、前任の商館長と文書の引継ぎをやるわけですけれども、そのときに前の商館長がちゃんと帳簿をつけていないと、その場ですぐ糾弾されるわけです。

速水　なるほど。記録といえば、田代さんがやっておられる対馬藩の対朝鮮貿易、これがまた私の聞いたところによりますと、たいへん数量史料の多いところらしいということですが……。

田代　江戸時代の日本と朝鮮の関係というのは、これまで制度史とか外交史的な面、たとえば両国の約条の解釈といった面ばかりが追究されてきておりましてそれ以外の重要な点がいくつも見落されていたような感じがします。先ほど岩生先生がおっしゃられた「歴史の穴」がここにはまだたくさんあいているわけです。

私はこれまで、対朝鮮貿易を独占していた対馬藩の史料を一〇年近く集めてまいりましたが、その中に貿易に関する数字がいくつも出てくる。そこでその数字を追っていきますと、これまた大変なことがわかってきました。つまりこれまで朝鮮貿易なんか長崎の中国・オランダ貿易に比べればたいしたことではない、などと言われていたが、実はある時期には、長崎の貿易と同じ位の取引を行っていたこともあり、また仮に銀の取引量だけをみると、これは長崎の中国貿易よりも多く取引されている時期があった、そういったことがだんだんわかってきたのです。これは、対馬藩が貿易の実態を幕府に極力隠していたため、今までまったくわからなかったのですが、一つ一つ史料に当っていけば、このようなことをはじめもっと面白いことがたくさんわかってきます。そこでこれまでの通説をふきとばす意味で、大変恐れおおいことですが、岩生先生のタイトルにヒントを得まして、対馬を経由する日本と朝鮮の間の貿易についての「数量的考察」を書いたわけです。

速水　田代さんと私の出会いもこれまた面白いんで、田代さんにその論文をいただいたことから始まるんです。私はそのとたんに岩生先生との出会いを思い浮かべました。私、数量史に関心があったものですから、いろいろその後、田代さんのお話を伺ったりしているうちに、日本と朝鮮との間の貿易が大変なものであることがわかりました。

「鎖国」をめぐって

速水　そういうようなところから、私の出しました最初の問題である、はたして「鎖国」というレッテルがいったいどこまで通用するのかという点ですが、こんにち「鎖国」という題の本がたくさん出ております。岩生先生も、もちろんそのタイトルで本をお書きになっていらっしゃるけれども、どうも私どもが読んでおりますと、少なくとも岩生先生のご本は「非鎖国」という題の方がぴったりのような感じがないでもない（笑）。その辺に関しまして、岩生先生、なにかご意見がございますればお願いしたいと思います。

岩生　新しい問題を提起されましたね。ただこれだけは言えると思います。つまり鎖国といわれている時代とその前の時代、幕末開港以後、この三つを比較すれば、少なくとも違っている。「鎖国」時代は思想的にも経済的にも対外関係が非常に制限された時代である、ということは言えると思います。しかしこれは私もよく言うことですが、鎖国によって貿易量が減ったわけじゃなく、かえって一時はふえているというようなことがあります。それから江戸時代を通じて、海外思想……もっともキリスト教は別としましても、それ以外のいろんな学問の研究も、いままで我々が思っているより、かなり深くかつ広くやられています。オランダ語を通じて、実用的なもの、たとえば医学とか地理学、そういうものは、従来思われておる以上に入っていて、江戸時代の人間は強い関心を示していたようです。それは一般の人もそうですが、幕府をはじめ少なくとも心ある人は注意をして、何とかしてこれを入れようとしている。それはすでに鎖国直後、一七世紀の中ごろからどんどん始まっています。

それから産業方面についても、たとえば西洋のものについては別問題としましても、中国のものについては、日本じゃできるだけ研究して、その産業技術はできるだけ入れている。それで、おそらくその最高まで日本で理解して、行き尽したところに西洋のものが来て、そのためにこれが非常に早く日本人に理解できたんじゃないかと考えるんです。

速水　そのぎりぎりまで行ったのが幕末開港ですか？

岩生　あるいはそれよりもっと前かもしれません。それから地理学ですね。たとえば地動説のようなもの。林羅山なんかは、そんなことがあるものかと一笑に付したんですけれども、司馬江漢ぐらいの時代になると、少なくとも蘭学者の間には、もうかなり一般的になっていたんですね。

面白い話をしますとね、志筑《しつき》忠雄の『暦象新書』（一八〇二年刊）という本が写本でずいぶん読まれているわけです。これは地理および物理の本ですね。それに安政年間、佐賀の蘭学者が序文をつけ加えているんです。オーバーな表現かもしれませんけれども、晩近《ばんきん》には三尺の童子も地球の回転を知っていると書いてあるんです。そういう目で見ると、いろんなものに地動説について書いたものがある。狂歌にも書いたものがあれば、国文学者の書いたものにもちょっちょっと出てきます。これなんか、もうすでに地動説が、明治以後の文化がくる以前に一般化しているという一つの現れじゃないか。そういうものから見ると、西洋思想はかなり入ってきていたんじゃないか、それはもちろん幕府の政策にしたがって、選択はありますけれども、そういった知識の土台はぼつぼつできかけた。まるで何もないところに地動説を持ってきたら、林羅山と同じように、受け入れなかったんじゃないかと思います。

速水　このシリーズの最初に、天動説と地動説という題で書きまして、現在の日本の歴史家は、どうも地動説を信じないで、天動説を信じている者が多いと言ったんですが（笑）。江戸時代の方が、地動説信者が多かったのかもしれませんね。そうしますと、江戸時代は弓を振りしぼって、満つるを持した時代であるというふうに、一口で言えば言える、そういうふうになりますか。

岩生　まあそうでしょうかね。

速水　いまのお話を伺っていますと、鎖国という言葉は、非常に制限された対外関係という意味で使うのはいいけれども、穴がたくさんあって、思想の面でも、あるいはこれから詳しくお話を伺おうと思いますけれども、貿易の面でも想像以上に交流は続けられていた。それが日本の社会に決して何の影響も与えなかったわけじゃない。むしろ大きな影響を与えていたということですね。

岩生　実態的に言えば、いま申しましたように、特殊な制限をしたということは事実でしょう。しかし江戸時代の寛永（一六二四〜四四年）までと、それから後、ペリーの渡来（一八五三年）までと、さらにその後の三つの時代を比較する場合には、そこに何か表したい場合には、「鎖国」という言葉を使ってもいいんじゃないかと思います。ただ強く意味づけてはいけない。ことに西洋人の日本を書いたものに、直訳して「クローズド・カントリー」とある、あれではいけない。しかしそれでは何て表すか。そりゃ国内的には幕藩体制とか何とか言いますけれど、じゃあ海外関係で、その前と後を表す場合にはどうするかというと、ほかに何か適当な言葉があれば喜んで従いますが……。私はいま思いつきませんけれども、まあまあ「鎖国」という言葉も、ある制限をつけて使ってもいいんじゃないかと思います。それから日本人が海外に出られなくなったという問題から言えば、これは完全に鎖国ということを申してもいいんじゃないか。

速水　しかし田代さんのご研究から、朝鮮半島には日本人がたくさん渡航していると伺っておりますが。

田代　ええ。朝鮮の釜山に「倭館」という建物がありまして、対馬藩ではそこで朝鮮と貿易をしています。人数は延宝年間（一六七三〜八一年）で大体五〇〇人ぐらい、幕末の記録では千人ぐらいということになってますから、一種の「日本人町」が、江戸時代全期を通じてそこにあったわけです。

速水　対馬の人でないと行けなかったのですか。

田代　そうです。しかし男だけです。人口との比率でみますと、延べで壮年男子の一割近くが行った勘定になります。それに朝鮮との貿易はこの倭館でしか行われませんでした。最近、倭館の日記から、一八世紀初めごろに対馬と朝鮮の間を往復した船数を調べたのですが、大小合せて年間平均八〇艘の船が確認されました。もちろんそこには様々な貿易品が積み込まれているわけです。

このように、現実には日本から船の往来があって、多数の人間が海外に移動しているのですね。しかもそれを幕府が公認している。ですから海外渡航がまったく禁止されたということではないわけです。この辺のところが、鎖国を定義する上で最もむずかしいところではないでしょうか。

速水　つまり幕府の海外渡航禁止令と、倭館に日本人がいるということが、明らかに矛盾しているわけですね。それをいったい幕府では、どのようにして納得していたんでしょうね。

田代　幕府が期待したのは、対馬を経由して入ってくる朝鮮ないし中国の情報ですね。特に中国の情報にはかなりメリットを置いていたらしくて、幕府は朝鮮貿易についての経済的なものをすべて対馬に与えるかわりに、この情報収集を反対給付として望んでいたようですね。それ以外に、あとは輸入物資の国内への供給ということが、かなり関係しているようです。寛永年代の、ちょうど鎖国成立期に、幕府は対馬藩と薩摩藩に対して、鎖国によって物資が入ってこないから、お前達のところからたくさん入れるようにという命令を出しています。それを見てみますと、幕府は長崎以外の別口に輸入物資の供給をかなり期待していたということになりますね。

私から岩生先生に、それと関連して質問させて頂きたいんですけれども、先生のご著書の中に、オランダ船がいろいろな国の船を排除して、ついに最後に残った競争相手国である中国の船も排除しようとはかる、そのために、キリスト教が漢籍を通じて入ってくるとかいって、さかんに幕府に働きかける、しかし幕府はそうしたオランダの言い分を、日本国内の経済的な見地から輸入物資、ここでは主として生糸ですが、それが減ることを恐れてしりぞける、このような内容のことが書かれておりますが、それではその鎖国成立期に、いったい国内経済というものを幕府はどの程度考えていたのか、言いかえれば幕府では国内物資と貿易物資とのバランスを考えて鎖国に踏み切ったのか。先ほどの長崎以外の貿易物資の供給などをみてみますと、いつもその問題がひっかかってくるのですが……。

岩生　むずかしい問題ですね……。私は鎖国成立期に日本全体の経済なんていうことまでは、幕府は考えてないんじゃないかと思いますね。ただ、輸入物資に対しては、値段が上がるとか、数量が減るとか、それは幕府の利益と直接関係が深いものですから、そういうことだけは非常に考えていたと思うんです。それとやや関連深い、たとえば薩摩や対馬の問題、日本全体の物価問題とかなんとかということは、もっとずっと後の問題じゃないですかね。ですから幕府自体は、あるいはその前の秀吉のときでも、輸出入物資が日本経済にどういう影響を及ぼすかということは、それを考える緻密な頭の人は、その当時いなかったんじゃないか。そんなことを言うと、経済史の方から叱られるかもしれんけど(笑)。

速水　実はこの座談会の初回を、増田四郎先生とやりまして、そこで国民経済の成立ということが、ヨーロッパの場合と日本の場合と違うんじゃないか。ヨーロッパの場合は、いわば意識的に、肘を張って各国がつくっていく。しかし日本の場合は、自然にできちゃっている。つまり一つは、隔絶された島国であるということもあるけれども、まわりとの競争関係でできてきたわけじゃないから、自然にできている。だからある意味じゃ、経済倫理が確立していないというような弱点もあるわけです。けれども、そういう国民経済の成立を当時のだれかが十分意識して、政策の上でそれを反映させるようになるのは、かなり後になってからだ。そうすると鎖国の実施と言われている寛永のあの時点では、少なくともまだそういう意識はないんじゃないか。私はそういう気がするんですけれども、永積さん、いまのような問題についてはどうでしょう。

永積　やはり私も同感で、鎖国のころの時点の幕府といいますか、幕府というよりは具体的に政治に携わっている老中、たとえば井上筑後守とか、土井大炊頭、あるいは酒井雅楽頭。ああいう人たちの最大の関心事というのは、輸入品だけにあった。輸入品というのは、一般の庶民には関係のない、非常に贅沢な絹織物とか、生糸とか、薬種なんかにしましても、ごく上層な階級の人たちしか使えないようなものが、ほとんどを占めていたわけですからね。鎖国というか、オランダ以外の国を追い出してしまったときに、自分たちがいままでと同様のものが買えるかどうかというのは、彼らにとって非常に大きな関心事であった。逆に、ずっと後になりますけれども、一八世紀に入り、新井白石のころに問題になってくる、金銀の輸出の意味については、寛永時点では気づいていないわけです。ほんとうに国民経済とか、あるいは物価問題も含めてかもしれませんけれども、そういう意味で、経済政策として鎖国をするということは、考えていなかったんじゃないかと思いますけれども……。

岩生　それでちょっと言いたいんですけど、よく鎖国とか糸割符は、日本の物価統制の一つの手段だというようなことが言われますね。それは非常に大事なことだと思うけれども、これについてのしっかりした証拠は、まだ上がってないですね。たとえばオランダの文書をみますと、わりあい早い時代から、飢饉があって米価が上がり、それが生糸貿易に響くというようなことは言ってるんです。ですけれども、糸割符をやるとか鎖国をやることによって、日本の物価をどうするということまでは、どうもいまの一般的な考えから言えば、無理ではないかと思います。

アジアをめぐった日本の貨幣

速水　現在の経済の論理を、その当時に持ち込んで説明しようとすると、岩生先生が疑問に思われるような考え方が出てくるということですね。これは歴史のあらゆる面に言えると思うんですけれども、現代の我々が生きている社会での論理や考え方を、つい過去にも持ち込みがちです。その点、十分注意しなくてはならない。それがどこまでやれるかによって、その時代像といいますか、それがどこまで正確に掴めるか掴めないかということが決まってくるように思います。

そこで次に、対外貿易の具体的な内容につきまして、いろいろお話を伺っていきたいんですが、いまここで問題にする時代は、一応、寛永鎖国令から江戸時代の中頃までといたします。その期間において、一応大きく分けると、対ヨーロッパ、対アジアという二つがあって、対ヨーロッパはオランダ東インド会社だけである。対アジアは長崎を通じて中国があり、対馬を経由する朝鮮があり、薩摩、琉球というラインがあり、もう一つ松前・蝦夷地というのがありますけれども、それら全部をここで論ずるわけにはいきませんので、まず一応、対オランダ貿易といいますか、対ヨーロッパ貿易につきまして、具体的に輸出入の内容とか、その推移における特徴とかについて、お伺いしたいのですが。

永積　オランダが行う貿易といいましても、輸入品の面から言えば、結局アジア貿易であると言えます。ですからそれをヨーロッパ貿易とすることは間違っています。輸入品に関しては、ほとんど例外を除いては変らない。もちろん、たとえば外科医の使う道具であるとか、あるいは望遠鏡とか、そういう特別なものがありますけれども、それを除いてしまえば、オランダ貿易といってもアジア貿易であって、一体どこが違うかといえば、むしろ問題は輸出の方にあります。これは欲しがるものがオランダと中国で、いささか違ってくるからです。つまり中国は銀、オランダは銅なのです。ですから両者の差が出るのは、輸出の方だけです。結局、オランダ貿易がどういうふうに盛衰するか、そのカーブをみてみると、日本の取締政策というものを除けば、中国貿易がどの程度盛んであったか、それによってオランダ貿易のあり方というのは決まってくるんじゃないか。そういう考え方に立てば、オランダが一六六二年に台湾を失ったことは、非常に大きな意味を持ったんじゃないかと思います。

岩生　そうですね……全体の貿易量からいっても、いつでも日本側の貿易規制においては、オランダより中国の方が倍ぐらいのワクですから、実質的に中国の方が多いわけです。教科書なんか見ると、オランダの貿易のことが書いてあって、中国のことが書いてないのがありますけれども、思想的な面においても、貿易の量においても、中国がずっと多いわけですから、もっと中国に注目すべきですね。ところがこんど田代さんの研究によって、朝鮮が非常に大きな比重をもっていたことを知り、これは無視してはいかん、と思いました。

ごく形式的に言えば、琉球のことも、いままではあまり具体的にわかっていませんけれども、今後問題となってくるだろう。それから、これは史料はそうないと思いますけれども、蝦夷地の松前貿易ですね。これも非常に面白い貿易で、いまの田代さんの領域に入ってくるんじゃないかと思いますがね。

速水　最初のころ日本から輸出された主なものは銀、それから銅が加わり海産物に変っていくわけですけれども、その行方はどこだったんでしょうか。オランダ東インド会社を通じて行われた輸出において、最終到着地といいますか……。

岩生　それに金が入りますね。で、輸出をグラマンの研究でみてみますと、だいたいそれらはアジアで消化されているようですね。銅だけは違いますけれども、金、銀の場合は、たとえばジャカルタにおける会社の俸給の支払いにもずっと出てきます。日本の小判が出てくる。それから、たとえばセイロンの商館ですね。資金が不足した、そういう場合に、日本の小判をどれだけまわせというような記録が出てまいります。

速水　そうすると、日本の小判は一種の国際通貨みたいな役割を持っていたんですね。

岩生　その場合には、むしろ銀が一番大きな問題ですね。銀の記録は、ずいぶんたくさん出てまいります。それから銅も非常に多い。銅はずっと後に中国に雲南銅が出ますけれども、額は少ない。結局のところ、銀も銅もアジアにはほとんど出なかったんじゃないかと考えてもよい。そうしますと、日本の銀と銅が非常な比重を占めてきます。それは鎖国前のポルトガル貿易時代も同じですね。彼らがアジア貿易をするためには、どうしても資金を持ってこなくちゃならない。ヨーロッパとか中南米のカネが来ますけれども、もっとも手近に日本からも行っているわけです。マカオと長崎さえ結べば、中国の生糸を日本へ持ってきて、銀を手に入れて、また中国へ持って行くという、こんなイージーな儲かるルートはないわけです。わざわざこれをヨーロッパから持ってくる必要はない。

同様のことはオランダでも言えます。たとえばバタヴィア総督府の記録に「ゼネラル・レポート」というのがあって、そこにオランダ東インド会社がアジアで儲かった商館、損した商館のリストを作っている。それを見ますと、一七世紀のなかば過ぎまでは、日本貿易は非常に儲かってるんです。その次に儲かっているのが台湾とかペルシャですけれども、日本の半額以下です。シャムなんかむしろ欠損の方が多いわけですね。それも日本からたくさん金、銀を出せたためだと思います。もちろん幕府の政策でいろいろな禁止令や制限令は出ますが……。

速水 まさに日本は金銀島だったわけですね。たしか先生のご著書で、戦争直前ですが、両替をされたところが寛永通宝が戻ってきた。言ってみれば、寛永通宝は戦前までインドネシアのバリ島では、通貨として実際に使用されていたそうですね。銀は刻印通貨、つまりコインではありませんけれども、小判とか寛永通宝は刻印通貨ですね。それらがそのまま使われたのは、ほかに代替するものがなかったんですか。

岩生 そうですね。いま言ったように、アジアでは銅が生産されないんですね。だから補助貨幣に何を使うかという問題が起ってくる。たとえば東京《トンキン》（ベトナム北部）とか交趾とかへ、毎年多額の寛永通宝が行くわけです。それを向うで補助貨幣に使う。中国でも、銅は後に出ますけれども、日本の寛永通宝が出ています。

速水 日本は足利時代まで、中国から銭を輸入しますね。そのときは、あれは中国産の銅ですか。

岩生 そうですね。日本が鉱山業を開発したのは、どうしても一六世紀のなかば以後じゃないかと思うんです。それは技術が入ってきたという、特に銀の精錬法が入ってきたということがありますけれど、各藩が自給自足でしょう。だから鉱山を開発して、自給自足体制、富国強兵政策をとる。それで鉱山開発が非常に進んだんじゃないか。まあ、時代が進んで技術もできた。日本の銅もだんだん生産されるようになってきた。そうすると、アジア全体としては、それほどたくさんの銀も銅も出ませんから、補助貨幣として、今度は逆に中国にも江戸時代に寛永通宝が出て行く。それから、インドネシアへは長く日本からオランダの船を通じて行くわけです。ところが中国の銅銭も行きますけれども、日本の銅銭の方が質がいいから、使ってもいい、しかし中国の銅銭は鉛が多いから使っては悪いという法令がたびたび出ております。

速水　田谷博吉先生は、日本の寛永通宝は東アジア最良の銅銭だと言っておられますね。

岩生　そういう意味で出て行ったのではないかと思います。あるいは鄭成功が台湾をとっている時代に、日本から行ったんじゃないかとも思いますけどね。戦前バリ島で私はオランダの銅銭二セントを交換したんです。そうしたら、一セントで二十何枚かきたわけですね。そのうち寛永通宝がだいたい五、六割で、その次に安南や中国の貨幣もありましたけど、大部分が寛永通宝だったんで驚いたことがあります。

速水　その貨幣、いまお持ちですか。

岩生　いや、残念ながら持っていません。引揚げの荷物の中に入れてくれればよかったと思ってますがね。

永積　いまでもバリ島で、お人形とか牛の格好をしたお土産に、お金をいっぱいつけたのがあります。わたくし、はずしてみたわけじゃないんですけれども、たしか四角い穴があいたのがありました。

岩生　じゃあ、こんどだれか行ったときにそれを買ってくるんですね（笑）。

速水　東南アジアには通貨そのものがなかったんですか。それとも不足していたんですか。

岩生　なかったんじゃないですか。

速水　コインがなかったんですか。

岩生　そうだろうと思います。補助貨幣としてね。それで中国のとか日本のとか、場合によっては安南の貨幣が使われていた。

速水　金貨はなかったんですか。小判が使われていたというのは。

永積　金貨はどうなんでしょう。レアルという単位がよく出てきますが、それから考えると、ヨーロッパの貨幣も使われていたんでしょうね。

速水　その土地で鋳造されていなかったということですね。

岩生　日本から貿易で入りますから。それから、これも二、三の例ですけれども、本国に金を送る場合に、小判を送っているんですね。俸給で貯めたんでしょう。だれがいくら送ったという記録も残っています。

速水　そうすると、東南アジア、インド、さらにはもっと遠くまで、日本の貨幣はぐるぐる駆けずりまわったわけですね。

岩生　そうじゃないかと思います。小判がまずそのままで使えたんだと思いますね。小判何枚セイロンの商館に送ったという事実があるし……。

速水　鋳つぶさないで……。

岩生　そのまま使っている。だからコーバンとかクーバンという言葉が使われてますね。ただし田代さんの研究でも出てきますが、元禄の改鋳で貨幣の品位が落ちたとき、どういうふうになったかが問題で、そこまで私、調べてませんけれども、もちろん敏感なオランダ人のことですから、何かあったかもしれませんね。もう少し元禄改鋳と海外貿易のことを調べたら、問題があると思いますがね……。ともかく、どうしても日本貿易から手を抜けなかったんじゃないでしょうか。少なくとも最初の間は、非常にぼろい儲けをしていますね。それがだんだん日本の国内事情、輸出入品の変化で変ってきます。後に、ご承知のように生糸の国産なんかになれば違ってきます。

速水　まあ利益を得る可能性として残しておくわけでしょうね。たとえば永積さんのご研究なんかで、私の目から見て、オランダにとっては、ずいぶん屈辱的な条件でも呑んで、貿易の関係を何とか保とうとしているということがわかる。それもやはりそういう点から理解したらいいでしょうか。

岩生　そうだろうと思いますね。日本貿易が鎖国前は盛んだったのが、まさに彼らのアジア全体の貿易資金、あるいはもっと広く言えば軍事資金になったかもしれない。それを日本で獲得するわけですから。それと、中国人は銀を非常に欲しがる。おそらくメキシコの銀と日本の銀が、中国の銀ストックのもとになったんじゃないかと考えるわけですけどね。

速水　銀に関する限りは、あとで田代さんからお話があると思いますけれども、結局は中国へ吸い込まれてしまうような恰好になっているわけですね。

岩生　そこで日本の国内経済にも響いてきますから、そういう実質的な面から、こんどは国民経済ということが、改めて問い直されてくるんじゃないですか。江戸時代に最初にそういうことに気がついたのが熊沢蕃山で、もっとそれを具体的にしたのが新井白石だろう。これは必要に迫られてからも起ったし、学問の進歩ということからも起ったんじゃないかと思います。

速水　つまり事実の方が先行して、セオリーがあとから出てくるわけですね。永積さん、いまお話を伺っていて、金銀銅が東南アジアで流通しているということはわかったんですけれども、たしか棹銅はヨーロッパへも相当行っているということを聞いていますが。

永積　そうですね。かなり行っているようです。日本の銅の産額というのは、元禄を中心とした非常に短い期間ではありますが、世界に冠たるものでしたから。ちょっと信じられないような話ですけれども。棹銅というのは、ほとんど銅だけの純度の高いものですから、もちろんヨーロッパへも行っています。

速水　それは伊予の別子産ですか。

永積　そうですね。別子と南部と秋田ですか。もちろん別子が、ことに輸出の場合は大半を占めています。

速水　すると、住友ですね。

永積　そうです。住友は掘るだけじゃなくて、大坂で銅吹き屋というんですか、精錬業者も兼ねているわけですし、長崎貿易と三本柱になっているわけです。

速水　もうその頃から国際的な総合商社というわけですね（笑）。その銅はヨーロッパに行ってどうなったんでしょう（笑）。

岩生　それは銅ですから何にでも使えますよ。だけどグラマンの研究などで、初めて知ったんですけど、スウェーデンで銅が出るんですね。

速水　あそこは銅本位国だったのですね。

岩生　スウェーデンの銅の値段が高くなると、日本の銅がヨーロッパ市場に出るんです。

速水　そうすると日本からヨーロッパに船載された銅が、ヨーロッパ市場である影響力をもった。たとえば銅価格に影響力をもったということは言えないのですか？

岩生　いや、そこまで研究してませんから、わかりませんが、それこそ新しい研究の穴ですね。おやりになれば可能だろうと思いますね。

銀の道

速水　で、田代さんに朝鮮……と言ってもその奥に中国が控えているわけですが、対馬を経由して出ていった銀や銅、その実態についてお伺いしたいと思います。

田代　さきほどからだいぶ銀や銅の話が出ているようですが、やはり朝鮮貿易でも、中心は銀で、のちになって銅になります。こう見ていきますと、江戸時代には日本から中国へ銀の輸出ルートがいくつかあり、その中の一本が対馬の朝鮮貿易です。朝鮮は輸入された銀をそのまま、あるいは一部を純銀に近いものに吹きなおして、どんどん中国へ向けて再輸出していくわけです。

速水　日本から朝鮮に輸出された銀は、どういう形のものですか。

田代　丁銀《ちょうぎん》、つまり幕府が銀座に鋳造させた国内通用貨幣です。

速水　それが朝鮮で精錬されて、純度の高いものになって中国へ行くという形ですね。

田代　ええ、そこに太い「銀の道」がありまして、最近になってそれを運んだ人もだんだん明らかになってきました。それは朝鮮から中国へいった朝貢使節団と関係があるんですけれども……。それから朝鮮国内で運ぶ者や、さらにたぐりよせてみますと、対馬から倭館に運ぶ者、また博多から対馬に運ぶ人、国内から博多に運ぶ人……。そしてこれが最初に日本のどこで集められたかと申しますと、ほとんどが京都で集められているわけです。対馬の文書には、「京都銀主《ぎんぬし》」という言葉がたくさん出てくるんですけれども、京都で貿易資金を募って、これを運ぶわけです。

その数量も、一八世紀の中ごろまで追っかけることができます。それもここで出るのは灰吹き銀とか銀道具と違いまして、丁銀そのものでしたから、これが日本の国内経済、特に貨幣流通量と直接関係が出てきます。たとえば享保銀、これは一八世紀初めに鋳造された純度の高いものですが、鋳造された額の一割近くが対馬から出ていってます。

速水　まさに「李王朝の抜け穴」ですね（笑）。

田代　そして結局それが中国に吸い込まれているわけですね。それから次の問題は、いま対馬という経路だけを申しましたけれども、もちろん長崎もありますし、琉球もあります。つまり東アジアの貿易圏があって、その中心に中国という巨大な銀本位国がデンと控えている。その中に日本の銀がどんどん吸収されていく。このことと中国の経済はどういう関連があったか、もちろん朝鮮やその他のアジア諸国も含めて……。

そう考えてみますと、もうこれはただの貿易史研究だけじゃすまなくなって、朝鮮から始まって、清朝の経済史まで全部やらないと解決がつかないような大きな問題にまで発展していく。先ほど岩生先生がおっしゃいましたように、中国への貿易の方が多かったのに、いまではむしろ一般的には軽視されている。これと同じで、中国を中心とする東アジアの経済圏について、もっと研究が進められないと、この銀の問題は解決できないんじゃないかという気がします。

「人参代往古銀」の秘密

速水　大変なことになって来ましたね。ところで、金、銀、銅の間には一定の交換比率がありますね。その金銀銅比価が日本にも、朝鮮にも、中国にもそれぞれあるんだろうと思うのです。その比価の差から、そういう銀の流れが説明できないのですか。

田代　そうですね、ご承知のように近世の初期は、日本と中国の間に金銀比価の開きがあって、ポルトガルなどのヨーロッパ諸国は、その差を利用しまして、日本と中国の間で金銀を交換してそれでかなり儲けています。ところがその比価はだんだん差がなくなってくるんですね。

速水　どのくらいですか。

田代　はじめ日本では一対一一、中国で一対五くらいだったのが、両国とも一対一〇くらいになってきます。

速水　一対一〇になるのはいつごろですか。

岩生　鎖国の前ごろですね。

田代　そうしますと、その差額で儲けようということは、むしろできなくなってくるわけですね。

速水　儲けようというより、そういう貿易の発生原因がなくなる。

田代　しかし現実には、対馬から依然としてたくさんの銀が朝鮮を経由して中国に行っている。つまりこれは、金銀比価で銀が行くんじゃなくて、どうも需給関係で行くようですね。

速水 商品としての銀……。

田代 そうです。

岩生 私はこういった金、銀、銅をよく貨幣的な鉱産物と言っていますが、銅にしても、持ってくる商品に対して一種の対価として銅が出る。銀や金も出るわけですね。

速水 貨幣というよりも、むしろ商品ですね。

田代 ですから日本国内での丁銀の意味と、対馬貿易で朝鮮から中国へ輸出されていった丁銀の意味は全然違うんです。

速水 朝鮮に着くやいなや鋳つぶされて、インゴットになるわけですね。

田代 そうです。だから、これはよく朝鮮側で問題になるんですけれども、元禄時代の貨幣改鋳で日本の銀の品位が落ち、丁銀一枚の銀の含有量が少なくなってしまう。だから国際問題になっちゃうわけですね。

速水 どれくらい下がるんでしょう。

田代 慶長銀が八〇%で、これが元禄銀になって六四%になります。そのあともまだどんどん下がって、しまいには最低の二〇%にまでなります。

速水 それは宝永(一七〇四〜一一年)の四ッ宝銀ですね。そうすると朝鮮はどういう対応をするんですか。

田代 まず元禄銀は、銀の含有量を検査して慶長銀に足りない分だけ割増しして受けとります。この交渉は二年がかりで行われますが、これなんか幕府の通用貨幣が、初めて国際間で問われるという、非常に面白い問題を含んでいます。ところがそのあと貨幣の品位はまだ下がってしまう。すると朝鮮ではもうこれを受けとらない。一種のボイコットを起して、商人が物を持って集ってこなくなるわけです。それで貿易はどんどん落ちていってしまい、しようがないということで対馬は幕府にかけ合いまして、新しい銀、つまり貿易銀を特別に作ってくれという。そして宝永七年になって出来たのが「人参代往古《おうこ》銀《ぎん》」別名を「特鋳銀《とくちゅうぎん》」という、慶長丁銀と同じ品質の丁銀です。それが作られていた時代というのは、さっき申しましたように、日本では二〇%という劣悪な銀貨幣が作られていた時代なんです。そしてその銀を京都銀座で作りまして、それを朝鮮向けに輸出していたわけです。もちろんそれは、国内の一般の人には秘密にされていまして、幕閣、特に老中とか勘定奉行とか、それに銀座の一部の役人しか知らない。そういう極秘裏のうちに日本の銀が相当量出て行ってしまう。

速水　日本が国内経済の発展に伴い、銀通貨不足になって、仕方なく丁銀の質を落としているという時点で、こういった逆のことが行われていたのですね。

田代　ですから幕府の対国内政策とはまるで矛盾するわけです、通貨政策からも、貿易政策からも……。

速水　いったい幕府はなぜ対馬にそれを許したんでしょう。

田代　中国の情報というのもありましょうが、ただこの時代は、以前に比べて中国が安定してくるので、現実的にそれ程メリットがあったとは思えない。これはよく記録に出てくることですが、銀の輸出とひきかえに、朝鮮から入ってきた貴重薬である朝鮮人参の確保ということを、さかんに幕府は言ってますね。それが一時入ってこない時点で、かなり社会問題になってきますのでね。あの時点での朝鮮人参の意味というのがまた問題になるんですけれども……。

つまり幕府は医薬行政上欠くべからざるものであるから、その対価として良質な銀の輸出を許すと言っています。このことは白石の時代になって問題となるのです。つまり銀の出る量を減らそうとするんです。しかし結局は白石は押し切られちゃう。その理由はやはり朝鮮人参は人命を救うためで、それを買うために銀がいる。だからその量を減らさない。そういう大義名分のもとに対馬から出る銀を認めています。ですからこの銀のことを「人参代往古銀」と言うんです。

速水　白石にしてみれば人参なぞ馬に喰わせろとでも言いたかったのでしょうね（笑）。

田代　いま朝鮮人参のことだけを言いましたが、これは長崎貿易とも大いに関連がありますけれども、実は朝鮮貿易で白糸もたくさん入ってくるんです。金額に換算すればむしろ人参よりも多いくらいです。特に元禄年代などは、長崎よりも多く、しかも安く入ってきます。そこで、生糸の輸入を概観してみたんですが、長崎貿易では初めはもちろんたくさん入ってきます。けれども元禄ごろから落ちてきます。いままでの説では、そのあとこのダウンに代って国内生糸が奨励されて、絹織物業者は和糸に頼るようになった、つまり長崎輸入量のダウンと、和糸の伸びがまるで同時に起ったかのように言ってますが、そんなにうまくいくものじゃない。そこには時期的なズレがあったんじゃないか。その空白時期を埋めていたのが、どうも対馬ルートから入ってきた生糸じゃないかと思うんです。このことは、生糸の最大の消費地であった京都西陣の関係者が、朝鮮貿易の銀主になっていたことと関連するのではないでしょうか。

速水　いまお話が輸入品に変ってきたわけなんですけれども、これは何と言っても生糸と考えてよろしいわけでしょう、オランダの場合も対馬の場合も。

岩生　そうです。

速水　その生糸は、最終的にはどこに行くんですか。

永積　やっぱり今の西陣に入るんじゃないですか。

岩生　ただ糸割符で、各地に配分する仕組みがありますね。それで相当各地に生糸はまわってるんじゃないでしょうか。

速水　大坂にはどうなんでしょう。

永積　やっぱり大部分は京都つまり西陣に入ったのでしょうね。

速水　そうすると、銀の調達は京都であり、銅は大坂から出たかもしれないけれども、輸入品の一番主なものは京都へ行く。となると大坂は天下の台所といいますが、この時期の、こと貿易に関する限り、どうも大坂よりも京都の方が浮かび上がってくる感じがするんですけれども……。そういうことはどうなんでしょうか。

岩生　少なくとも一七世紀においては、京都も大坂に匹敵する商業都市じゃないでしょうか。下って大坂が日本の商業都市になるのであって、一七世紀は、経済的には江戸、京都、大坂が拮抗していたんじゃないかと思いますね。一七世紀から一八世紀の初めにかけては、まずこの三つ、それに長崎なんかが小さくくっついていたんじゃないかと思いますよ。ですからそういう貿易機構の中に、京都を組み入れてもいいんじゃないか。商業の伝統も大坂はあまりないですし……。

速水　そうすると、京都の経済力は伝統なんでしょうか。それとも京都自体何か……。

岩生　そう、伝統といいますか、古い型の店がずっと続いて、それが元禄ごろからだんだん変っていくんじゃないですか。

速水　つまり大坂の鴻池と天五とかが、京都の商人と交替していくということですね。

岩生　江戸とかあるいは大坂の者が抬頭してくる。しかしその前に京都があった。

速水　じゃ相対的にみると京都の位置が時代と共に落ちてくる……。

岩生　そうじゃないかと思いますけどね。それが元禄ごろまでは、あるいはその少し後まではまだ維持されていく。その後、大坂、江戸が急に大きくなって、京都を追いこしていく。

国家形成と対外関係

速水　対外貿易は、いずれにしろ享保、元文、このあたりから急に落ちますね。それと大坂を中心とする国民経済の成立、および京都の相対的なダウンとは、一致していると見ると、その間に関連ありやなきやという一つの問題が出てきますけれども……。

次に幕藩体制と対外関係の問題に移りたいと思いますが、江戸時代という時代、あるいは幕藩体制と呼んでいる体制には一つの国家形成がある。それまで日本は国家がなかったわけではないけれども、戦国時代とか足利時代は、少なくとも国家的な核はぐらぐらしている、あるいはないも同然な時代で、だから逆に「天下統一」などという言葉が出てくるわけですね。そのことが対外関係に反映しているだろうと思います。たとえば国交という問題ひとつとりましても、鎖国とはいえ、たとえば朝鮮との間には国交はあると考えていいんですね。

田代 正式にあります。

速水 そういうことは、日本の国家形成の一つのアイデンティティだと見られなくもないわけですね。こういった問題に経済をからめるとどうなるか。岩生先生、何か……。

岩生 その問題にぶつかると、さっきの新井白石が非常に大きく出てくるわけです。ちょうど幕藩体制が固まってきて、国内経済体制もおよそ一つの方向をとるわけですね。貿易も、量の増減は別問題として、みんなからんでくるんじゃないかという気もしますがね。その幕府の権力が最も象徴的に現れてきますのが長崎です。時期として貞享年代(一六八四〜八八年)ぐらいからじゃないですか。しかも貞享ぐらいから、日本国内の経済について、中央の人がいろいろ考えるようになる。というのは、貨幣経済の問題が、国内的に大いに重要になってきますね。物価とか、貨幣とかといった問題ですね。そうした問題が注意されだすのは、幕藩体制の固まる、あるいは弱まることかもしれないけれども、そういう問題とからんでくるんじゃないでしょうか。だから実際問題としてだんだんしぼられてくる。それから他方では学問が進む。こういった両方から、国民経済という問題が表に出てくるようになるんじゃないかと思いますね。

速水 そうすると、初期の家康、秀忠、家光の時代の国交関係というのは、言ってみれば理念的なもので、実際的というより……。

岩生 日本の国家ということについては、もちろんこのころ問題にしております。いろんな手紙を見ても、日本の国家ということは非常に考えておりますから。天下統一がそれに反映してますけれども、それと国内経済との結びつきについては非常に弱い、あまりそうしたことを考えていない。むしろ幕府の富をふやすということに全力を集中したと思います……。

速水　幕府とか、藩とか、商人とか、長崎の会所とか、そうした単位での富であって、国民経済全体ではない。

岩生　ええ、あのころはそれほど頭の鋭い人は、もちろん我々の考え知らないようないい頭の人もいたかもしれませんが、緻密な経済的見通しを持った人はいなかったんじゃないかと思いますね。

だから意識的にそういうことを記録したりはしないけれども、貿易の実態というサイドから迫ると重要な事実が出てきます。私がよく言うことなんですが、日本の銀は世界の三分の一か、あるいはさっきの田代さんの数字を加えればそれ以上に、当時の市場に出たんじゃないか。しかもこのことはヨーロッパ人の気がつかなかったことで、今後そういう問題も、ヨーロッパ経済、世界経済の中に持ち込んでもいいんじゃないかというような気もしますがね。

速水　いまの点で、永積さん何か……。

永積　そうですね……、その幕藩体制と貿易といいましても、私がいままで考えていましたのは、主として自分がやってる専門からして、鎖国の形成過程とか、鎖国の成立する時代のことを見ているわけです。いままでの考えでは、貿易地を平戸という藩から長崎という直轄領に移した。それによって貿易の統制をしたというふうに、あるいは、海外貿易全体を幕府が掌握するようになったというふうに考えていたわけです。ところが田代さんのお話を伺っていると、対馬藩の貿易というのは、非常に大きな抜け穴なわけですね。だけど抜け穴のあいた時期と鎖国の成立期との間に、およそ一〇〇年ぐらいズレがありますね。鎖国政策をとるころを見ていると、貿易・対外政策がいきあたりばったりといいますか、キリシタン取締りで、これを締め、あれを締めというふうにだんだんに締めていくと、自然にああいう形が出てきてしまって、オランダと中国が残るということになる。そういうことがしばらく続いたあと、もう一つ対馬のバルブがあいて、そこから水がザーザーと流れてしまった。ですから全体として、何となく貿易は連続して行われたのだという感じがします。それがまた国際社会の上でも、時期的に非常に運がよかった。最初からだれかが集って、国家としての方針を立てて、計画的に一つ一つやっていったというふうには考えられないんです。

速水　田代さんいかがですか。

田代　たしかにいま永積先生がおっしゃられたように、幕藩体制は緻密な計画の下で作られたものではない。むしろ別々な時期にあっちを作り、こっちを作りしてああいう体制ができた。それを称して幕藩体制ないしはその対外政策というんじゃないかという気がします。

速水　つまり意識的に作られたものじゃなく、実体がゆっくりできていった。

田代　そういう気がします。それを可能にしたのは、日本のおかれている地理的な位置じゃないですか。たとえば対馬などを幕府では日本の防波堤と考えてますね。それは記録なんかにもよく出てきますし、かつての元寇は、実際にあそこから入ってきて日本を侵略しようとした。だからその背後には朝鮮や中国があって、自然とそれを意識させられる。それも幕府だけではなくて、対馬藩自体もそのことを意識している。というのは、あそこで島の編年史とか地誌などを作るとき、よく「辺要藩屏ノ地」という言葉を使って、それゆえにこそこうした歴史を正確に伝えなくてはならない、と言ってます。そしてそれを叫ぶのは、いつも日本に向かってなのであって、ここは日本の国であるということを力説しているんですね。そのほか日本と朝鮮の関係をまとめたものがたくさんありますけれども、そういうものが残るのは、むしろこうしたことを力説するがゆえに残ったという感じがします。ですから、あそこが一つの塀になっていて、そこから内が日本、それからあの外側にある朝鮮と中国、これらがそれぞれ独自のサイクルで動いている。政治も経済も……。ただし朝鮮と中国はいろいろな点で似ていますが。しかし日本は、対馬を塀にして幕藩体制というものを……。

速水　そうすると、中国はやはり江戸時代の日本にとっても、どうしても無視できない存在で、日本はその中にどうやら巻き込まれなかった。これは言えるわけですね。そうすると幕藩体制というのは、ある意味では、巻き込まれないためにといいますか、あるいは、巻き込まれないで独自性を発揮すべく作られた組織である。そういうことは意識しなかったけれども、客観的にはそういうものとして、だんだんでき上がったんだというふうに考えられるわけですか。

田代　だからこそ、その反対に幕府はとくに中国大陸で何が起っているかを、正確にキャッチしたい。情報網が必要になってくるのです。

速水　その代償として、海外渡航禁止という鉄則にもかかわらず、朝鮮に行かせたりしているというわけですね。

岩生　いまの情報網のことですがね。長崎を通じて編纂された『華夷変態』ってあるでしょう。あんなにたくさん情報を集めるということは、日本がやっぱり中国を非常に意識しているということですよ。

ことに清朝が勃興して明が滅びるでしょう。それは『華夷変態』の上編にもありますけれど、これは幕府にとっちゃ、おそらく元寇と同じように感じたと思うんです。だからあれだけ情報収集をやる。そして、そういった緊急の必要がなくなって、国際関係が安定したとき、長崎で情報をとることは終りますね。ですから、それ以前に日本が中国を意識したということは非常に強い。朝鮮はご承知のように、中国と関係が深いでしょう、文化的に。ところが同じ中国文化の影響を受けながら、日本は独立国だという意識は、秀吉の前からずっとありますけれども、幕府はそれを維持しながら、大陸にある巨大国を意識して、これは迂闊にできないということで、情報を『華夷変態』としてとったわけですね。そこの問題とつながってくるわけじゃないですかね。

速水　ある意味じゃ、いまの状態と似てなくもないと言えなくもないですね。そろそろ時間がきましたので、最後に一言ずつ……。

国際関係は無視できぬ

岩生　日蘭貿易にしても、直接長崎の問題にしても、解決していない問題はたくさんあります。ましてそれ以上に、日本が世界経済の中に、意識していなかったでしょうけど入っている問題がありますしね。日本の海外の輸入品の問題にしても、輸出品、金銀銅の問題にしても、アジア全体、あるいはヨーロッパとの問題として今後若い方にやってほしいんですね。それは不可能でなくて材料はあるんですから。しかもわりあい手近にまとまって、ヨーロッパ、あるいはインドネシア文書館もありますから、そこにあるものを使いながらやれば……。ただ非常に時間がかかるし、根気のいる仕事ですけれども、問題はいくつもありますからね。そういうことが解決されて、初めてアジア、あるいは世界における日本の経済的な位置、あるいはもう少し広げれば、江戸時代の思想的な問題にも接近できるんじゃないですか。

それと、たとえば生糸貿易も、全体を掴まえたものはないでしょう。そうすると、日本の産業とどうからんでいるか。和糸がどういう時点において発達して、幕末以後は輸出に転じたか。日本の国内経済では、現代につながる大きな問題ですね。ですから、輸出入商品だけでなくて、それと関連して、だんだん幕府は自給自足体制に向かっていきますね。それが日本のその後の産業発展の根拠になるわけですね。まだまだそういう研究は不十分じゃないでしょうか。ですから日本国内産業のそういう面をにらみながら、日本国内産業全体の発展を考える。単に地方的な産業じゃなくてね。それが必要じゃないかと思いますね。

永積　最後にまた史料の問題に返ってしまうんですけれども、いま東大の史料編纂所に、日本関係の海外史料が、九〇%ぐらいマイクロフィルムにされて来ているわけですね。ところがそれを克明に利用するという人の方が足りないというのが、まず第一の問題です。それから第二に、岩生先生がヨーロッパにいらしたころには、もう文書館と下宿の間だけを往復されて、一日写して出てこられると非常に疲れてしまって、広場のベンチに坐ったまま、一時間も寝てしまうというお話を伺ったこともありますが、いまは史料がなまじ近くにあるので、安心してしまって、どうも心がけのほうがそれに伴わないんじゃないかと思うんです。非常に時間はかかるけれども、これだけの史料がすでに揃っているのですから、もう少し研究者の層が厚くなって、これだけの史料を使いこなす人が出てくださらないか。私も、新兵だと思っていたのが、いつの間にか中年寄になってしまいました（笑）。

速水　じゃあ一番お若い田代さん、どうですか。

田代　対外関係、特に貿易といいますと、よく江戸時代のフツウの研究とはちがう、あるいは関係の薄い分野のように思われがちです。しかしここでいろいろ出てきましたように、実際には国内のさまざまな問題とも複雑にからみあっている。自分の研究を通じていつも思うんですが、対馬というあんな小さな日本の果ての島から、とてつもなく大きなもの、たとえば江戸時代の国民経済とか産業といったもの、それから朝鮮や中国を含めた東アジアのいろいろなことが、何といいますか、じかに肌に伝わってくるんですね。特にここを経由して出て行った銀を見てみると、なおさらです。それが「鎖国」という言葉のかげにかくれて、つい見失われてしまっている。だけどこれからは、それではいけない。江戸時代を理解するためには、国内ばかりでなく、より広く海外へ目を向ける必要のあること、またそういった幅広い研究がなされていくことの必要性を感じます。

速水　私はどうもいま批判をうけました江戸時代の国内史の研究者のはしくれなんですが、ふだん感じておりますことは、とにかく江戸時代というのは研究がやりやすいと、みんな思うわけです。というのは国際関係抜きでやれるから。これは日本以外ではまずできないわけですね。おまけに、鎖国というレッテルを貼ってしまいますと、日本の歴史は日本の国内だけでいいということになって、極論すると、外国の歴史を知らなくともいいということになりがちですね。

ところがいまお話を伺ってますと、どうもそういうわけにいかなくなってくる。つまり、鎖国しているのは現在の日本の歴史、特に日本史の研究者が鎖国状態なのであって、研究対象としている江戸時代は、鎖国という言葉が疑問のような時代のようになるわけです。そういう点で突破口を開いてくださるのは、むしろ対外関係をやっていらっしゃる方だし、また、私たち国内史をもっぱらにしている者との交流も必要になってくると思います。さっそく今日の成果を、自分のやっている研究にもフィードバックさせてみたいと思います。どうもありがとうございました。

第5章

銀の小径——イエズス会と対馬文書から

高瀬弘一郎（近世日欧交渉史・キリシタン史）
田代和生（近世日朝交流史）
速水　融（経済史・歴史人口学）

（葛飾北斎「富嶽三十六景　本所立川」）

評価の高い二冊の著書

速水　今日は、慶應義塾が有する大変優秀な、学界でも高い評価を得られておられます高瀬さんと田代さんのお二人を囲んで、一六世紀、一七世紀から一八世紀にかけての、日本をめぐる国際情勢、日本の対外関係、外交、貿易といったことについて、お話を伺いたいと思います。

そう申しましても、高瀬さんの中心とされておりますのは『キリシタン時代の研究』（岩波書店、一九七七年）というご著書に結実されておりますように、イエズス会の活動と、それもどちらかといえば、布教活動というよりは、世俗的な活動の面に焦点を合わせ、まとめられたお仕事であり、田代さんの方は『近世日朝通交貿易史の研究』（創文社、一九八一年）でまとめられているように、日本と李朝朝鮮を結ぶ役割を果たした対馬の宗家を軸とする対外関係ということになります。もちろんこの二つだけで当時の日本のすべての対外関係を説明し尽くせるわけではありません。また、高瀬さんの方は対象とする時代が一六世紀後半から一七世紀初めですし、田代さんの方はそれに続く時期ということになりますから、年代的にも多少ずれますけれども、この二冊の著作を読ませていただくと共通するところがいくつかあります。何といってもお二人は、私の見るところ、現在の日本で活躍されるまさに第一級の研究者でいらっしゃる。高瀬さんのご著書は一九七九年に学士院賞、義塾賞はその前の年に取っておられますし、田代さんのご著書も一九八一年度の日経・日本経済図書文化賞を受けられ、内外から大変高い評価を得ているわけであります。

まず高瀬さんが、このご研究に入られた動機のようなものは何か、今からお考えになってこれは、というものがございますか。

高瀬　キリシタン史の研究というのは、明治以来行われていますが、主に教会側の、教会の中の方、あるいは教会の外の方でも、多かれ少なかれ、その影響を受けた方、信者であるとか、それに近い立場の方によって研究が行われて来たわけです。そういう方の研究は非常に大きな蓄積がなされておりますが、どうしてもそこに一つの制約のようなものが感ぜられまして、そこで解明されていないものがあるのではないかと、こう思ってそこを追求してみたかったというのが動機といえば動機ですね。

速水　ご本を拝見しておりますと、確かにキリシタン史という従来の枠といいますか、分野というものがあって、そこでは一六世紀から一七世紀のキリシタン時代、あるいはクリスチャン・センチュリーと言われている時期の、主として布教にかかわる問題が取り扱われています。布教および秀吉の時代から始まって来た受難の歴史といいますか、そういうことに焦点が絞られている研究が多いし、そういう立場から論述されている論文なり著書なりが多い。しかし高瀬さんご自身は、それはそれとしての意義を認めながら、しかし主として対象とされたイエズス会の持っている、世俗的な関係なり局面なり、または布教に必要な、例えば資金の調達とか、そういったことに中心を置かれているというふうに拝読しまして、これは非常にユニークな、恐らくほかではこういう立場からの研究というのは、なされてなかったんじゃないのかなあと思いますけれど、新しい分野を切り開かれたというふうに思います。

田代さんは、やはりご本を拝見して、このような形で日本と李朝朝鮮との間の通交貿易に関して、今まであった研究、例えば中村栄孝先生の大著がありますけれども、今までのはどっちかといえば、表側の外交面というものに重点が置かれていたものが、多かったんですけれども、裏側と言いますか、より実態に即した、例えばその実行者である対馬藩の資料などを使って、おやりになった研究だと思います。そういうふうに理解していいんでしょうか。

田代　私の研究に入ったきっかけは、外交から入ったわけじゃなくて、むしろ貿易の方から入りましたので、貿易はまた外交とちょっと舞台が違います。それでどうしてもそれをやっている当事者の史料に拠らないと、研究が進まないものですから、それで入口が中村先生の場合と違ってくるのだと思います。けれども結局、外交も貿易と一緒に考えていかなければいけないということが、やりながら分かってきました。それで一緒にぶつけながら考えていきますと、入口が違っていたおかげで、ちょうど中村先生が描いておられた外交面とは、また違う光を当てることができたような気がしまして、それでそういうことをやった当事者の史料、記録などを使って研究を進めて行くことの面白さというものを、痛切に感じています。

研究は史料集めから始まった

速水　お二人のご本を拝読して、共通する点がいくつかあるのですが、まず第一に、お二人とも非常に膨大な資料——膨大なというのは単に数が多いというだけではないのですが、資料を駆使されている。あるいは豊富な資料にめぐり会っておられる。そしてそれを大変な時間を掛けて、高瀬さんの場合にはとくに外国語で書かれた文書が殆どですから、それを日本語にするということだけでも大変だろうと思いますけれども、それを読み込んでおられる。田代さんの場合も、高瀬さんの場合と共通して、資料は沢山あるが、それがあちこちに散らばっているわけですね。東京の国会図書館、慶應義塾の図書館、あるいは東大史料編纂所、それから対馬の現地、あるいはソウルといったような場所に分散されている資料を、駆け回って集められて、それを読み込まれている。高瀬さんもリスボン、それからマドリッド、ローマと、あるいはもっとほかにも……。

高瀬　ロンドン、インドにもありますね。

速水　それこそ世界各地に散らばっている資料を、歩かれて集められて、丹念に読み込まれている。そういう歴史家にとっての基本的な作業をきっちりされているということが、非常に印象的に私には受け取れたんですが、どうですか、そういう作業の過程で何かお感じになったというか、お気付きになった、ご苦心談のようなものを、あるいはエピソードでも伺えれば……。

田代さんは、ある雑誌によると、二十何年間、おやりになったという……。

田代　えッ！

速水　それには二十何年間と書いてありましたよ（笑）。

田代　それは誤植なんです（笑）。あの二が本当はないんです。十何年です。そうしないと小学校の時からやったことになりますから（笑）。

速水　僕は小学校の時からやっておいでかと思ったんですが。

田代　いや、とんでもない（笑）。そんなにやっていたら、もう少し、ましなものができるはずですけど。

史料集めは本当に時間がかかりますし、とくに歴史研究はその史料の良し悪しと、それをどう処理するかにかかってきますから、それにめぐり会えるかどうかが、その人の研究が進んで行く分かれ目になりますので、そういう点ではラッキーな、鉱脈を掘り当てたような気持ちで一杯なんです。

ただ、今度は困ったことに、史料が多すぎるとまた問題が出てくるわけで、どうやって処理していいのか分からなくなります。時々それにおぼれそうになってしまって、それでその方法を考えなければいけない。それには、人間の力だけじゃなくて……、人間の力、というのは、大げさな話ですけれど、いろいろ道具の力を借りたりすることもしなければならない。

速水 例えば、マイクロフィルムを撮るとか……。

田代 はい、まず、写真を撮る時の技術を自分で習得しなければならない。そのためには写真屋さんのやるような暗室に入ったりするような作業ですね、それから出来上がった印画紙の製本作業など、研究に入る以前のいろんな作業がありまして、それが結局そういう未開拓な史料にめぐり会った者の宿命といいますか、……仕方ないことかもしれませんけれども。速水さんの場合は、写真もない時期だったと伺っておりますが……。

速水 そうですね。私が研究を始めた頃から写真が始まったのですが、値段が高いし、今みたいなマイクロカメラとか一眼レフカメラなどはなかった時代です。私も及ばずながら資料集めをして、それに基づいて観察をして、統計的な処理をしています。私の場合は人口史という分野ですから、どうしても、統計処理のための道具もこなす必要が出て来ます。

そういうことをやって来たわけですけれども、そういう点では、これは歴史をやろうと思う者すべてに、ある意味では共通する一つの宿命かもしれませんが、ちょっと私の場合と違うのは、田代さんは主に対馬という絶海の孤島とまではいかないにしても、波荒い玄海灘の向こうにある島へ、随分早い時期から行かれて、大変苦労されたという話も聞いておりますけれども、何でも船のマストにしがみついて、荒れた海を横切ったという話も聞いています。あれは本当ですか。

田代　それはだいたい当たっています。というのは、船室にいますと荒れた時はとてもじゃないけど我慢できない。それで一番いいのは外に出まして、それもやはり海の見える所へ行って、潮がかかってもしようがないんですけど、つっ立っているわけです。昔は船が小さいですから、壱岐を出た途端に、凄い揺れが始まるんです。置いてあるスーツケースとか鞄が全部外へ出てくるほどになります。それに当たって人が怪我するくらいですから。だからマストというのは大げさですけど、とにかく何かにしがみついていなければいけない。立ってないとまた酔ってしまうから、酔ったら向こうに着いて仕事ができないもんで（笑）、何とかそれは必死でこらえないといけない。

速水　高瀬さんの場合は、そういったご経験は、あるいはなかったかもしれませんけれども、やはり外国の文書館とか資料館、図書館を訪ねられて、やはりそれなりのご苦心がいろいろあったと思いますけれど……。

未開地渉猟の楽しみも

高瀬　さっき田代さんが、そういう資料にめぐり会えて、ラッキーだったというお話をされましたが、そういう意味ならば、イエズス会の資料にめぐり会えたといいますか、それを利用できたということが、私にとってラッキーであったということになるんじゃないでしょうか。

速水　それはローマにあるものですか。

高瀬　資料は先程のお話にありましたように、各地にあるわけですが、ローマのイエズス会本部の資料というのが、使われてこなかったわけです。内部の人はもちろん使っていますけれど、比較的最近まで外部の者には使われてこなかったわけです。

例えば、有名な当時の日本の研究者、イギリス人でボクサーという人がおりますが、非常に優れた学者で多くの著書がある。日本についても多くの研究をしておりますが、そのボクサー、もちろんお元気でまだ研究活動を続けておられますが、ある時期から日本の研究をなさらなくなったんです。一番新しいのがいつだったでしょうか、もう二十年ぐらいになると思いますけれども、本を出されまして、それ以来、日本については研究をされていない。

速水　それは『クリスチャン・センチュリー・イン・ジャパン』ですか。実はボクサー教授には私もロンドンでお会いしました。一九六三年でしたか、そのとき私は一六、一七世紀、日本とポルトガルの貿易史をやりたいと申しましたら、途端に、お前のやることはもうない、自分が皆やった、と（笑）。

高瀬　あの方は非常に範囲の広い方ですから、日本は済んで、その他の地域へ研究を延ばされたということかもしれませんが。

一つ考えられるのは、資料的に、イエズス会の資料を見ることができないということが、これは憶測ですけれども、あるいはその理由の一つにあったのかもしれないと思っております。

そういう意味で、こういった私がやっておりますようなことを研究する上で、資料の宝庫と言えるイエズス会の資料に接することができたということが、ラッキーであったということは言えると思います。

速水　そのイエズス会の資料というのは、どういう形で保存されているのですか、高瀬さんがその前に立たれた時にご覧になった、状況というのをちょっと……。

高瀬　イエズス会の本部、ローマのバチカンの近くですけれど、その建物の一角が図書館になっておるんですが、閲覧室があって、その閲覧室の脇に書庫がありまして、書庫を見せてもらいましたけれど、製本されておりますす日本関係の文書、ジャポニカ・シニカといって、日本とシナの関係の文書が一つのセクションになっていますが、それが大部分きれいに製本されて、きちんと保存されています。保存と管理にかなり心を配っております。

速水　カタログはできていますか。

高瀬　カタログはないです。カタログがないですから、何が書いてあるかとか、そういうことは片っ端からめくっていくよりないですけれども、製本されていますので、それを最初から読んでいって、必要な所をコピーしてもらうわけです。自分でコピーすることは許されないんです。専属の人がおりまして、その人がカメラで撮ってくれるわけです。

速水　田代さんは、確か対馬の宗家文書の記録の整理もなさっておられる。自分の研究材料としても、また、文化庁の方の仕事としても。正式には何と言うんですか、あそこの文書を持っている文庫の名前は。

田代　万松院宗家文庫と申します。

速水　そこへ行かれた時の印象は……。

田代　最初の印象はもう強烈なものです。とにかく大学院に入ったばかりの時に行きまして、それこそ船にしがみついて行った時のことです。

たどり着いてみると、文庫は整理されておりませんけれど、ご覧くださいということで、その鍵を持っている方と一緒に、そこに行きまして扉を開けていただきました。ちょうど外側が雨戸みたいで、それを開けまして、中にガラスの戸と、もう一つありまして、ちょうど三重ぐらいの扉がそれぞれありました。その戸を開けますと、中は真っ暗なんです。その時まだ電気がそこまで来ておりませんで、懐中電灯の大きいのを持って行きまして、それで照らしましたら、沢山あるということは聞いていたんですけれど、沢山あるのあり方が、あんなに凄いと思わなかった。書庫に積んであるといいましても、きれいに積んであるわけではなくて、押し込んであるんです、ギュウギュウに。ですから、普通ですと例えば五冊ぐらいしか入らない所に、十冊以上ギュウギュウに詰め込んじゃって、そんな状態です。

速水　分類なんかも……。

田代　分類はもちろんしていないし、どこに何が置いてあるのか分からない。それから何冊あるのか、一体どんなふうに置かれているのか全く分からず、もう皆目見当がつかないような状態でしたので、これを読まないと私の研究はできないのかなと感じた途端に背筋がゾーッとしました（笑）。

速水　お二人とも、要するに言ってみれば未公開というか、あまり手に触れられてない資料の山を、自分で掘り進んで行かれたということですね。

実は私も、自分のことになりますけれど、研究資料の収集には相当の時間と労力をつぎこんで来ました。私の研究テーマは前工業化期日本の経済と人口といったところなのですが、一番大切な資料は、江戸時代の宗門改帳なのです。それで思い出したのですが、別にボクサー先生から言われたからではないのですが、私は日欧貿易史というテーマを比較的早くあきらめたのです。たまたまヨーロッパ留学中に、当時新しく成立して来ました歴史人口学にとりつかれまして、以後この方に移ったのですが、扱う材料は、切支丹宗門改帳、つまり、徳川幕府のキリシタン禁圧政策の産物なのですね。これは歴史人口学の研究材料としては第一級のものです。だから、イエズス会があれほど熱心に布教活動をしなかったら、宗門改めの必要もなく、したがって今の研究はできない。大いにザビエルに感謝しているのです。歴史の皮肉とでもいいますか、何年か前にこの資料や整理法について英文の論文を書いて、さて何という題にしようか、と思って、たまたま来ていたアメリカの研究者と話したら、Thank you Francisco Xavier にしたら、ということで、そういう題になってしまいました（笑）。それを示唆してくれた人は、田代さんの友人で同じ時代の日本の外交関係をやっているロナルド・トビ君ですから、お二人の研究と意外なところで結びついているのです。それでこの宗門改帳が、今まで何故かあまり注目されず、組織的に利用されて来なかったのですね。資料採訪をやっていて、いなかの旧家などでこれをみつけるとします。それが虫食いで、開けるとバリバリッと粉だらけになる。ということは、今までそれは誰も使ったことがない資料である。

そういう資料を整理して、何かを見付けていく時の喜びといいますか、つまり自分は未開拓の所へ踏み出して行っているんだという、そういう喜びみたいなものを、やはり感じるのですけれども。

田代　探検しにいくという、スリルがありますね。

貿易商品としての銀

速水　実はそういうわけで、お二人のご研究は大変日本で未開拓の分野に光を当てて、明らかにされたものですが、このお二人のご本を読みまして、意外な事実を発見したんです。その意外な事実というのは何かというと、これは共通することですが、お二人のご著書には綿密で非常に詳しい索引が付けられています。これは学術書としては当然のことなんですけれども、その索引を引いてみますと、一番多い項目、多いといいますか、一番多くページ数の出ているものの項目は、お二人とも「銀」なんです。高瀬さんのご著書では、もちろんイエズス会とか、特定の人名や地名になりますと、かなり多くなりますけれど、貿易商品としては、品目という項目がございまして、そこでいくつかの貿易の品目が並んでおります。その中で銀が約三十カ所ぐらいに引用されていて一番多い。

それから田代さんのご著書ですが、索引の貿易品目の所を見ますと、銀がやはり一番多くて、十何行かにわたっているわけですね。

そうするとお二人のご研究は、図らずもといいますか、当時の日本の貿易が「銀」を主要輸出品としていたことを示しているのですね。次に多いのは「生糸」なんですけれど、「銀」を輸出して、そして「生糸」を輸入するという、こういう貿易を取り扱っておられることになるわけです。

もちろん、イエズス会の行った貿易が日本の貿易のすべてではないし、日本と朝鮮の間の貿易が、日本の当時の貿易のすべてではない、ということは分かっておりますけれども、この「銀」と「生糸」の項目が共通して貿易品目中、最も多くを占めているというのは、非常に私、興味深く、そして大事なことじゃないかと思ったわけです。

それで、この点につきまして、高瀬さんからまず、日本から出て行く銀につきましてお話をうかがいたいと思います。最初にイエズス会の行った貿易というものが、当時の日本の貿易の中で、一体どれぐらいの割合を占めていたかということは、何か見通しのようなものをお持ちでしょうか。

高瀬　それはその当時行っていた日本貿易といいますと、これは時期によって多少ちがいますけれども、キリシタン時代の百年間、そのうちの前半はポルトガルが殆ど独占しておりますので、ポルトガル貿易の中でのイエズス会の貿易、それでしたら大体の、例えば生糸を年々ポルトガル船がどれだけ持ってくる、そのうちイエズス会の生糸はどのくらいだといった形でのパーセンテイジを出すということは、明確に出すことはできませんけれど、おおよそのところは出せると思います。二千のうちの百、二十分の一ぐらいでしょうか。それが日本の対外貿易の中のイエズス会の貿易の占める割合で、それでイエズス会は自分の財源の大きな部分を賄っていたわけです。

速水　その場合に、日本の銀の最終的な行き先というのは、これはマカオから中国へ入って行くと考えていいのですか。

高瀬　それは当然、シナ国内だと思いますが、ただマカオからそれが中国人の商人の手に渡ってどこに行くかというところまでは、私はそこまで研究しておりませんので、確実にそれを追って行くことはできませんけれど、当然中国の国内へ入って行ったんだと思います。

速水　田代さんの朝鮮貿易では、やはり銀がある時期までは主たる日本からの輸出商品ですね。これは当時、例えば元禄とか、享保とか、一七世紀の末から一八世紀の初めにかけて、日本からの銀の輸出量のどれぐらいを占めたかというようなことは、大体言えるんでしょうか。

田代　今ご指摘された時期ですと、もう長崎貿易から出る銀の量というのが、極端に制限され、少なくなりますので、その時点における朝鮮への銀輸出量というのは、日本から出る銀輸出量の殆ど、何十パーセントと正確にはパーセンティジまでは出ませんし、時期的にいろいろ上下はありますけれども、長崎貿易に比べれば、ある時期を取れば何百倍というそんな数字を示す時もありますね。ですから逆に言いますと、長崎貿易がそれだけ少なくなってしまっていて、朝鮮貿易の方は前と同じ、ずうっと高い輸出高を維持していた。それだけに大きな差ができてしまったわけです。

速水　長崎貿易というのは幕府の直轄ですから、幕府が閉めると……。

田代　銀の輸出は直ぐ止まってしまう。

速水　だけども、対馬からの朝鮮貿易は、幕府が握っていないから、逆に言うと長崎を閉めた分だけ、よけい回って来るということも考えられるわけですか。

田代　結局幕府は、もちろん、対馬経由の銀輸出というのはとめたかったんですけれども、なかなかとまらないわけですね。結局貿易が日本の国内でなく、朝鮮の釜山近くの倭館でいたしますから、貿易の現場に立ち会って、少なくなったかどうかというのを確かめることができません。現場に居合わせることができない。したがってそれを正確に把握することができない。そのために、そこでの貿易上に必要とされる量の銀が輸出されることになってしまう。そうしますと、今度はその見返りとして、中国から入って来る朝鮮経由の生糸、絹織物が輸入されます。その場合も今までは長崎の方に向けて沢山出ていた生糸類が、今度は方向を変えまして、朝鮮ルートの方に変わってくる時期があるんです。それはいろいろな史料からも指摘できるんですけれども、生糸の輸入量と、銀の輸出量が、長崎貿易を上回ってしまう時期すらあります。

速水　ご本によれば、その釜山の倭館で貿易が行われる。その倭館で輸出された銀というのは、日本で流通していた徳川幕府が鋳造した銀貨であった。その銀貨が一旦朝鮮に渡って、それが結局は中国に行くわけですね、朝鮮から中国への輸出品として。

そうすると、高瀬さんの場合もそうですけれど、日本から大量の銀がどんどん中国へ流れ込んでいるという一つの図式みたいなのが、描けると思うのですけれど。私が読んだどなたの本でしたか、一六世紀の末頃には、世界の全銀産額は年約五〇〇トンぐらい。その三分の一が日本から輸出されたのではないか、と。あれ、どなたのでしたか。

高瀬　小葉田淳先生か、岩生成一先生か、どちらかだと思います。

速水　それぐらいその時期には多かったし、それから江戸時代に入ってからも、今のように対馬経由で出て行く銀が相当あったとなると、日本は銀の産地としては、相当なものだったと見ていいのでしょうか。

高瀬　とくに戦国時代から江戸時代の初期にかけてまでは、確かに世界的に見て有数の産出国ですね。それが中国大陸にどんどん入って行くわけですが、それにメキシコ、ペルーの銀も加わります。ヨーロッパを経由するものもありますが、フィリピンを経てスペイン人のルートで大陸に流れるわけです。スペイン人が持って行く場合もありますし、シナ人がフィリピンに来てそれを持って行く場合もありますし、そちらの方が多いんでしょうが、最初は日本の銀の方がそれを凌駕していたようですけれども。それがスペイン植民地の銀も非常に大量に大陸に流れるようになります。

歴史のなかの銀の道

速水　中国というのは実に銀を沢山呑み込んでいるわけですけれど、中国というのはその銀をどうしたんでしょう（笑）。東洋史の中国史の人に伺いたいところなんですけど。

今度は逆に、見返りというか、輸入品の主な物が、キリシタン時代にしろ、倭館貿易にしても、生糸ですが、この生糸の販売がやはりキリシタン、イエズス会の収入源として、非常に大事なポイントになっているように拝見しますけれど、この点について何かございますか。

高瀬　田代さんのご本を拝見しますと、対馬を経て生糸、絹織物が入って、その販売までが克明に解明されているので、その点が私のやっておる時代のポルトガル関係、スペイン関係とは、だいぶ違うんです。

ポルトガル貿易、スペイン貿易、教会ももちろんですけれども、日本に入って来た生糸が、どのようにしてそれが、恐らく西陣あたりに流れたと思うのですけれども、その過程が分からないんですね。資料的に、国内資料も外国の資料も恐らくないと思いますが、その点が分からないところが、朝鮮貿易の場合との違いですね。

速水　しかし、とにかくそれが長崎なりどこなりかで売られて、で、それがどういう銀と交換されるというか……。

高瀬　長崎では銀と交換されますね。

速水　田代さんの朝鮮貿易では、生糸を京都へ持って来て、そこで銀と交換される。

田代　そうです、京都で売るわけです。生糸は結局西陣に入るわけですから、そこで織物にされる。手工業原料が商品になっているわけです。したがって京都が交換場所ですから、全部対馬藩に輸入した中国で出来上がった生糸が、朝鮮を一旦経由して入って来る。それが最終的に京都に来て、そこで売られるわけですけれど、そこで売る時にやはり銀を集める。銀というのも先程おっしゃったように、国内の銀貨幣を集めまして、それを京都の藩邸で集めて、それを今度はまた、同じ生糸がたどって来た同じルートを逆に通って、銀が中国の方にずうっと流れて行く。

速水　田代さんの場合には、もう江戸時代になっていて、幣制が確立されていて、銀貨が鋳造されていて、その銀の含有量とか品質について、言ってみれば政府が保証しているわけですね。例えば慶長銀だと品位八〇％ですか、元禄銀だと六四％、というような形で、これは一種の品質保証だと思いますけれど、そしてそれに応じて受け取り側の銀に対する評価というのが変わったりしてくる。

田代さんは確か、日本の貨幣が国際的な評価を試されたというような表現をされていますけれど、キリシタン時代ですと銀はどういう形で輸出されていたのでしょうか。

高瀬　今おっしゃった江戸時代になりますと、幕府の鋳造した銀貨が、出回るわけですから当然はっきりしている。けれどもそれ以前ははっきり言うと分からないわけです。各地の銀の生産地で鋳造された銀が、そのままの形で恐らく輸出されたんだと思います。いろいろ銀には名称が付いておりますが、そういったことが資料に出てきて、おぼろげながら分かるようになるのは、一七世紀に入ってからで、一六一〇年代、二〇年代になりますと、そういった資料がポツポツ出てきます。それでそういったことが少し分かるようになって、研究の対象になるわけですけれども、それ以前はちょっと分からないわけです。

速水　高瀬さんのご本で、大変面白い表現が資料にあると思いましたが、確か「金の銀」という、あれは大変面白い言葉だと思うのですが、もとの言葉は何て言うんですか。

高瀬　それは直訳なんです。

速水　ちょっとご説明願えませんか。

高瀬　あれはちょっと特殊な事例なのです。要するにマカオから日本はまず生糸を輸入しましたが、それに次いで金が重要な輸入品だったんです。それで金をもちろん、毎年どんどん輸入するわけですが、ある時マカオのポルトガル人が、イエズス会士に金を渡して、その金を長崎に持って行って銀に換えてくれということを頼んだのです。一種の委託貿易ですね。これはその時代に行われた一種独特な貿易の形態ですけれど、それがイエズス会士が仲介になる形で行われた。その委託された金を長崎で銀に換えて、委託者に渡される。その金の銀というのは、その一件の中で出てきた言葉なんですけれど。

速水　そうしますと、金を輸入して銀を輸出したという形になるわけですが、これは金と銀の比価の相違からそういう金輸入、銀輸出ということが起こったとしていいんでしょうか。

高瀬　これは小葉田先生のご研究で有名なのですが、ちょうどポルトガル人が渡来する頃、一六世紀の半ばですね、それが一つの大陸と日本との間の、金、銀の比価が大きく変動する時期で、それまでは日本は金を輸出していたけれども、ちょうど一六世紀の半ば頃からそれが逆転して、金を日本が輸入するようになり、そして、それが一世紀の間、続くわけです。

速水 マルコポーロ以来、日本は金銀島だと言われていますけれど、実際には少なくも高瀬さんの研究されている時期では、金はどっちかというと輸入して、銀を輸出する。そういう意味では銀の島と言った方がいいのかもしれない（笑）。

田代さんがどこかで、日本と中国の間の銀の道とか、あるいは銀の細道といったようなことを言っておられましたけれども、それはキリシタン時代でも、やはり銀の道があったというふうに一つ言えるわけですね。

高瀬 そうですね、日本から長崎を通して、マカオを経て、「銀の道」と言えば言えないことはないですね。

アジア型国際交流の源流

速水 少し問題を広げますけれど、日本史の研究でこの時期というのは、対外関係がいろいろ多忙になってくる。もちろん対外関係はずっとあったわけですけれど、とくに私は、一五世紀、一六世紀あたりからの日本史を、日本の国内史だけで完結できない一つの時代だというふうに考えているんです。というのは、いろんなことがその当時、日本の周辺で起こります。倭寇があり、琉球王国が成立して盛んに商業活動を始める。それから日本人の貿易がずっとのびて、いわゆる南洋日本人町の成立にまで至る、朱印船貿易がそれに続く。それからヨーロッパの国々がやって来て、通交、あるいは布教を始める。それから日本自身が朝鮮出兵というとんでもないことをやって、東北アジアが激動の時代とでも言いますか、そういう時代に入って来る。中国大陸では漢民族国家の明が亡びて、少し時代が下りますけれども、満洲族の清朝が成立してくる。それからロシアも顔を出して来るといったような、そういう中で、やはり東北アジアのそういう非常に激しい動きを示す中での日本というものを、やはり見ていくべきじゃないかなということを痛感しているわけです。これは全く私の個人的な関心かもしれませんけれども、お二人の研究が何かそういう関心を非常に刺激してくださるという感じを強く持っています。

高瀬さんの場合、キリシタン史ではなく、キリシタン布教に当たったイエズス会の行った貿易活動とか、世俗的な活動を通じて、やはり何かを、日本の歴史の何かを探られていこうとされているんだろうと思うのですけれど、その結び付きのようなものをもしお考えでしたらお聞かせ願いたい、と思います。

一つは、高瀬さんの場合は、イエズス会という一つのグループがあって、その活動そのものは、言ってみればインテレクチャルヒストリーの一部に入って来るかもしれない。貿易というのは一つの面でしかないわけですね。ですからちょっと田代さんの場合と違ってくると思いますけれど、そういうことを考慮に入れて、日本の歴史というものをやはり考えて行く必要があるというふうにお考えなんでしょうか。歴史というのは非常に多彩なものからなっていて、何が根本で、何が末葉かなんていうことは言えないと思いますけれど。もし何かお考えがありましたらお二人のお考えを……。

田代　私から先にお答えしますと、時代がちょうど鎖国時代と言われている時代にさしかかって、まさにそういう時代をテーマにしているわけですから、そういう中で、貿易と言いますと、あらッ、と思うような方が多いんです。ところが広く目を向けてみますと、いま速水さんがおっしゃったように、一五世紀、一六世紀、一七世紀、これは東北アジアは凄く動いているわけです、大きく。その中で日本もやはり東北アジアの一員ですから、とても大きなかかわり合いがあったわけです。で、日本と朝鮮との関係というのは、もちろん古代からずうっと続いているわけでして、年代の上ではその延長線上に近世がある。だから近世だけ、鎖国時代だけ捉えて、それで貿易とかその在り方というのを見ていきますと、とても異常なように感じるんですけれども、ところがそうじゃなくて、もう少し時代的に長く、それから横に、地域的に広げますと、朝鮮と日本との貿易というのは、もともと古くから続いていた、本来のアジア型貿易とでもいうべき性格が貫かれていて、それが中世的なものから近世的なものへと変化して行く。そのあたりが歴史の流れの中で捉えると面白いところなんです。古代中世型から近世型に移って行く過程というのは、ちょうど倭寇が出て、それがだんだんなくなり、新しい通交貿易体制という、規則にのっとったものが出来上がっていく。一方では成立した統一政権が、鎖国という一つの姿勢を対外関係において示すようになる。その中で朝鮮国を相手国に選んだということは、江戸幕府の造りあげた国際交流の図式の中にきっちりと組み込まれているということです。やはり国際関係の歴史と国内史のからみあいという、歴史の動きの大きさというものを、痛感せざるを得ないのです。

と同時に、アジアのやっていたそういう対外関係のもとは一体何なのか。アジア型の国際交流というのは一体何なのか。まだまだ答えは得られませんけれど、そういうことを、もう一度考えなきゃならないと思っております。

速水　高瀬さんの場合、こういうふうにお尋ねしたいと思います。いま田代さんの言われたような、伝統的な、仮にアジア型の、とくに東北アジア、あるいは中国、朝鮮、日本という、東北アジアの国際秩序というものがあった。それがずうっと続いて来て、それは田代さんの言葉を借りれば、日本の歴史の側で、中世から近世と変わって行くにつれて、通交貿易のようなことも変わって来たという、それを対朝鮮貿易、あるいは外交史を通じて眺めて行くことが、非常に大事なんだというような指摘だったと思うのです。

今度は高瀬さんの問題……、お持ちになっていらっしゃるだろうと思われる問題と引っかけてみますと、そういう伝統的な、東北アジア国際秩序とでもいうべきものへ、ポルトガルが入って来る、あるいはイエズス会が入って来るということが、どういう意味をそこで持ったんだろうか。言ってみればそこへ闖入したといいますか、ポッと入って来て、ポルトガル側もいろいろそこで問題に直面したでしょうし、アジア側も直面して、いろいろ摩擦もあったでしょうし、うまくいった点もあるでしょうし、何かそこらが面白いところじゃないんだろうかなという気がするんですね。

イエズス会と日本

高瀬　昔からあったアジアの秩序、政治的経済的な秩序とでも言いますか、そういうものはポルトガル人が来ても、あまり崩れたとは言えないと思うのです、そういう意味であれば。というのは、ポルトガルの商人は、ポルトガルの商品を持って日本へ来たわけではありませんから。中国の産物を日本に持って来て、そして日本から日本の産物を持っていくという、運び屋にすぎない。ですからそういう意味では別に変化はないと思うのです。

ただキリスト教というものを持って来ましたんで、それが日本なり極東なりに、大きな影響を与えたといった思想的な面じゃないでしょうか、意味があるとすれば。鎖国と呼ぶか呼ばないかという問題がありますけれど、いわゆる鎖国体制というものを考える場合、やはりキリスト教が大きな関わりがあったということは否定できないと思います。そういう意味での影響はあったでしょうが、根本的に従来から続いてきた秩序を崩したということまでは、言えないんじゃないでしょうか。

速水　ポルトガルとの貿易に限れば、あるいはそうだったかもしれませんけれども、同時に面白いのは、日本の国内の歴史がどんどん、室町末期から戦国期、それから統一されて徳川幕府が成立する。非常に急テンポで変わって来ていますね。ちょうどその時に、今度はヨーロッパをみますと、このヨーロッパから東洋へ来ている勢力が、まずポルトガルが来て、そこへスペインが入って来る。本国ではスペインの王様がポルトガルの王様を兼ねるといったような事件が起こって、それに伴って当然いろいろ起こって来るでしょうし、今度はそのスペインそのものが、無敵艦隊の壊滅で制海権を奪われてしまって、イギリスとかオランダがやって来るという、これまた激動の時代と、ちょうどタイミングが合っているように思うのです。もし、どっちかが、例えば十年、二十年ずれていたとしても、随分両者の関係とか、その後における歴史の展開は違ってくるのじゃないだろうか。

歴史家は「もし」なんていうことを考えてはいけないんでしょうけれども、この場は一つ歴史家を離れて、発言させていただきたいんですけれども……。タイミングの点から言えば、日本の歴史にとって、こんなに大きな意味をもった時代は、なかったとさえ思うのです。両者の変化の激しさが、ぶつかりながら何か歴史というものが構成されて行く様子は壮観でさえある。そういうふうに見ますと、ポルトガル、あるいはイエズス会の位置付けというものが、どういうふうになるだろうかなということを、もし何かお考えでしたら……。

高瀬　戦国時代に来たから、あれだけのいろんな面で歴史的な意味を残したんであって、これが徳川藩体制がきちんと確立した後であったらどうであったか、というのは確かにおっしゃる通りだと思いますね。

速水　スペインとポルトガルというのは隣の国であって、言葉も似てはいますけれども、人によってはスペインという国の持っている姿勢、体質と、ポルトガルのそれと随分違うんだという人もいますね。高瀬さんがご本のどこかで触れておられたかと思いますけれども、イエズス会の構成員にはスペイン人とポルトガル人、あるいはイタリア人がいて、それぞれ姿勢というか背負っている国益とでもいうべきものが違っているわけですね。

例の布教地域を分割したトルデシリャス条約とかいろいろ関係してきますけれど、スペインが最初に日本に来ていたらとか、そういうことは何かお考えになったことはありますか。

高瀬　それは難しい問題ですね。どう言ったらいいでしょうか。

速水　高瀬さんのご著書の中で、ちょっと意外だったのは、ローマ法王庁は、日本布教に必ずしも積極的ではなかったんじゃないかと言われている点です。その証拠として日本イエズス会にお金が定期的にはこないわけですね、確か一度か何か来ただけで。そのためにイエズス会は経済活動を自ら行わなければならない。例えばインドに土地を持つとか、貿易をやるとかいろんなことが出て来る。世俗活動に熱心になりすぎて問題が起こったりしている。

これは意外だったんです。というのは、今までの考えでは、日本の布教というのは非常にうまくいったというふうに報告されていて、ローマの方でも日本布教に随分希望を持ち、力を入れたんじゃなかったんだろうかと思っていたんですけれども、私の考えは間違っていたんでしょうか。

新しい視点での日本史研究を

高瀬　今おっしゃったのはローマ教皇の態度ですね。ローマ教皇も無関係ではありませんが、日本の布教を現実に行ったのは、イエズス会なり、何会なりという、修道会が単位になっているわけです。これはもちろんカトリック教会の中ですから、ローマ教皇のもとにあるわけですけれども、やはり修道会として一つ独立しておりまして、それぞれパトロンのポルトガル国王とか、スペイン国王の保護を受けて、布教活動を行うわけです。ですからローマ教皇はそれに対して直接それを具体的な形で援助をするという、そういう建て前ではないわけです。ですからローマ教皇に援助を求めますけれど、それは喜捨として求めるんであって、それに対して施しをしようとしまいと、それはローマ教皇の方の決定することであって、それは本来の建て前ではないわけです。制度から言うと国王の方がもっとやらなければいけない。それははっきり建て前としてそうなんですが、それとは違いますから。
速水　そうするとイエズス会は非常に熱心であった、と。教皇の意図の中に必ずしもそうでないものがあったというか、特定の教皇……。

高瀬　その点、教皇も代がくるくる変わりますから、教皇によって考えの違いはありますし、莫大な金がいるわけですから、日本布教にだけ経済援助をするということができなかったんじゃないでしょうか。世界各地で宣教師が活動しておりますので、それだけの経済的余裕がなかったのじゃないでしょうか。

速水　もう一つこの際お尋ねしておきたいんですけれど、これはよく言われることではあるんですが、最初日本に来て布教を始めたのはイエズス会で、その背後にポルトガル王室というものがあった。そこへフランシスコ派とかドミニコ派が出て来る。そこへ競争が起こる。その競争が起こったということの意味、これは従来言われているようにマイナスに作用したというふうに、やはり見てかまわないんでしょうか。

高瀬　反対勢力に付け入る口実を与えて、とくに幕府に不信感を植え付けたことはやはり事実だと思います。内輪で喧嘩しているということは、見苦しいことですから、それはマイナスですね。逆に競い合ったという意味で、それがプラスに作用した面がなかったとは言えないかもしれませんが、ただ日本の場合、それが、ある修道会が九州なら別の修道会は四国と、こういう形でやっていけばそれぞれ競い合っていいんですけれど、なかなかうまく地域割りができなくて、一つの所に後から来た者が割り込んで、それを奪おうとするという面の方が目につくんですね。その点に問題があったんじゃないでしょうか。

速水　そういう各布教団体のそういう利害調整者として、教皇というのは何ら力を持っていないんですか。

高瀬 本来あったはずなんですが、その辺が難しいところでして、国王と教皇との力関係がまた向こうにありまして、ある面では調整者ではあるんですが、そこに限界があるんです。国王との関係がありまして、調整的な動きはするんですけれど、それがあまり有効に作用していないということでしょうか。

田代 ただ、ヨーロッパ人が、日本に最初ポルトガル人、スペイン人が来て、あとオランダ、イギリス人が来ますね。そのことによってやはりアジア型の古代、中世、ずうっと古い形で続いて来ましたけれど、そこにもう一つ、先ほど高瀬さんがおっしゃったように、別に秩序は乱さないというか、破壊はしないというか、もちろん東アジア型の国際関係というのは続いていたんですけれども、そこにはっきりと鮮やかな糸が、簡単に言いますと織物の中に、また別の糸が色鮮やかに織り込まれた感じになるんじゃないかと思うのです。複雑になったということも一つでしょうし、それは今までの歴史に全くなかったことですから。

それから日本人が、例えば外国に行くという場合でも、それまでは中国、朝鮮、琉球に限られていますね。それがやはりもっと遠い所である東南アジアの方へ出かけて行って、そこに日本人が住んで生活する。さらには遣欧使節がヨーロッパにまで行くようになる。そういう方に目を開かせてくれたという意味では、やはり大きな意味があったのではないかなと思います。

それからもちろん思想的な意味でのキリスト教の意味というのは、これは大変なもんだと思いますしね。

ただ私は自分の研究対象としている対外関係史はちょうど鎖国時代ですから、どうしても国内のいろんな問題と関連付けて、広く歴史の中でもっともっと捉えなきゃいけない部分があると思うのです。それをできたら商業史と経済史との分野とリンクさせて、貿易——もちろん朝鮮貿易もそうですけれど、ほかの貿易も一緒に考えて、琉球貿易とか、それからもちろん長崎における中国、オランダ貿易、全部一緒に考えて、それらが日本にとっての歴史の中でどうだったのか。それは江戸時代にとって、あるいはその後に続く明治時代や日本の近代化にとってどうだったのかというのを、もっともっと考えなきゃいけない。つまり対外関係史を独立した特殊な分野として掘り下げていくんじゃなくて、一方では、それを日本史との関連の中で追究してみたいし、他方では東北アジア史という構図を考えて、その中で位置づけてみたいと思っています。

速水　そういう意味で、お二人の研究が日本全体の歴史の中で、比較的今までかえりみられて来なかったように見えるけれども、私は非常に大事なポイントになっているんじゃないだろうかというふうに思うわけです。慶應義塾には幸田成友先生を始め吉田小五郎先生がおられ、それに野村兼太郎先生も当時の日本の対外関係の持つ重要性を力説されていました。こういった先学の持っておられた構想がいま開花し、実を結びつつあるように思うのです。

今日は久しぶりに大きな歴史の息吹きとでもいうものを感じとることができましたが、今後のお二人のご活躍を大いに期待したいと思います。

第6章

「鎖国」を見直す

ロナルド・トビ（近世日朝関係史）
斯波義信（中国経済史）
川勝平太（比較経済史）
永積洋子（日本近世対外交渉史）
速水　融（経済史・歴史人口学）

（葛飾北斎「富嶽三十六景　遠江山中」）

研究を始めた頃

永積　最初に、今日お集まりの方々のご紹介を簡単にさせていただきます。まず、ロナルド・トビさんは、日本の外交史――あるいは近世史といった方がいいかもしれませんが――のご専攻で非常に新しい研究方法を用いて、いつも時代の先端をいく研究を進めておられる方です。速水融さんは宗門改帳の分析を通じて、歴史人口学という新しい分野を日本近世史に開かれた方で、その業績は海外でも非常に高く評価されています。斯波義信さんは、もともとは宋代の中国商業史がご専門ですが、その後、アメリカのウィリアム・スキナーさんと組まれて、地域社会論というのでしょうか、非常に新しい方法を確立されました。川勝平太さんは、木綿の交易の研究――インド産の木綿がイギリス産の木綿に替わっていく過程から、日本文明論を非常に幅広く研究されています。皆さん海外の学者との共同研究に参加されて、広い視野をもっていらっしゃるという点で共通していると思います。

今日のテーマは「鎖国を見直す」ということですが、トビさんはこの研究の先鞭をつけられた方なので、まずトビさんから、なぜそういう研究をされるようになったのか、そのへんの話からお願いします。

トビ　昭和四十（一九六五）年から二年間、文部省の国費留学生として日本にきて、早稲田大学の語学教育研究所で勉強させていただいた時に、ちょうど日韓の国交回復というか正常化（一九六五年）の直後でしたから、同僚に韓国の留学生が多かったわけです。そこで、日本人の韓国に対する考え方の問題点と、韓国人の日本に対する問題点――偏見といいますか――に興味をもちまして、夏休みをはさんで韓国へ行き、素朴な疑問をもちました。つまり、「漢字文化や儒教の伝統を共にする、いろいろな面で似通った点の多い、隣同士のこの二つの国民は、なぜこんなにうまくいかないのか」という非常に素朴な疑問です。

今の日本の学界の日本史は随分変わったかもしれませんが、従来の日本史は、国構えがついていて、それに囲まれているかのように、渚までは行くけれども、沖合に出る、あるいは国際的に日本史をとらえるというのは、非常にまれだったようです。そこへ、中村栄孝先生（一九〇二～八四年。元朝鮮総督府修史官・名古屋大学教授）と田中健夫先生の非常に素晴らしい、日本史といえども日本を一国単位でとらえるのではなくて、中世――お二人は共に中世が主な研究課題ですから――の東アジア地域、特に朝鮮との関係において日本をとらえようとする試みに接して、それまでの素朴な疑問に、いくらかの磨きをかけていただいたといっていいと思います。

（江戸時代の）二六〇年間を飛ばして豊臣秀吉の朝鮮侵略（一五九二～九八年。文禄・慶長の役ともいう。朝鮮では壬辰・丁酉の倭乱と呼ばれる）にまで遡り、次に近世、特にこの朝鮮侵略後の日本と朝鮮との国交回復へ向けての交渉を調べたり、一六〇七年に初めて朝鮮から正式な国家使節が江戸まできたのを調べたりしました。そこではっきりしてくるのは、日本の年号でいえば、慶長（一五九六～一六一五年）・元和（一六一五～二四年）・寛永（一六二四～四四年）に下ってきても、日本と朝鮮との関係はより深く、より幅広くなってくることです。貿易も回復してきますし、いわゆる朝鮮通信使は寛永以後、明暦（一六五五～五八年）・天和（一六八一～八四年）――一六五〇年代になっても、一六八〇年代になっても来日しますし、両国の外交関係は深まりながら続きますね。

「鎖国」というものは、一般のイメージとして、いわゆる「寛永の鎖国令」でほとんどの対外関係が断ち切られて、海外への窓口は長崎一つにしぼられてしまい、ほかには外交関係や貿易関係はなかったかのように描かれていましたが、朝鮮との関係はそうではない、ということに気がつきました。そうしてみると、対朝鮮関係だけではなくて、江戸時代の日本の対外関係を全体的に問い直してみる必要があるのではないか、というふうに思い始めたわけです。

永積　今のお話によると、朝鮮が出発点になったといえるかと思いますが、同じ頃、慶応大学の速水研究室というか古文書研究室では田代和生さんとトビさんのお二人が、学位論文の史料として、慶応にある「宗家記録」（旧対馬藩江戸藩邸の文書）を見ていらしたわけですね。従って、速水さんの研究室は、非常に早くから新しい「鎖国」論の一つの発信基地だったかと思いますが、そのへんの話をきかせていただけませんか。

速水　その前に、今日の座談会に臨むにあたってよく考えてみると、一九九二年という年は、まずコロンブスの西インド諸島到達（一四九二年）から五百年ですね。それから、秀吉の朝鮮侵略、いわゆる文禄の役（一五九二年）から四百年でちょうどキリがいいわけです。その時にこういう会がもてたというのは、さすがに国際交流基金だと……（笑）。

僕のところは梁山泊みたいで、破門されたアウトローたちが集まってきてゴロゴロしていまして、さんざん話を聞かされ、私も随分啓発されました。

まあ、一五世紀の末から一七世紀にかけての世界は――それまではもちろん動きがなかったわけではありませんが、比較的静かだったのが――、国と国、地域と地域が触れ合って、そこに新しい関係が生まれてくる。それが、アジアでもヨーロッパでも、あるいはアフリカでもアメリカでも、世界中で起こってくる。そういう時期じゃないかと思うんです。日本も、その中の一員として、結果的には「鎖国」に至る間、それまであった対外関係から、非常に派手なというか、いろいろな局面での対外関係をもつようになるわけです。そのプロセスは、日本を理解する上で非常に大事なものではないか、と思っていました。

そう考えていたところへ、今までの私の理解の外にありました、日本と朝鮮の関係を研究する、二人の若い、反逆的な考え方をもった方がやってきたものですからにぎやかになりまして（笑）、あの時代は非常に楽しかったと思っています。

永積 斯波さんは、ちょうど私と同じ頃に（東京大学の）東洋史学科——私は国史学科でしたが——、隣の研究室におられたわけですが、今の「反逆云々」というところから思い出しますと、その頃の国史は非常にいやな雰囲気だったのですが（笑）、東洋史はどうでしたか。

斯波 いや、東洋史もいやな雰囲気がございました（笑）。戦後の「世界史の法則」とか、そういうことが盛んにいわれていた時期で、集団で考えるという感じがありましたね。トピックでも、独創性というよりは共通テーマに生き甲斐を感じるという雰囲気でした。

永積 個人で研究をする自由がなかったというと大袈裟ですが、集団で考えない人は疎外されていくというムードは、斯波さんのご専攻の商業史では、当然強かったのではないかと思いますが。

斯波 そうですね、商業史は疎外感が非常に強かったです。かつては、東洋史では、商業史は主流だったのですが。

永積　川勝さんはいかがですか。

川勝　私は一九六八年に大学生になりました。第二次安保闘争の嵐が吹き荒れていた頃です。人を暴力に駆りたてるマルクス主義は間違っていると思い、入学してすぐ『資本論』を読み、批判しようとしたのですが、ミイラとりがミイラになって、マル経の著作を盛んに読みました。中でも宇野理論に親しみ、「社会科学の目標は現状分析だ」と知り、日本経済の長期的分析を志すうちに、経済史の研究に迷いこんだのです。当時、大半の先生方は「世界史の基本法則」を前提にして経済史の分析をされていました。魅力を感じるとともに反発をもち、その後遺症がいまだに心身にしみついています。

豊臣秀吉とフェリペ二世が会談したら……

永積　それでは、少し話題を変えまして、豊臣秀吉の朝鮮侵略が近世のアジア諸国との関係の出発点といえると思いますが、速水さんは、秀吉とフェリペ二世（一五二七～九八年。最盛期スペインの国王）の比較という大構想をおもちです。私は徳川家康の政策はいかに秀吉のあとを継いだものが多いか、と考えています。そこで秀吉の政策についてのお考えをうかがいたいのですが。

速水　これは一番最後に出そうと思っていたので、先に出してしまうとしゃべることがなくなってしまいますが……（笑）。

フェリペ二世というのは、秀吉と同時代のスペインの国王ですが、ハプスブルク王朝の血をひく、スペインというよりも、当時のヨーロッパを代表する君主といっていいと思います。

もちろん、この二人は直接会ったことはない。私は、学生の試験問題に「豊臣秀吉とフェリペ二世とエリザベス一世がサミット会議をもったと仮定する。そこで、ヨーロッパとアジアの関係が議題になった。その内容を報告せよ」というのを出したんです。これは、私が三十何年教師をしていて、最高の問題だったと思っています（笑）。

歴史に「イフ（もし）」をもちこむことは本来、堅くタブーとされていますが、この二人あるいは三人に代表される、一つの力をぶつけてみる。実際にぶつかったわけですが、そういうふうに歴史をとらえていくと、直接見えない、史上に残っていないものが見えてくる。厳密にいえば、見えたように思うわけです。

実際には、フェリペ二世を代表するマニラの総督と秀吉との間で公式書簡のやりとりがあり、使節の来日があったわけで、この二人の対外進出の衝突があった、としていいと思っています。

ところで、アジアに最初にやってきたヨーロッパ人はポルトガル人ですが、人口にしても当時、百数十万で、勢力としては、ポルトガルという国自身は非常に小さい。ところが、スペインになるとかなり強力になるわけです。しかも、スペインは、アメリカ大陸で強引なことをやってきている。そういう経験を経たスペインが、マニラを本拠にしてアジアに出てくる。同時に、ポルトガルの国王も兼ねるようになる。その時期のポルトガルは、王様がどこかへ消えてしまって、スペイン王がポルトガル王を兼ねていた時期ですから、強大な勢力だったと思うんです。それが、マニラを本拠にキリスト教布教のために日本にもくる。イエズス会だけではなく、ドミニコ教団、フランシスコ派など、布教競争が日本で始まってくる。

天下を統一した秀吉にとっては、そういう事態はやはり由々しきことだと思ったでしょう。それから、長崎の地がイエズス会に寄進されていたということも、秀吉は九州に行って初めて知ったわけで、これも驚きだったと思うんです。ですから、秀吉は、織田信長とかなり違って、対ヨーロッパ関係では非常に懐疑的というか、警戒心を強くもっていたのではないかと思います。ただし、同時に、貿易による利益というのがあるわけですから、これはいろいろな説がありますが、とにかく朱印船制度を作りました し、いったん追放に処したポルトガル人も、その直後に使節と会うなどして、アンビバレントなところがあるわけです。

今、永積さんが「秀吉の政策は家康に引き継がれた」と言われましたが、私は、秀吉と家康はかなり違うと思います。秀吉というのはある意味で無鉄砲きわまるところがあって、私はいまだに秀吉の朝鮮出兵・遠征・侵略の理由がわからないのです。つまり、リーズナブルな理由では説明ができないのではないかと思うわけです。唯一いえるとすれば、日本を全部統一した。これ以上、自分の家来に分けてやる土地がない。だから、外、つまり中国――当時の明(一三六八〜一六四四年)――に出て行って、明を征伐する。その通り道として、朝鮮に使節を送って、「日本の軍隊にお前の国を通過させろ」という要求をしているわけです。ですから、理屈の上では、朝鮮が目標ではなかったのでしょうが、結果的には朝鮮に兵を出した。もちろん、朝鮮の軍隊とも遭遇するけれども、一番大きな戦いは中国――明の軍隊とですね。

それから同時に、秀吉は、まさに一五九二年にマニラからの使節を名護屋城に呼んで会って、国書を交換しているわけです。そこで、なんとフィリピンに朝貢を要求しているわけです。これなんかも、どう合理的に考えても、当時の日本の力ではできることでは到底ない。もちろん、スペイン側というかフィリピン側でも、そんなことは、とんでもない話ですから拒絶するのですが、相当警戒をして、マニラ湾の防備を固めるとかいろいろしているわけです。

そういう形で、秀吉は非常に無鉄砲に対外関係を、軍事的な侵略ということで考えていた。ところが、家康はそうでなくて――家康ももちろん対外出兵を実際にやっていて、例えば、島津の琉球征伐を許すとかありますが――、どちらかというと平和的な関係の方にウェイトをかけているように、私には思われるわけです。ですから、家康と秀吉というのは、そこで一つ、断絶を考えてもいいのではないかと思うんです。

中国は「外国人嫌い」か

永積 伝統的には、例えば、辻善之助、岩生成一の両大家も、「家康の平和外交と秀吉の威嚇外交」と区別しておられるわけですが、私が共通点として考えるのは、秀吉が始めた朱印船制度や海賊禁止令がそのまま江戸時代にひきつがれたことなんです。海賊禁止令は、江戸時代の対外関係では非常に大きな意味をもった法令ですが、中国が手本になっていて、日本はそれを下敷きにして日本なりの命令を出していると思われます。そして、中国の海禁策というと、普通は明末とか清代初めの海禁策しか思い浮かべないわけですが、実際は随分古くから行なわれているんですね。やはり、倭寇の活動がその契機となっているのでしょうか。

斯波　確かにそうなんですが、海禁策は、市舶司（中国の海港に置かれた貿易管理機関）に対応しているわけです。宋（九六〇～一一二七年）の時代から既に貿易を統制していますし、軍事・産業技術が流れるとか、南宋（一一二七～一二七九年）になると銅銭と紙幣を合わせて使いますから、それらのチェックを全部、海禁策といっているんです。

永積　そうですか。それでは、海禁策という言葉でも、その指している内容は随分広いわけですね。

斯波　そういう意味では、市舶司が七一四年に置かれて以降、一五六七年に海禁策を緩めていますが、その間もずっと市舶司があるわけですから、そんなに自由だったわけではなくて、ある程度統制しているわけです。

永積　そうしますと、結局、朝貢貿易、市舶司、海禁策などというのが、みんな一つのセットということになりますか。

斯波　朝貢は政治のレベルの問題で、海禁策も確かにその一部ではありますが、中国では、海上貿易というのは唐代（七〇五～九〇七年）末から起こってきたもので、それまでは、北方との互市貿易（中国北方の諸民族との陸上貿易）だったわけです。それとは違ってスケールの大きい海上貿易に経済は傾くわけです。そこで、貿易の統制と課税収入を別にしようという発想から（海禁策が）起こったのです。

永積　中国は、国が非常に大きいわけですから、そういう法令があっても、実際にそれが守られていたかどうかというのは、別ですね。

斯波　そうです。唐代はかなりコスモポリタンな時代で、外国人嫌いが起こったのは、むしろ明代からなんです。異民族王朝である清朝は、文化では漢民族を圧倒できなかったんですが、軍事力と政治力で圧倒したわけです。それで、清朝の満州民族支配者はかえって中華的な文化主義というのを非常に強調するわけです。なぜかというと、宋代からのち、漢民族の社会や文化や経済は成熟してきて、支配エリートがモンゴル（元）であろうと満州民族（清）であろうと、伝統の流れは容易にはくつがえらないものになってきました。清の支配者は漢民族の抵抗を少なくするためにむしろ積極的に伝統の流れの主宰者であるという姿勢で臨んだわけです。

ところでこの文化主義は内政外政の上での中華主義にも当たるわけですが、宋はともかく、明初の政権がアンチ・モンゴルという反動から、中華主義にもともと備わっていた防衛外交の色合いを強くさせ、明代そして清の外交はその影をひきずっていくわけです。要するに、外国人嫌いは中国に内在するともいえず、王朝の姿勢でも、タテマエと運用のあり方でも、渉外が陸から海へシフトする状況の変化でも違いが出てくるようで、そういうふうに、いろいろな場面があるので、一口にいえないところがありますね。

永積　外国人嫌いというのは、東アジアの、面白いというか特徴的な現象だと思いますが、川勝さんはこれをどうお考えですか。

川勝　興味深くうかがっていましたが、彼らは満州民族ですから、中国人（漢民族）にとっては外国人ですね。

斯波　中国人（漢民族）にとっては外国人の満州民族が支配したわけですが、プライドは一向に傷ついていないわけです。軍事的な面や政治力では負けたけれども、文化そのものは優越的なものだという考えがあるわけです。ですから、清朝は、漢民族懐柔策をして、満州民族の皇帝が中国文化に同化していくんです。

川勝　清朝の成立当初は同じく外国人であるヨーロッパ人に対して寛容であった、という面もあるのではないでしょうか。清朝は漢語と満州語の両方で文書を書いていますね。ヨーロッパのものを翻訳する時にも、漢語と満州語の両方に翻訳しているのではないでしょうか。

斯波　そうです。

川勝　従って、漢字を使う漢民族に対して、外国人としての意識があったような気がいたします。同時に、中国文明を担っているという中華意識も強かった。

一方、ヨーロッパでは中国文化に憧れる中国趣味が流行し、一八世紀の末までは、中国に対するヨーロッパ全体の崇拝の念があります。それは中国人の中華意識と対応したものです。もっとも、一九世紀にはヨーロッパ人が自分たちの方が文明の中心だと思い始めて、中国崇拝がひっくりかえり、中国蔑視に変わりますね。ですから、外国人嫌いといっても、どうなんでしょうか。いつも同じなのかどうか。

斯波　波がありますね。

日本も西洋も持たなかった国際秩序

川勝　お話をうかがっていて、秀吉とフェリペ二世とエリベザス一世が会ったらどうなるか、これは面白い。

それに先立って、ジェノバ人のコロンブスがポルトガルの資金でアメリカに行く。地中海の覇権争いでジェノバがヴェニスに敗れてから、ジェノバ人は見返りにポルトガルに投資していましたから、コロンブスがポルトガルと結びついたのは偶然ではありません。当時のポルトガルは遠洋航海の最先進国です。それが大西洋を結びつける。こうして、地中海世界から大西洋へという転換を、ポルトガルがコロンブスという人を媒介にして担うことになりますが、そのポルトガルをフェリペ二世のスペインが併合して大西洋を牛耳る。それが一五八〇年。しかし、その八年後にはフェリペ二世のスペインの無敵艦隊がエリザベス一世のイギリスに破られる。地中海世界から大西洋世界への拡大というヨーロッパ史上の大転換は、フェリペ二世とエリザベス一世の宿敵同士の争いの中でなしとげられました。両者は出会って、国運をかけて、ケンカしたということですね。

同じ時代に日本は、朱印船や天正の使節（一五八二〜九〇年、九州のキリシタン大名が伝道の隆盛のためにヨーロッパに派遣した使節）などがあります――従って、海への志向があったという気もするのです――が、秀吉は大陸に向かった（文禄・慶長の役）。そして最終的にはカトリックに対して国を閉ざしますから、結局、秀吉とフェリペ二世もケンカ別れですね。国を閉ざすというのは、いわば大陸的、中国的な発想です。陸にコミットして、逆に海への発展がなくなった。もっとも秀吉には、速水さんが今おっしゃったように、フィリピンに朝貢を要求するということで、海への志向もあった。けれども、彼は陸への進出を足掛け八年間もやってしまって、海への雄飛が日本の歴史の中で消えてしまった気がします。

ただ、そこで面白いのは、大陸中国には海禁や朝貢貿易という国際秩序があったということです。ところが、当時のヨーロッパには一体どんな国際秩序があったのか。オランダやイギリスやポルトガルやスペインにしても、どんな秩序観をもって交易していたのか。これはどうなんでしょうか。私は「ない」といってよいと思います。あるとすれば、同じキリスト教徒だということでしょう。しかしキリスト教徒同士でカトリックとプロテスタントが争っている。プロテスタント同士でも、オランダとイギリスは戦争していますから、秩序はないといってよい。

ところが、東アジアには朝貢貿易や冊封体制があった。それにあてはまらない現象が倭寇ですね。朝鮮出兵だって、向こうにすれば、日本全体が公式に倭寇になったようなものです。

斯波　引き伸ばしたものですね。

川勝　そう思っているわけです。一方で、秀吉が朝貢を要求したところに見られるように秩序としては中国的なものを念頭にもっていた。しかし、かつて日本がそのシステムを本当に内在化したことがあったかどうか。中国は明確に朝貢体制をもっており、朝鮮も戦国時代に日本人に木綿を回賜品として与えています。両国は国際秩序をもっていたのに対して、日本はそうではない。従って、日本の対外的発展のベースには、海賊とか倭寇にならざるを得なかったところがある。朝鮮から見れば日本人は倭寇であり、秀吉の朝鮮侵略は「壬辰・丁酉の倭乱」ですね。

斯波　ポルトガルの船というのは、最初にきた時に、マカオで儀礼的に空砲を撃ったんです。そうしたら、これはどえらいことをしたというので、中国が非常に怒った。結局、これは海賊じゃないかということでね。後からきたイギリスなどは、朝貢のルールに一応は従っていたんですかね。

永積　例えばオランダ人も、日本から帰る途中インドシナ半島で湾内にいる、百隻あまりの船から何百人かを捕まえたり、中国ジャンクを襲って積荷を奪い、船員は無人島におきざりにするなどの蛮行を繰り返しています。

結局、倭寇の最盛期の無秩序が、そのまま西洋諸国にも持ち込まれてしまって、東アジアの海域に秩序がない時期がかなり長い間続いたのではないか。私は、日本から見ているからかもしれませんが、徳川将軍が、少なくとも日本にやってくる外国人に海賊禁止令を押し付けるまでは、そういう時期はかなり長い間あったと見ています。それは一六世紀に倭寇が再び盛んになった頃からでしょうか。

速水 ヨーロッパ史の中でも、ドレイク（一六世紀イギリスの世界周航者）の行為などは海賊で、それをエリザベス一世は支持しているわけでしょう。だから、ヨーロッパの中に国際秩序が出てくるのは、例のグロティウス（一五八三〜一六四五年。オランダの法学者で、「国際法の父」といわれる）の『戦争と平和の法』ですか――一七世紀のことであって、それ以前は、秩序らしい秩序はなかったんじゃないかなという気がしますが、どうですか。

川勝 全くおっしゃる通りです。面白いですね。一六二五年ですね、あの『戦争と平和の法』が出たのは。あれは、内容的には「戦争の法」ですね。「戦争とは何か、正しい戦争はあるのか。正戦はある。公的権威をもつものの戦争は正当だ」ということで、交戦権を正当化した書物です。三十年戦争（一六一八〜四八年の三十年間、ヨーロッパにおいて多数の国を巻き込んで行なわれた戦争。宗教戦争で最大規模のもの）の最中に書かれ、一六四八年に、それを応用する形で各国が武力をもつことを前提にしたウェストファリア条約（三十年戦争を終結させた講和条約）が結ばれています。

他方、日本が日本型の国際秩序を構築し、それを受け入れるものだけ――オランダ人にしろ中国人にしろ琉球人にしろ――と交流するようになったのは一六三〇〜四〇年代であって、同じ時期です。それまでは、日本にも、そしてヨーロッパにも、国際秩序はなかった。両地域に国際秩序ができたのは一六三〇〜四〇年代です。

こうして国際的な秩序を構想する論理が、西洋と日本にほぼ同じ時期にできあがった。それ以前は海賊行為がベースにある。倭寇と同じように、ヨーロッパ諸国間も、戦争的な関係です。イギリスのドレイク、ホーキンス、ウォルター・ローリー、ヘンリー・モーガン等、皆海賊です。掠奪をすることが外国との関係のベースにあった、ということではないかと思います。

他者には通用しない日本型華夷秩序

トビ おっしゃる通り、一六世紀には、西洋においてもそうですが、特に東洋においては、日本の国内秩序もなければ国際秩序もないといえると思います。そして、信長と秀吉にとってまず国づくり、天下統一という課題があって、対外的な秩序まで口を出せなかった。それに、秀吉が少しずつ海賊を抑えようとする動きをし始めるわけですが、実際問題として、徳川幕府が国内秩序を築くために——ここは非常に微妙なところですが——日本が認めるような国際秩序も築かざるを得なかった、というふうに私は思うわけです。

結局、国内秩序を認める国際秩序——日本の国内秩序を支えるような国際秩序——を作った。朝鮮とか琉球との、日本から見れば朝貢貿易——朝鮮から見れば朝貢貿易でも何でもありませんが——を行なう。また、外国人の日本への出入りを、二百年ぶりに国家が制御する。そして、日本人が外へ出ていくことにおいても国家が制御する。国家、つまり幕府の許しがなければ外に出てはならない、中に入ってきてはならない。そのような国際秩序と貿易秩序と、それから結局、日本の国境を作らなければならなかった。家康、秀忠、家光にとって、「日本とは何か」という、いうなれば日本の再発明をせざるを得なくなってきていたのではないかと思いますね。

永積　それを、トビさんを始めいろいろな方が、「日本型華夷秩序」という言葉で呼んでおられるわけですが、日本型華夷秩序という時に、少なくとも理論上であっても徳川政権がそういうものを外国人に押し付けることができたという鍵は、中国との関係をウヤムヤにしておいたことにある。つまり、中国と公式な関係が全くないままに、そういうことをやることができた非常にいい時期であった。というのは、中国が明と清の交替期で国内問題で手一杯で、日本との外交関係までは全く及ばなかった。そういう時期であったことは非常に運がよかった、と私はみていますが、いかがでしょうか。

斯波　全く賛成です。ちょうどその時期というのは、明代に海禁策が緩められてから、展海令（海外出国や貿易の緩和策）が出てきたのは一六八四年ですが、その間の時期だったのです。清朝は成功するかどうかわからない情勢だった。そういう時期だからこそ、小中国みたいなものを作ることができた。ただ、華夷秩序という時には文化まで含めていますが、今ここでいわれている華夷秩序は、外交や国際秩序など政治のレベルだと思います。

トビ　けれども、いうなれば理念的な儒教的国家を作らなければ、小中国あるいは小中華という自己認識が生まれることはない、というふうには私は思いません。朝鮮もそうですしベトナムもそうですが、いわゆる中華という範疇を借りて、その範疇を一つの器として、英語でいえば、「新しい酒を古い徳利に入れる（New wine in old bottles）」。その徳利はもってきたけれども、その徳利に、日本だと、日本の神国思想だとか、朝鮮の文人優越性に対して日本の武人優越性、将軍の御威光が武威・武力で海外にまで及ぶとか、そういうものを入れる。そういう形で、朝鮮から日本にやってくる使節は朝貢使節であるという言い方をすると同時に、一六三六（寛永十三）年から朝鮮の使節を江戸城までこさせる。のみならず日光へ行かせて、一応、家康の神格化した日光の東照大権現を崇拝する形を国内に見せる。つまり、外国から、日本の八百万（やおよろず）の神々、なかんずく幕府の神祖である家康の魂を拝みにくる。これもまた、小中華というか日本型中華で、中華という古い徳利に老酒《ラオチュウ》ではなくて日本酒を注ぐ、という形なんです。

最初は、私も「秩序」と呼んでおりましたこの日本型中華というものは、あたかも客観的に存在するかのように非常に恰好よく見えるわけですが、これを認めるのは日本人だけです。しかも、日本人のごく一部というと語弊がありますが、日本人のすべてではありません。中国を本当の意味の中華と思う日本人は、江戸時代を通じて存在しているわけですから、むしろ理念的秩序というべきなのか、あるいは日本型観念というべきであって、非常に思い込みの多い秩序であると思うんです。

それは、例えば、朝鮮通信使が日本にくるたびに、日本人が「それは朝貢使節である。朝鮮は日本の属国である」という意思表示を朝鮮が自らやっているとみなす。つまり、朝鮮通信使は、日本から招聘があって、依頼があって、それに応じて派遣しているのに対して、日本の国内では、朝鮮が好んでこれを派遣しているかのように、民間レベルでは理解されていて、華夷秩序があるかのように描かれているわけです。秩序としては、日本側のあってほしい秩序であって、日本以外は誰も認める秩序ではない、と私は理解していますので、むしろ観念といった方が素直ではないか、という気がするのです。

中国語で書かれた外交文書

川勝　日本型華夷秩序は日本人が勝手に思い込んでいる主観的秩序にすぎないということですが、ヨーロッパにおける万国公法――国際法もある意味では主観的な思い込みですね。ですから、そういう意味では、普遍性において、どちらが深いとか浅いというものではなかった、という気もするのです。

確かに、トビさんがおっしゃるように、それは観念であって、実体を備えていないかもしれません。しかし、なおかつ、形式上、華夷秩序とみなし得るという、そのへんのところをもう少しうかがいたいと思うのです。特に外交書簡ですね。手紙を書く時に、中国的な慣例に従わないと手紙を受け取ってもらえないというところから、外交上、一つの書式として中国的な形式をとらざるを得なかった。それは実体ではないか。江戸時代に羅山のような朱子学者が国書を書いたことと関係しているように思います。

つまり、華夷観念というよりも、儒教的な華夷観念と対応した書簡の書き方において、中国・日本・朝鮮――場合によってはベトナム――は、東アジアでの対外関係をもつ時には、共通の漢字を用いて共通の形式を採用せざるを得なかった。当時の手紙をご覧になって、どうでしょうか。

トビ　それは随分難しいところだと思いますね。例えば、日本と朝鮮との間の国書なり、対馬と釜山の間の事務レベルの公式文書なりを見ますと、日本と朝鮮が互いに妥協的に作り上げてきた外交慣例によっていると言えますが、用語自体は、基本的に、互いに中国語を使っています。これは大きな意味があると思います。つまり、日本としては、日朝関係を明・清の中国から切り離し、独自の外交圏を築こうとしていたが、それにもかかわらず、大きな漢字文化圏内にとどまらざるを得なかったと言えるのではないでしょうか。そしてまた、日本暦でいえば寛永十三（一六三六）年までは、朝鮮側では明の年号を用いている、ということがあります。日本は一六二一年をもって中国との正式国交を断念するわけなので、そこで、明（後は清）に対して日本が今後とも朝貢をしないことにしたというのは、日本型華夷観念を形成させる、非常に大きな歴史的基盤を形成したことになります。しかしながら、朝鮮との関係においては、中国との国交を断念してから二十五年間も、朝鮮から日本に送られてくる公式文書には必ず明の年号が入っているというわけです。つまり、その時点までは、中国の皇帝を普遍的な皇帝、唯一の天子として認める要素が、一部だけではありますが、残っていたわけです。

ところが、一六三六年に朝鮮側は清に再度侵略され、清の圧力に耐えきれず、それに服属し、明との関係を切らされた結果、その年から明の年号を対日の外交文書に使うことを断念した。だが朝鮮は「北狄」の野蛮人と思われた清の年号の使用も避けたため、中国の年号が日本の外交からその姿を消し、そこで中国自体も、日本を取りまく国際秩序の中で座標として機能しなくなったと言っていいと思います。それと同時に、日本は、それまで日本の年号を対朝鮮の外交文書で使わず、干支《えと》と月日を使用していたところに、日本の年号をあえてもってくる。日本の年号をもってくるということは、つまり、日本の年号が普遍性をもっていること、その年号を発布する日本も国際環境の中で、中枢の位置についたことを宣言することだという（片思いの主張の）意味をもっています。日本暦を日本の外交文書にもってくるのは、そこで川勝さんのご発言なんですが、外交文書自体が中国語で作成されているということをどう読み、どう解釈すべきか。これは問題として大きく残ると思います。

将軍を「日本国大君」と称して、天皇を外交から完全に取っ払う。さらに明（後に清）からも日本が独立することで、将軍を秩序の中枢にもってくるというふうに解釈しても、日本の年号はあくまでも天皇・皇室から、そして（外交文書に使用される）漢文は中国から発するという論理が消えるわけではありませんから、あるべきというか、あってほしい（日本型）華夷秩序を文書から純粋な形で抽出することはできないのです。論理的に矛盾する要素を含む文書をどう読むかという問題は、複雑で非常に難しいと思うんです。

永積　中国語というのは、日本と中国・朝鮮など漢字文化圏の外交文書だけの問題ではなく、オランダ通詞（通訳）が無能なため、バタビア（現在のジャカルタ）の総督の手紙が、日本語にちゃんと訳されるかどうかを危ぶんで、バタビアで中国人に頼んで、最初から漢文で書いてもらった手紙もいくつか残っています。

それからもう一つの言語の問題は、キリシタンとして追放された日本人は、相当ポルトガル語の読み書きができたのではないかと思うんです。「鎖国」となったため日本に帰ってこられなくなってから、ベトナムを基地として、マニラ・バタビア・日本・マカオなどとジャンク貿易をやっている元朱印船貿易家がいますが、その人が書いたポルトガル語の手紙が残っています。『バタビア城日誌』は「東インド」全体からきた報告を集めたものですが、ここにこの日本人が書いたものが、ポルトガル語からオランダ語に訳されて、三ページにわたって載っているんです。ポルトガル語の手紙が書けたということは、単なる商人ではなくて、幼少の頃からどこかのセミナリヨ（一六世紀末にイエズス会が日本人聖職者養成のために設立した教育機関）か何かで教育を受けた人ではないか、と考えられます。

そうすると、ポルトガル語が当時の国際語であったとよくいわれている通り、実際に相当広くポルトガル語の素養が行き渡っていたのではないか。長崎あたりの国際的なコミュニティの中では、日本人を含めて、あるいは日本に出入りする中国人なども皆、ポルトガル語で話し合っていたのではないかな、という感じがしてくるのですが、いかがでしょうか。

トビ　元禄の頃まで、長崎の通詞たちはオランダ語よりはまだポルトガル語の方が強くて、「オランダ語がちっともできない」とか、「ほとんどできない」と書かれた、オランダ通詞の通信簿が残されているようです。そして、ポルトガル語を媒介にしてオランダ語を訳したり、あるいは、オランダ商人とオランダ通詞がポルトガル語で交渉をしていたようですから、おっしゃる通り、ポルトガル語の国際語としての役割は大きかったと思いますね。

永積　「なぜポルトガル語の習得が容易だったか」というと、辞書があったというのが、随分大きい理由ではないかと思います。オランダ語の場合、日本人向けの辞書も文法書も何もないのです。ポルトガルの宣教師たちは、日本人に布教し、日本人の聖職者を養成するため教育に力を入れた。一方、オランダは、日本では全く宣教活動をしていませんが、台湾には牧師を派遣し熱心に布教し、ちょうど日本のキリシタン版（キリスト教の布教にあたった宣教師たちにより出版された文献の総称）にあたるような、台湾の現地語とオランダ語の辞書とか、教義書もいくつも出版されていて、それが今も残っています。そのへんが、オランダの非常に現実的なところですね。日本ではオランダ人はキリシタン、つまりキリスト教徒であることをなるべく目立たないようにしていますが、台湾では原住民の教化が、東インド会社の台湾貿易を安定させるために必要と見ていました。

しかし、日本でもさまざまな法令と実態はずれていて、例えば、オランダ人は夕方、出島で礼拝をしています。出島の食堂で夕べの祈りを始めると、(日本人の)通詞がスゥーッと席を外して、見て見ないふりをしている。この見て見ないふりをしているというのは、日本の文化の非常に面白いところじゃないか、と私は思っています。

なぜキリスト教布教は失敗したのか

永積　それで、先ほどからチラチラ出てきましたが、キリスト教の布教は、結局、フィリピンとその他のいくつかの島を除いてアジアではどこでも成功しなかったわけですが、その根元は、やはり外国人に対する警戒心でしょうか。伝統的には、封建的秩序に反するので受け入れられなかった、といろいろな方が書いておられますが、中国は初期の頃は割合とうまくいっていましたね。マテオ・リッチ(イタリア出身のイエズス会士。一六世紀末〜一七世紀初、先駆的に中国にて布教。世界地図を作成するなど西洋の科学知識をも紹介した)など非常にすぐれた文化人がきて、中国の文化そのものを認め、一時は成功したわけですね。
斯波　そうですね。教科書的な知識しかないんですが、インドや日本で経験を重ねた宣教師がきた、というのが一つありますね。それから、イタリア、スペイン、フランスが一番多いと聞いていますが、非常に優れた学者を選んで派遣して、しかも非常に妥協的にやったということがあります。それから、中国語が大変うまかったというのもあるんです。もう一つは、耶蘇会士（イエズス会士）はすぐれた学者でもあって儒教にもよく通じる一方、中国のインテリ層に対して彼らが西欧の哲学や宗教や科学の体系に興味をもつようにさせる力量を備えていました。つまり、士大夫や官僚と交わることで、西欧の知識体系が、トップダウンで入ってきた。上から入ったということですね。

うまくいかなかったのは、外国人嫌いという全般的な問題もあるのですが、一番引っかかったのは、オリジナル・シン（原罪）という思想なんです。朱子学以来、孟子が非常に重んじられていますから「人の性は善なり」ということで、それが子供の教育の教本を通じて広く注入されていますから、（原罪を）受け入れられなかった。

もう一つは先祖崇拝ですね。いくらトップダウンでもだんだん民衆の中に入っていけば、先祖の廟というのがありますが、祖廟や祠堂の祭りという場所へ出入りすることは、宣教師として果たして妥当かどうかということが、むしろローマ教会の中から内部告発されてまずくなっていくんです。

トビ　今、おっしゃった通り、中国では、原罪と先祖崇拝という問題にキリスト教がぶつかって、その壁を突破することができなかった、というふうに思ってよろしいんじゃないかと思いますが、日本の場合は問題が違うと思います。日本の封建制度の下で、自分の上にいる大名・領主に対して絶対的な忠義をおきながら、しかも外国にいるローマ法王を認めるか認めないかという問題が、一つあると思います。つまり、日本では、イエズス会とローマ教会を一つの国家として見ていたと思います。ローマ教会は一応、国家組織をとっている。自分の君主をおいてローマ法王に仕える、ということに対する抵抗があると思います。

もう一つは、ごく例外的な宗派を除いて、日本の場合は独占的な宗教はなかなかないと思うんです。中国では、儒教のような支配的な宗教、思想がありましたが、イエズス会は、自分の信仰というか教義に矛盾しないところでは妥協できるので、中国の先祖崇拝は「われの前に他の神をおくな」という基本に触れないから、という建前でやれるわけなんです。

しかし、日本の場合はそうはいかないわけです。まず八百万《やおよろず》の神々がいる。天皇や将軍・大名から下々に至るまで、八百万の神々にお供えをしたり、お葬式を仏閣でしたり、多信仰というか非常に複雑な信仰生活を続けてきました。

だからまさに、先ほど速水さんのお話にありました、一五八七年に秀吉が九州にきて、そこでのイエズス会の勢力を見て伴天連《ばてれん》追放令、日本で初めての外国人宗教布教者の追放令を発布するわけです。それは何かというと、「日本は神国なり」で出発している。つまり、キリスト教は、日本の八百万の神々、日本の信仰、日本の民族が信じ続けてきた諸々の宗教・信仰を認めていない、認めようとしない。むしろ、なくそうとしている天敵であるととらえている。中国では、それを拒絶反応したというよりは、むしろ、斯波さんがおっしゃった通り、ローマ教会の内部で大変な問題となるんです。つまり、教会側で「妥協はできない」というのに対して、日本では逆に、「日本は妥協できない」という。

イエズス会は、できるだけそれに触れないように、問題を起こさないように、警戒はしているけれども、日本が受容できるような妥協の仕方はできないということで、日本側から拒絶反応を起こしているのです。その結果、ポルトガルを追放したり、キリスト教を抑えた。

速水　今の問題に、私なりに付け加えますと、トビさんのおっしゃる通りだと思いますが、日本でも、秀吉が出てくるまでは、布教はうまくいっていたと思うんです。ところが、イエズス会ばかりではなくてドミニコ教団やフランシスコ派がきて、非常に多様な布教が展開されようとする、まさにその時に秀吉が出てくる。あるいは、天下が統一される。このタイミングが大事じゃないかと思うんです。

というのは、ある国がまさにできようとする時に、そのイデオロギーと相容れないものが自分の国の中にあるということは、統一者にとっては到底許しがたいことである。既に確立していればともかく、これからという時には、排除の論理が当然働くと思うんです。だから、明治維新の時だって、何年間かは、やはりキリスト教の排除が続くわけです。そういうタイミングの問題が一つある。

次の二番目は暴論かもしれませんが、キリスト教禁止と、先ほどから出ている日本型華夷秩序の形成——つまり、本物の中華世界からの決別——とが、時期的に一致していますよね。僕は、この二つが関係があるんじゃないだろうかと密かに思っているわけです。これが実証されれば、ありがたいんですけれどね。つまり、中華世界から決別するために、いってみればキリスト教が切り捨てられる。キリスト教を切り捨てるという名の下に、日本人の海外渡航、外国人の日本への来航を禁止ないしは非常に強く制限する。これは、中国人だって中に入り得るわけです。そういうことを通じて——ネイション・ビルディング（国民形成）という言葉を使っていいかどうかわかりませんが——、国境が決まり、ネイションが決まっていく。そういうプロセスがある。だから、僕は、キリスト教禁止は、中華世界からの決別の一つの代償だというふうにも考えていいんじゃないかと思うんですが。

永積　私が常々考えているのは、キリシタンに対する迫害の異常さです。「日本は八百万の神以来いろいろある」ということは、逆にいえば、宗教に対して非常に寛大なわけですよね。ところが、今の速水さんの説を借りれば、キリスト教は全く異質な宗教であって、封建秩序とは相容れないからと……。

速水　すみません、僕は「封建」という言葉を使いたくありませんので、「領主制」とでも……。

永積　はい、領主制と相容れないので取り締まる、ということなんですが、迫害の仕方が非常に異常という感じがするんです。それまでの日本の諸々の迫害と比べても非常に残虐なのは、どういうわけでしょうか。つまり、キリシタンに対して、庶民に恐怖心を植えつけることをねらったのか。例えば、信徒を雲仙の噴火口に投げ込んだり、身体に蓑を巻いて火をつけるとか、ちょっと信じられないようなことをしているわけです。ヨーロッパのいろいろなお城に昔の拷問の道具が残っていますが、そういう迫害の仕方まで宣教師が持ち込んだのかという気がしますが、いかがでしょうか。

トビ　すべての悪は舶来のものであって、日本は善である、というわけじゃないと思いますね。というのは、例えば、織田信長の比叡山延暦寺に対する迫害（一五七一年、信長が敵対する延暦寺を焼き払った事件）は、決して軽いものじゃなかったと思います。ただ、迫害された者たちを代弁する西洋人がいなかっただけなんです。

だから、例えば、ルイス・フロイス（一六世紀、日本で布教したイエズス会士。日本史の編纂にも従事した）だとかが、比叡山の時に参加していたら、どういうふうに描いたかということも、一つあると思うんです。また、技能的に、ヨーロッパのそういう拷問の仕方と似ていると思いますが、中国の『史記』などを見ても、例えば、生きたまま人の皮を剥ぐとか四つ切りにするとか、どう見てもやさしからぬ刑罰の仕方もありますから、それほど前代未聞の残酷なものとは私は思いません。もちろん人を殺すというのは、しかも痛み多く殺すということは、親切とかやさしいとはいえませんが。

川勝　速水さんの提起された論点について一言。キリスト教圏内でも、宗教戦争がありますね。戦争を正当化するイデオロギーとして宗教が使われている。それと関連して、東アジアでは、ネイション・ビルディングを正当化するイデオロギーとしては、華夷思想しかなかった。キリスト教的世界秩序という聖界の秩序は、俗界の政治的秩序と同じではありません。政治秩序というか国家間の秩序を構築し得るような、一つの首尾一貫した、具体的にそれを応用できるそういうイデオロギーとしては、当時の東アジアにあっては、中華秩序しかない。

そういう時代的制約のもとで、本来政治的秩序ではないキリスト教を排除した。それは、ヨーロッパにおけるネイション・ビルディングも、俗界が聖界から自立することによって達成されたということと関連するかもしれませんね。

西洋の産業革命と日本の勤勉革命

永積　いわゆる「鎖国」という貿易制限が及ぼした影響についてはいろいろいわれていますが、このごろよくいわれることは、「鎖国」のお蔭で日本が完全に自給自足できる社会を作り上げることができた。それをエンゲルベルト・ケンペルが大いにたたえていますが、結局それは、それまで輸入していた産物の国産化ということで、八代将軍徳川吉宗が大いに奨励したといわれています。川勝さんがご覧になって、「鎖国」というか貿易制限が日本の国内産業にプラスになったという面がいろいろあるかと思いますが、いかがですか。

川勝　国産化に先立つ時代的背景として、「鎖国」前に「東インド」でヨーロッパ人と日本人とが出会っている、すなわち同じ時空を共有していたという事実があります。当時の日本人の海外活動は、決してヨーロッパ諸国の貿易活動と比べて見劣りするものではありません。にもかかわらず、日本は厳しい貿易制限を一七世紀以降に実施いたします。他方、イギリスやオランダやフランスやデンマークなどヨーロッパ諸国はこぞって国策として東インド会社を設立して、貿易活動を拡大していく。その違いは一体どうして生まれたのでしょうか。

一つの事実として、日本とヨーロッパは同じ時空を共有しましたので、その時空の中で流通していた物産が東西に流れて、両者が似た物産を使うようになります。例えば、同じように木綿を着始めるとか、砂糖を使い始めるとか、お茶を陶磁器で飲む習慣をもつとかです。これらの物産はもとは「東インド」の物産であった。ところが、日本もヨーロッパもやがてこれらの物産を輸入に頼らずに自給するようになります。

それでは一体どのようにして自給したのか。ヨーロッパの場合、例えば木綿の原料はアメリカから輸入し、砂糖は西インド諸島に移植して作っている。輸入をして、それを加工して作る、という形です。ところが、近世日本社会ではかつて「東インド」から入ってきたもののほとんどが国内で作られています。ヨーロッパは大西洋――これは、植民地域と本国との間にある海ですから、自分たちの湖というか、「われらが海」――を大きく股にかけて自給したのに対し、日本は国内で全部自給した。供給のあり方はヨーロッパが開放体制、日本は閉鎖体制という違いはありますが、かつて輸入していたものを自給したという点では共通しています。

これは現象的にわかっていることです。それをどう説明すればよいのか。吉宗の国産奨励策は教科書にも書かれていますが、ヨーロッパにおける大西洋経済圏の成立と対応する形でどう理解したらよいのか、ということです。この問題について、僕は、速水さんの「勤勉革命」というお考えに啓示にちかい示唆を受けました。

大西洋のような広大な地域で物産を需給するには、労働力を節約しなければならない。言い換えると、資本を集約的に使う生産方法が合理的です。これは労働生産性をあげるための技術集約的な西洋の産業革命 industrial revolution に帰結した。

一方、日本のように国内で全部作ろうとすれば、耕地が限られているわけですから、そこに人力や肥料を投入して土地の生産性をあげることが合理的であろう、ということで労働集約的な革命が起こった。つまりそれが勤勉革命 industrious revolution というわけです。

ヨーロッパの資本集約的な生産革命と、日本の労働集約的な生産革命とは同時代的な並行過程をなす現象ということです。

「鎖国」期にこそ定着した中国的文明

川勝　ところで「東インド」といっても広い。インド洋から東シナ海・南シナ海を取り囲む地域が全部入っています。その中で日本が最も深くコミットしたのは、東シナ海、すなわち中国・朝鮮との交易です。つづいて南シナ海を囲む地域です。ということで、日本には東アジアの文物が主に入ってきています。同じアジアとのかかわりといっても、ヨーロッパが東南アジア・南アジアと主にかかわったのとやや違います。木綿はもとはインド産ですが、元代以降に中国に入って、そこで大衆衣料になり、ついで李氏朝鮮に伝わりました。この両国から日本に入ってきている。それに対して、ヨーロッパに入った木綿はインド産です。この点は、一九世紀後半におけるヨーロッパとアジアとの関係、日本とアジアとの関係につながってくるのですが、ここでは立ち入りません。

速水さんは、ヨーロッパ社会が労働節約的になったのと比べて日本社会は労働集約的で日本人は勤勉になったとおっしゃっています。比較史的には、物産もその作り方もやはり中国・朝鮮から入ってきていますので、中国・朝鮮もヨーロッパに比べてかなり勤勉な社会であったのではないかという気がいたします。日本における労働集約型の生産の思想を明確にした宮崎安貞（一六二三〜九七年。江戸時代初期の農学者）の『農業全書』という本がありますが、そのモデルになったのは徐光啓（一五六二〜一六三三年。中国・明代末の政治家・農学者・暦算学者。キリスト教徒であり、マテオ・リッチから西洋科学を学んだ）の『農政全書』です。これは、『農業全書』に書かれているのと同じような物について同じような作り方を書いているわけです。けれども、日本の方がより工夫を凝らしているというところがある。つまり、東アジアには等しく勤勉な社会があって、日本はそのような中で、物産も作り方もセットとして入れたことによって、一番最後に勤勉な社会になった。

入った物産としては陶磁器、木綿、生糸、砂糖等が代表的です。入り方は、戦争で掠奪してきたものも、書物を通じて入ってきたものもあるし、人が伝えたものもあるでしょう。日本は、中国・朝鮮に対して中国的文明の後発国でありましたから、早く追い付くように工夫をして、よりよい物を作るというようなところがあった。

そういう意味において、「鎖国」時代というのは、アジア——中国・朝鮮——との競争関係になっていた。あの朝鮮戦争（文禄・慶長の役）も、焼物戦争といわれたように、陶磁器技術者を連れて帰ってきた。あるいは、銀と銅との吹きかえ技術も、中国・朝鮮を媒介にして入った可能性がある。

しかし、日本に入ったのは、単に経済にかかわる物産や技術だけではなくて、先ほどから出ているような、東アジア特有の世界観も入ったと思います。それが、中華秩序であった。

なかんずく注目に値する事実は、物を買うための手段である貨幣の自給化です。かつては中国に供給を仰いだ銅銭が、それです。室町時代には日本が銅塊を輸出して、銅銭を輸入していたのが、寛永通宝（江戸時代初期、従来流通していた中国からの渡来銭に代えるべく鋳造発行された銭貨）を鋳造し、渡来銭を駆逐するばかりか、輸出されるまでになる。やがて輸出を制限するほどになります。中国がかつて供給していた銅銭すら、日本が輸出するに至るわけです。

つまり、「鎖国」日本というのは中国的な文明の形をトータルに入れた時の国の姿であった、と思います。

斯波　賛成ですね。中華主義とか、あるいは中国的文化主義とか全体がセットになったものは、昔からあるといえばあるんですが、それが非常に強化されたのは、やはり一五〜一六世紀からだろうと思うんです。例えば、親族秩序でも昔からあることはあるんですが、非常にインテンシブになった。それから、産業の秩序もそうなんです。ただ、華夷秩序そのもののスタンスについて見れば、中国は常にディフェンシブであって、まわりにアウターゾーンというクッションをわざと置いている。国や社会が集約に向かって内攻している時、主な関心は国内に注がれていて、そのアウターゾーンの中にナショナリズムが芽生える余地はあった。だから、日本が華夷秩序的なものでナショナリズムを作ることを許すというか、そういったことはあったと思います。

家族制度にまで影響を与えた国際環境

トビ　川勝さん、斯波さんがおっしゃるところはごもっともだと思いますが、かつて作っていなかった物を作る、あるいは、従来作っていた物をやめて新しい物を作るというのは、よほどの動機がなければ、そういう思い切ったことはしないと思うんです。

川勝さんがおっしゃったように、日本が従来中国から銅銭を輸入していたのを、一七世紀になってくると、新しい精錬技術もあって寛永通宝、あるいは丁銀（江戸時代の銀貨）を発行する。しかも、それを輸出する。つまり、海外の生糸や砂糖を買うために、貨幣を輸出品として海外へ送る。これは、私にいわせますと、一七世紀の日本の貿易の特徴だと思います。繊維を輸入して金属を輸出する。あるいは、砂糖を輸入して貨幣に作り得るものや貨幣そのものを輸出する。速水さんの歴史人口学に触れますが、一七世紀になると日本の人口が三倍増する。都市化が急速に進む。商業化が進む。貨幣経済が進む。その中で、海外に輸出していた貨幣の需要が国内において急速に高まった。

結局、一七世紀の日本は、二〇世紀流にいえば貿易赤字の大国なんです。そういう貿易危機が生じてきて、日本はどうしても、従来輸入していた物を国産化せざるを得ない局面になってきたわけです。川勝さんがおっしゃった、宮崎安貞の『農業全書』には、貨幣不足と国産化と、この二つを初めて結びつけて、金銀銅を海外へ出して、栽培できるものを輸入するのはもったいない、むしろ、国産化できるものを国産化して、貨幣流出を止めるべきだ、とあります。だから、国産化そのものも、そういう国際環境にあって日本がせざるを得なくなった対策として生まれてきたわけです。

そこで、吉宗の殖産興業策の一環として、海外の栽培技術・精錬技術・製造技術を、積極的に幕府の指導で取り入れて、場合によっては幕府の下で実験栽培なり実験精錬なりをやって、一定の技術ノウハウと人材が整った段階で、それを諸大名に払い下げて民間ベースに回す。

日本は、国際環境における貿易危機があって、国産化に踏み切って、国産化に成功した、と私は思っています。

川勝 おっしゃる通りだと思います。確かに、宮崎安貞は中国との競争を意識して書いていますね。その序に「唐舟《もろこしぶね》に無益の物まで多く積み来たりて交易し、我国の財を他の国の利とすること、あに惜しまざらめやは。これひとえに我国の民、種芸の法を知らずして国土の利を失えり」とか、あるいは砂糖については、まだ輸入品なので「本邦の貴賤財を費やすことももっとも甚し。しかれば、力を用い、これを世にひろめたらむ人は、誠にながく我国の富を致す人ならんかし。これを植ゆる法は農政全書にくわし」とか、そういう文章が端々にあります。

それからこれに関してもう一つ、速水さん、人口規模が四〜五人でしたか……。

速水 一世帯あたりですね。

川勝 なぜそのような世帯規模になったのかということについて、速水さんは、そのような家族規模こそ最も合理的に物が生産できる生産単位であったからだ、と説明されている。タコ壺的に日本社会の中で単婚小家族化が進行したというのではなくて、外からのチャレンジがあり、国産化はいうまでもなく、それと関係する世帯の小規模安定化も、国際関係の中での日本の対応の現れであった、という説明ができるわけです。

速水 これは今日の主題とはやや離れますが、大体そうだと思います。

トビ 明治維新が起こるまでの日本の家族制度も、日本のタコ壺ではなくて、国際環境の中で作られた。家族制度にまで国際環境が入り込んできているわけですから、「鎖国」時代と称され続けてきた日本の主流のナレーティブ（語り口）——日本経済は、貿易が長崎に少々あったけれども、国内経済のみで説明できる、家族制度も国内だけで説明がつく——を大幅に書き換える必要がある。いわゆる「鎖国」時代を通じてさえ、日本は国際環境によって作り上げられてきた、そういう形の新しい日本史を主流とするナレーティブを作らなければいけない。「例外」とか、「ところが」「しかしながら」という形で、中華秩序だとか貿易だとかを言うのではなく、主流のナレーティブを支える不可欠な柱として言及してほしいと思いますね。

永積 いや、もう、言いたいことを全部言っていただきました。

他者があって初めて形成しえた国民意識

速水 今までのお話がメインだとすると、私のは全くの修飾にすぎないんですが、このごろ、日本で朝鮮通信使ブームがありますね。私は通信使の絵図を見ると、ある音楽が聞こえてくるんです。それは何かというと、ベートーヴェンなんですよ。「第九」の合唱部のところでずっと盛り上がっていって、休止部があるでしょう。あそこを、例えばヨーロッパ、あるいはゲルマンを背負っているという自負心の高いフルトヴェングラー（一八八六〜一九五四年。ドイツの指揮者）なんかは十数秒止まる。音楽が終わっちゃったんじゃないかと思うくらいです。その次に何が出てくるかというと、「トルコ行進曲」なんです。つまり、シンバルとかトライアングルとかいろいろな異質なものを使って、全く異質な楽器を加えた音楽が出てくる。それまで、ほんとにゲルマン的に構成された音楽があって、それが休みを挟んで、「トルコ行進曲」となる。なぜか。つまり、それは、差異を非常にはっきり出すことによって、ゲルマン性やヨーロッパ性——実際ストラスブールに置かれているヨーロッパ議会の「国歌」は「第九」の第四楽章ですからね——を強調しているのじゃないか。僕はそう思うんです。

そこで、朝鮮通信使となぜダブるかというと、通信使というのはやはり日本にとって異形なんです。朝鮮半島の音楽を鳴らしながら歩いたかもしれない。それはレコーディングされていないから僕にはわかりませんが。とにかく、日本というものを人々が意識して、一つのネイションだということを強調するために、あの行列、あの絵図が片一方にある。それを、当時の人々が見たり聞いたり、行列にもワンサと人が押しかけたりする。それは逆にいえば、意識していたか否かは別として、自分たちのアイデンティティを確認するためではなかったか。そういうふうに受け取れないだろうかと思うんですが、どうですか。

トビ　私も、確かにそう思いますね。先ほどの貿易もそうですが、自己がそれ自体であるのではなく、他者があって初めて自己が認識される。その他者というのが特に江戸時代ですと、朝鮮通信使や、一八世紀になると長崎のオランダ人とかであったのです。朝鮮通信使がくるたびに、音楽を鳴らしながら日本を行進する中で、日本人がたくさん出てきて、それを見ようとする。つまり、異質なものを見て、自分の存在感を再確認する。われわれではないものを見て、われわれが何であるかと認識するわけですね。音楽にしろ食べ物にしろ服にしろ、あるいは家族制度にしろ宗教にしろ、何でも、自己と他者との間に境界線を引いて、「われわれとは何か」を浮き上がらせる。

ここであえて申し上げると、今でも日本人は、肉を食べない人種だという自己認識が非常に強いわけですが、江戸時代もそうでした。しかし、江戸時代の江戸では、肉を食わせてくれる店が繁盛していたのです。しかし、日本人は自分のイメージとして、穢れたものを食わないと思っていた。そこで、肉食人種ではなくて魚食菜食人種であるというイメージを作るために、他者を引っ張り出している。例えば、朝鮮人の行列に、食用のウサギやトリ、場合によってはイノシシを一緒に描く。あるいは、オランダ人が肉を食っている場面を描く。

日本人は、機会があるたびに肉を食べていますが、一応、「われわれは穢れたことをしない、清い民族、清い人間であるが、他者は肉を食っている」としている。原罪の問題と同じように、罪を犯しているけれども、罪を犯していないという認識をもちたいから、他者の罪を強調する。そういう形で、絶えず他者との対話によって、自己を再確認し、自己を作り上げる。

速水　相対化ですよね。相対化が行なわれた。それには、「鎖国」という状況は非常に便利だったと思うんです。外国の人がゾロゾロ町の中にいる状況では、相対化は非常に難しいだろうと思うんです。

そういう点で、完全には対外関係をシャットアウトせず、若干の人々が外国から入ってくることを許していた「鎖国」の意義があるのではないかと思うんです。つまり、「鎖国」は、意識の有無とは別に、むしろ積極的なネイション・ビルディングという側面をもっていたのだ、ということです。

トビ　ドアを作り、それを閉じることで、今までそのドアを支える壁が存在していたかのように、「鎖国」概念はわれわれに思いこませた。国を閉じる、外国人を追い出すというジェスチャーを通して、閉じる「自己」、追い出す「日本人」のイメージを作り上げた。国際環境という前提条件によって決定された自己の行動を、あたかも自己の先取的、能動的行為が国際環境を決定したかのような逆現象に見せかけることで、新しい積極的な自意識、つまり近代的な国民意識を形成した、と考えます。

永積　大変面白いお話をいろいろ聞かせていただいてありがとうございました。

第7章

経済政策の視点から

梅村又次（日本経済論）
西川俊作（計量経済学・日本経済論）
速水　融（経済史・歴史人口学）

（葛飾北斎「富嶽三十六景　江戸日本橋」）

経済学でどこまで遡れるか

速水　きょうは梅村さん、西川さんのお二人に、江戸時代の経済の仕組みと経済政策についてお話を伺おうと思います。

お二人ともエコノミストとして、明治以降や現在を研究されて、そこで見つけられたものが糸をたぐれば、もっと先へ伸びているということをお感じになって、江戸時代へ入ってこられたと思うのですが、一体全体その糸をたぐってゆくと、どこまでたぐり寄せられてくるのかという点からお伺いしたい。

梅村　私の場合は、明治以降の『長期経済統計』の関連で江戸期の文献に関心を持っていたのです。そのうちで一番先にとりつかれたのが関山直太郎さんの人口に関するお仕事で、それを少しいじってみると、非常に面白いことが出てきたんですね。それは大ざっぱに申しますと、西日本で人口がふえていて東日本で減少している。差し引き増減なしになっているということなんです。

速水　それは享保に始まる幕府の全国人口調査の研究による……。

梅村　そうです。私は以前に、明治以降、第二次大戦前の農家人口について調べたことがあるんですが、これがちょうど江戸時代と逆で、西日本で減少して東日本でふえて、差し引きこれも横這い、ということになっているんですね。その境界線をたどってみると、地学で言うフォッサマグナ・ライン、つまり糸魚川、三島を結んだ線、あれが東西の境になっているんです。江戸期の場合も、明治以降の農家の人口もだいたいそこが境になっている。徳川時代の人口は、あらかた農家だと考えていいわけですから、そうすると何かしら同じような波があって、それが西から東へ移ってきたのではないか。そこを押えておかないと、実は農業の発展は押えきれないんじゃないか、というのが最初の発想で、あとはズルズルと……。

速水 人口重心の移動をとると、江戸時代後半には琵琶湖のあたりを西進し、幕末から逆転して今は岐阜県の北の方になりますね。

梅村 そういうことでしょうね。私どもは歴史の専門家じゃありませんから、歴史の専門家にお作りいただいたデータを、自分なりに統計作業屋らしくいじってみる、という以上のことはとうてい出来っこないんですが、そうなりますと、いつまで遡れるのかということになれば、おのずと限界があるだろう、いまのところでは、せいぜい一八世紀がギリギリ、つまり、幕府が人口調査や田畑調査をやったころが限度じゃないか、と思っていますけどね。ただ、明治期についての我々の経験ですと、データというものは、問題意識を持ってやり出せば必ずどこからか出てくるものですから、今から何とも言えませんけれども。

速水 もっと先でもあり得る、という……。

梅村 ええ。あり得るかもしれません。しかし、限度はせいぜい一八世紀じゃなかろうか。少なくとも我々の世代で手の出せる限度はその辺じゃなかろうか、という感じを持ってますし、またデータを離れまして、歴史家の皆さんのお書きになっているものを勉強させていただきますと、経済の実体面から言って、まあまあ我々のような現代経済について勉強を始めた者が、その分析手法でやれるという限度も、ことによるとその辺が限度じゃないかという感じもしてます。これもまだ、実は未確定なもので……。

西川　私は両先達のあとをトコトコ追っかけるところですから、見通しなどいえたものではありませんが、いまやっている『防長風土注進案』からはずいぶん、現代そっくりというか、そういうところが出てきますね。これは天保の後半、一八四〇年代はじめの長州藩のセンサス的資料ですが、ほんとうに今日の日本経済に繋がるものをもっていますね。明治以降というのは、そうやってせっかく江戸時代に作り上げた経済の仕組みを、ふるいにかけて落してきたとさえおもわれます。もちろん、私の関心は残ってきたものにあるわけですが……。

私も梅村さん同様、現代あるいは近代から江戸時代の経済を眺める立場ですから、こちら側から見てどこまで遡れるか、素人にはちょっと見当はつきませんが、でも、経済もしくは経済政策というものが問題にしうるのは、やはり享保（一七一六〜三六年）からあとのような気がします。数量データは別としても、文献史料とかエッセーである程度推察はつけられるのではないでしょうか。柄にもなく、三浦梅園のことなどを書いたのも、そんなつもりでした。

柔軟な吉宗の享保改革

速水　ところで、享保改革の具体的ないろいろな内容については、改めてここで話すこともないと思うんですけれども、ただ一つだけ、私が申し上げておきたいことは、将軍吉宗の二回の貨幣改鋳です。一回は良鋳、つまり貨幣の中に含まれている金銀の比率を引上げるという方法の改鋳で、言うまでもなく、貨幣の流通量を縮減することになりますから、物価対策と見られているわけです。元禄、宝永に大量の低品位貨幣を発行したことによって物価が上がり、それによって武士の生活、あるいは幕府財政が困る。それを安定させるために良鋳するわけですね。

そういうことから、享保改革は復古的な改革である、というふうに普通言われるわけですけれども、享保の次の年号である元文年間（一七三六〜四一年）に吉宗は逆に悪鋳をやっている。江戸時代を通じて一代の将軍の間に反対方向の貨幣の改鋳をやった例は、この一件しかない。このことは非常に面白いんですね。

これはこの前の座談会に出てくれた田代さんが指摘していることなんですけれども、現在であれば責任をとってやめなければならないことを、やってのけたというところに、享保改革の持っている、一面では復古的であるけれども、他面では現実の経済的な活動の拡大に伴ってくる貨幣流通量の増大への備えと言いますか、そういう要素も同時に見逃すべきではない……。

梅村　私は、その問題をちょっと別の観点から考えているんです。元禄期に貨幣改鋳をやって物価が上がったというのは確かにそのとおりです。それからもう一つ、さきに自然災害のお話がありましたね。その中に元禄の大地震というお話がありました。どうも、その物価騰貴と大災害とがひっからまって、ちょうど昭和四十九年の石油ショックで日本がガクンときたように、あのときもガクンときたんじゃないか。たまたま、新井白石という人が現れて、彼が初めて、国際収支の赤字ということを全面的に問題にした。その結果デフレ政策の強行となって現れたのではないかという感じを持っているんです。

吉宗は、白石がやったあとを受けて、その方針を継承するわけですね。ですから吉宗自身がイニシアチブをとったわけではない。それでは吉宗は何を考えたんだろうかというと、私はよくわからないけれども、少なくとも初期には彼の頭の中には、尾張公宗春との大論争をやっているところから見て、どちらかというと、慶長の昔に帰るという考えが強かったんだろうと思う。しかし、だんだん自分でいろいろやってみると、実は、すでに時代は慶長の昔とは大変違っていて、貨幣経済の中にドップリつかってしまっていた。その実体は無視できない。ということで、宗春を処断したあとになってから、宗春が言っていたとおりのようなことに、自分で、政策転換をやらざるを得なくなった。ですから、吉宗について我々が大いに学ぶ必要があるのは、その柔軟性だと思うんです。

速水 むしろ、柔軟であったということが学ぶべきところだと……。

梅村 じゃないでしょうか。やはり、一つのショックでもって引締めをやる。そうすると経済自体が保たなくなってくる。そこで、もう一度、拡張政策へ切り換えざるを得ない。一種の経済成長政策と緊縮政策を、うまくミックスしてやっていかないと、経済がうまく運営できない、という実体が享保期にはできていたんだ、ということを認識することが大事じゃないんでしょうか。

西川 歴史家がいろいろと吉宗のことを書いたものを見ますと、白石→吉宗と繋がっていくところで、非経済的な面で復古、あるいは非常に理想主義的な志向が強いと思うんです。吉宗は、将軍の中では、家康そして家光を除けば、飾りものではなくて、唯一政治をやった人だと思いますけれども、その過程で、ずっと経済政策を勉強していったという感じが非常に強いですね。あるいは体得したと言った方がいいかもしれないですけれども。貨幣改鋳の問題は、結局、国内での貨幣経済の進展に伴って貨幣量をふやしていかなくては困る、という状況になっていて、結局、良鋳から悪鋳へいわば一八〇度の転換をせざるを得なかったと考えられます。

経済政策から見た田沼時代

速水　吉宗の中にある、いわば相反する矛盾した思考といいますか、これは、そのあとの、たとえば田沼時代（一七六〇年代〜八〇年代中頃）を見てもあるわけですね。普通、田沼時代というと、吉宗の時代の最後に出てきた拡大政策の延長線上にあって、田沼は、いろいろな意味で拡大論者ということで評価されるわけですが、田沼自身、見てみると、決して拡大一本槍ではない。片方でたとえば節倹節約というようなことは非常にやかましく言っているわけで、江戸時代の政策担当者の常としてそういった両面があります。

西川　だいたい田沼は、父親の意行《もとゆき》が吉宗の小姓だったことから出世の糸口をつかみますね。意次《おきつぐ》は享保の終りに世子だった家重の小姓になり、吉宗が死ぬまで一五年位、彼のやることを見ていますものね。

速水　江戸時代に、貨幣とか、物とか、人間とかが日本中をグルグル動くようになる。そのことが、まさに経済学の分析手法で、日本の経済を分析できるような状態を、日本に作り出しているそもそもの根底だと思いますけれども、物や、貨幣や、人間がグルグル回るというのは、極端に言えば、日本人の誰もが、経済的な富を獲得し得るチャンスを持っていたわけですね。実際に、何人かは富を獲得した、何人かは失った。とにかく富を獲得する者が何人か出てきた。

ところが、武士個人に関しては、これがないわけですね。田沼を除いては。藩という単位で言えば、たとえば長州藩や薩摩藩が富を獲得するとか、いろいろありますけれども、個人として言えば、田沼が獲得するというのは、非常に面白い例なんですね。道徳倫理は別問題としまして、田沼の政策、これについて、もし経済学の見方からした場合に、一体どうなんでしょう。

梅村　それを考えるまえに、当時の経済のシステムを少し見ておいた方がいいと思うんです。経済の拡張政策をやってパイを大きくする工夫をしなければ、幕府自体がにっちもさっちもいかないという実体が、当時すでにあったということは確かなんです。と同時に、いつまでも拡張政策を続けられないという隘路も存在した。その隘路は何かというと、結局、いまの言葉でいえばGNPが大きくなっても税収が必ずしもふえないという税制の問題です。したがって、政府主導で拡張政策をやれば、財政面で行き詰ってしまうというのは、目に見えているわけです。

もう一つは、幕閣の中の新旧二つの派の対立ですね。一つは、三河以来の譜代層という保守派、もう一つは、その時代の波に乗って上がってきた連中の層です。後者は、どうしても拡張政策の傾向が強い。ところが拡張政策をやっても、先ほど速水さんがご指摘されたように、武士の懐は大きくならないんですから、相対的には窮乏化する。保守派にとっては、拡張政策は必ずしも好ましいことではない。また、下から上がってきた奴が勝手なことをやるというのも面白くない。その二つが一緒になって、結局、拡張政策は長く続かなかったのではないか。

西川　梅村さんのおっしゃったことを、産業の方から、少し考えてみたいのですが……。儒教的な考え方から言えば、どうしても重農主義にならざるを得ないんですね。ところが他方で都市を中心にして商業がどんどん大きくなってきて、つまり、貨幣経済化してきている。そこから税を取って幕府を豊かにしようとするのは一つの流れでしょう。ただそんなことをするのは嫌だという気分は根強くあったんでしょうが……。意次が絹物会所とか、いろいろな座、ギルドを作らせたのは、いずれも運上をふやしていこうとねらっていたことは明らかです。真鍮座とか、鉄座とか鉱山を開発して、だんだん減ってきた国内の鉱産物をふやし、貨幣流通をふやしていくという狙いがあるわけです。貿易についていままでとまったく違うのは、俵物などを出して、むしろ銀を入れるという形で、輸出入品目を逆転させようとするなど、非常に積極的な点です。白石や吉宗は、むしろ、銀銅が出て行ってしまったのを心配していたわけで、人参なり、あるいは一部にしか使われない白糸なりを入れる形だったのに対して、田沼のは貿易の流れを変えるというやり方になってきています。つまり、ここでも別の一八〇度転換があったわけです。

彼については、真先に贈収賄の話が出ますが、経済史としては、まず彼の政策について議論すべきではないでしょうか。ジョン・ホールさんの『田沼意次――近代日本の先駆者』が指摘しているように、将軍の寵臣にならないと政権をとれない機構でしたし、賄賂は徳川官僚制にごく普通のもので、そういう点を、理解すべきでしょう。賄賂がいいというつもりは毛頭ありませんがね。ただし、山本周五郎(『栄花物語』)描くところの意次ほどさらりとしていたかどうか、大いに疑問がある。やっぱり権勢欲もあって、相当ギラついていたかもしれないという気もします。

ホールさんは柳沢の出世ぶりと比べていますが、私、ふと思ったのは白石ですが、彼は家宣、家継二代に仕えましたが、幕閣の中心にいたのは五、六年ですね。その間に五百石ずつが加増されている。屋敷も拝領して変っていますね。それで、彼自身も随分気を遣ったりしていますね。ところが田沼は、側衆になってから三〇年もやっているんですね。加増石は五〇〇石でなくて五千とか一万とかふえてゆきますが、この時間の長さ、年数がほとんど考慮されていません。

速水 もし白石が三〇年もやっていれば、彼だって賄賂を受けたかもしれない（笑）。

西川 さあ、それはどうかな。気質からいっても、田沼みたいに賄賂を取ったりはできなかったでしょうが、可能性としては加増された、かもしれないというところです。

速水 加増というのは、表向きの贈与であるということですか。

西川 いや、そうじゃなくて、加増を受ければ嫉妬や反撥を受けるでしょう。そういう意味です。賄賂の話はそのくらいにして（笑）、本来の政策論に戻るとすれば、印旛沼、手賀沼の開発は、元来吉宗のときにプランが出来ていたわけですが、田沼はそれを実行に移そうとした。しかし、台風だかにやられてしまった。そういう不運もありますね。彼の重農主義政策は天にはばまれたというわけです。

速水 そうですね。宝暦の飢饉、天明の飢饉ということで……。私がとくに面白いと思うのは、蝦夷地の開拓計画、貿易振興政策、そして貸付会所の設立計画、とくに後者は今日流に言うと財政投融資計画でしょうから、そういうことを考えた点ですね。

西川 それと、政権担当中に五匁銀、ついで南鐐二朱銀を作って、従来秤量貨幣だった銀貨を計数貨幣化するということをやっています。だから必ずしも、彼は拝金宗としての重商主義者ではないように思われます。通貨体系を整えて商工業、あるいは鉱業を盛んにし、同時に租税もとって、幕府財政を豊かにしようと狙っていた、そういう総合的な意図がうかがわれます。

速水　経済政策らしい経済政策ということになるわけですね。

西川　経済学というのはもともとポリティカル・エコノミー（政治経済学）と言われたものですが、経済政策、あるいは経済政策の原理という形でスタートしてきたので、どうも一八世紀の半ばくらいには、ちょうどイギリスの古典派の経済学者が目のあたりにしていたような、経済システムが日本でも形を整えてきたと言えそうだと思いますが、いかがでしょうか。

様々な隘路

梅村　少なくとも、為政者がそういうものとして経済を意識していたということは確かでしょうね。ただ、当時、いろいろな悪い条件があったわけですね。一つは、先ほど税制のことを申しましたが、そのような制度的な欠陥のほかに有効需要をつけてやったときのアウト・プットの反応が、比較的低いような産業の比重が、まだ非常に大きかった。だから、どうしてもインフレーションになり易いという体質。さらに悪いことには、輸送システムが非常に貧弱だった。これも、インフレを引き起し易い原因ですね。

西川　輸送というのは、とくに物の流れですね。

梅村　そうです。さらに、そういう政策の展開をやったときに、天災が非常に多かったという不幸な要因が加わるとかね。

速水　田沼のやったことに総合的なつながりがあるというご指摘は、新鮮なものとして受け取るんですけれども、その前に梅村さんが、今日流に言えばGNPが上がっても税収がふえなくなったと言われましたが、これはつまり、幕府諸藩の財政収入の過半が、農村からの年貢に負っている、そしてそれが伸びなくなったという……。

梅村　それも一つですが、もう一つは、有効需要がついて経済が上がってくるときに、一番早く収益が上がってくるのは商工業ですね。そこから租税を組織的に取るシステムがなかった。そちらの方にむしろ力点を置くべきですね。農業についても、享保以後、だいたい定免制になってきて、できるだけ安定的に取るというのが精いっぱいであって、それすらも、どうもうまくいかなくなって、むしろ、だんだん税収が下がり気味だったと見えるんですけれども。

速水　産出高に対する税率は下がっている。

梅村　はい。

速水　どうしてなんですかね。私もどうもよくわからないのは、定免制はどう考えても、税の増徴政策とは言えないと思うんです。そうではなくて安定政策である。一体なぜ幕府財政が、より多くの支出、そしてより多くの収入を要請されているときに、定免制のような、いまの目から見ればおかしな政策をとったか。しいて考えれば、農村部からの収支を一定にしてしまう。そうすると、ここから先は非農業から税を取らなければならない、あるいは鉱山開発なり、貿易をやらなければならない、そうなると、政策が決まってくるわけですね。実際、耕地面積の拡大もだんだん頭打ちになってきている。農業技術の拡大の面でも、幕府の目からみれば限界、収穫逓減状態になってくるということであって、それでは、もう農業からの税は一定にしてしまおう。そうすれば、一体どれだけ足りないかということがわかる。

つまり、いままでの、毎年調査員を派遣して収穫を計って年貢を取るという検見制では非能率的である。あるいはその間にいろいろトラブルも起るし、費用もかかる。もう一定にしてしまって、あとは非農業から年貢を取ろう、ということがあったんじゃないか、と考えたこともあるんですけれども、一体なぜあそこで定免制をとったんでしょうかね。

梅村　私もよくわかりませんけれども、おっしゃるような意味の徴税費用ということで言えば、有形無形のコストがかかってきたということが、たぶんあったんでしょうね。百姓一揆がふえてきたという話もありますから、そういうことから、実質的なコスト増大を避けたということもあったろうと思うし、ただ、農業からもうこれ以上取るのはあきらめて、ほかから取ろうというようなシステム的思考があったかどうかは何とも言いかねますけれども……。

速水　結果的にはそういうふうになってしまったようですね。

西川　そのほかに、米を輸出するということは考えていませんね。当節流に言えば、食糧自給率一〇〇%なんですね、発想としては。ひどい凶作のときは減免したりしていますが、人べらしより、人をふやすという狙いが、やはりあったのではないでしょうか。

速水　ええ。実際問題として、だいたい、元禄くらいをピークにして、東北の人口は減ってくる。これは自然災害の結果ですね。そこで東北、北関東の諸藩では、人口をふやす政策をとり始めていますね。それは実効を生まないわけですけれども、とにかくそういう狙いはあったということは言えます。

西川　それと、経済的に言えば、やはり徴税のコストが非常にかかる。そういうところで起ってくる代官、手代の不正も多いということを考えれば、定免制はある意味で非常に効果的かもしれない。

梅村　それに加えて、米価も下がっていますからね。

西川　そうですね。それで武士の所得の方にも響いてくるわけですし、米将軍と言われた吉宗にすれば、米価調節をやっていく（間接的）手段として考えられていたんじゃないでしょうか。逆に言うと、貨幣経済と言ってもいいですけれども、一八世紀の初めから、経済政策の担当者は価格問題について意識するようになった。それは一方で、幕府にあった金銀がなくなってしまったということも、非常に大きいと思いますけれども。

梅村　ただ、やたらに米を力ずくで持ってきてしまって、大坂、あるいは江戸へ持ってきても米価は下がってしまう。結局、幕府は何をやったかわからないわけでしょう。それなら、軋轢を減らして、徴税費用を節約した方が得だ、と考えたかもしれませんね。

西川　長州では一八世紀半ばに宝暦の改革をやります。三田尻に塩田を開発します。しかもこの工事を藩営でやるんですが、税を免除して入植させて、あとになっても、ごく僅かしか税を取らないんですね。経済計算ができないとか、計数観念がないということではありません。農作業用の役畜について減価償却引当を考えているとか、実に見事なものです。ただ、いまの塩田開発は、士民撫育《ぶいく》のためという狙いですから、民生事業という感覚、仁政というんでしょうか、それはあるわけですね。それが儒教にもとづくものだから、前近代的、封建的と言ってしまっていいものかどうか……。

速水　つまり、搾取と貧困、後進的農業経済とは言えないところがあるというわけですね。ところで田沼時代はユーラシア大陸の向こうで、スミスが『諸国民の富』を完成した時点で、日本では三浦梅園が出ます。そしてもう少しあとになりますが、本多利明がマルサス流に人口論をやります。今様に言うとシミュレーションをやりまして……。

西川　逆に遡れば、安藤昌益が出ますね。時間的にはケネーとおなじです。ただし、日本のスミスとか、日本のマルサスとか言いたてるのは、あまりよくないですね。これは白石についてもそうで、いわく百科全書的知識人……というふうに、西洋の型にはめちまうのは、かえっていけないように思います。そういう萌芽がどうして経済学、経済政策の原理に集大成されなかったのか、そういう学説史的疑問は残りますけれども、つまり、リカードがいなかったからかというわけです。どうでしょう？

梅村　まあ、性質としてはヨーロッパとかなり似たものが出てきていることは事実だけれども、その深さというか、厚みというか、そういうものがはなはだ小さかったことは確かでしょうね。ですから、あまりヨーロッパと同じであるということを強調し過ぎてもまずいんだろうけれども、しかし、そういったものが性質としては出てきたということは無視してはまずい、ということなんだろうと思いますね。

貧弱な輸送手段

梅村　話はかわりますけれど、輸送の隘路に注目する必要がありますね。たしか速水さんが前に輸送の隘路があって江戸の人口は一〇〇万以上にならないというお話をなさっていて、そういうこともからめて都市の死亡率が高かったというお話があった。そのとおりなんだろうと思うんですが、当時の日本の輸送は、帆船と、馬や牛の背で運ぶ、これに限られているわけですね。馬や牛の背に載せて物を運ぶというのは知れたものでして、せいぜい四〇キロくらいですね。帆船になればかなり大きくなるけれども、これもスピードということからくると、はなはだ能率が低いわけです。

石井謙治さんが、天保期のデータで丹念にお調べになったところによると、大体平均して一日一〇里くらいしか船で運べない。それは牛馬で引いてもだいたい似たようなもので、水陸とも、一日一〇里がせいぜいであったということになるわけです。しかもその間、帆船については大変事故が多い。そのために、たまりかねて幕府でも帆船改良論が出てくるわけですが、それも鎖国政策の建前からいずれも立ち消えになってしまう。結局、幕府が潰れるまで、大変貧弱な輸送手段に依存せざるを得なかったし、さらにまずいことには幕府および藩、そういう政府関係の輸送が優先されていて、そのコストを民間の輸送に転嫁するという形をやっていますから、民間輸送の非能率、コストの高さは大変なものだったと考えざるを得ないですね。

西川　二重運賃制になっていた。

梅村　ええ。そういうことですね。

速水　本多利明ですか、そのことを指摘して、輸送コストが高い、これをもっと改良しなければならない、そのためには大型の船を作らなければダメだということを言っていたと思います。ところが幕府の大船建造禁止令があって、千石以上は作ってはいかんという、絶対命令といいますか、条件があったためどうしてもその問題を乗り越えられなかった。逆に言うと、明治になってこの上限がはずされて急に鉄道とか船舶運輸がグウッと出てくるというのは、たまりにたまっていた矛盾がそこで解き放たれたということとからんでいると見てもよろしいんでしょうか。

梅村　一ぺんに出たとは言えないんでしょうけどね。事実、帆船でも千石以上の船が動いていますし、宿駅制度の裏を抜けるような中馬などが盛んに脇往還に動き出すということも、一八世紀の後半には出ているわけですから。ジワジワと何かしら運送の隘路を回避するような動きは、だんだん出てきている。しかし、それにしても幕府の建前があって、鎖国令から船の方はストップがきているし、もう一つ、治水工事ということでも江戸の防備ということが非常に強い。

西川　橋を架けさせないとか。

梅村　そのほか、利根川をどっちへ流すかというときに、江戸の防備ということが強く出てくるのです。

そういう建前のワクの中で動いていたということが、いわば体制の制約とでも言うんでしょうか、そういった面があったことは確かだし、しかし、そのワクの中で、できるだけ事実上の運営の面で何がしかの進歩はある。いよいよ外から強力な衝撃が来るようになると、そういうことを言っておられなくなるから、幕末になると大船制限も緩和する。ジワジワそういうことが積み重なっていって最後に明治維新でドカンと来たと言わざるを得ないと思うんです。

寛政改革から化政期へ

速水　ところで、田沼父子は弾劾されて失脚、松平定信が登場して寛政改革の幕が切って落されますが、そこには一つに慶長、享保の昔に戻るという三河武士本来の思想、原則があるわけで、それが田沼流の現実論をやっつけたといえましょう。これは中国で起っている文革派と走資派の抗争とピッタリですね。原則論はそれなりに、理論闘争では強いですから。しかし私には現実論の方が魅力があるのですが。

それはとにかく寛政改革は四、五年で潰れてしまいますが、ということはやはり現実がもう、それを許さないという状況がかなり強くなっていたというふうに見てよろしいと思うんですが、そのあたりで何か……。

梅村 そのあたりになりますと、政治の裏側がずいぶんあるんだろうと思うので、あまり割り切った話をするのは控えなければならないと思うんですけれども、定信の政策の中に、緊縮という面と、もう一つ東日本の救農という意味合いがかなり強かったんだろうと思うんです。

速水 宝暦、天明の大災害のあとであるということで……。

梅村 はい。

西川 彼はなにしろ白河楽翁ですしね。

梅村 どうしても、こちらを何とかせにゃならんという危機感が非常に強くて、そちらに重点的に金を使うために、とにかく商工業なんてやっちゃいられないという危機感も、もう一つあったろうと思いますね。

ただ、わからないのは定信が退陣したということで、一つの政策の終止符が打たれたんだと考えていいのかどうかという問題です。歴史家の方がお書きになっていますけれども、寛政の遺老が続いている限りは、政策の基調は貫かれたんだというお話も、もう一つあるわけですね。その辺は私どもにはわからないんですが、寛政が終ったあと、経済政策はどういうことだったんでしょうか。

速水　一九世紀に入ってしまいますけれども、いわゆる文化文政といわれる時代は、実は、寛政とか、田沼の時代と比較して違うことは、はっきりした人物がいて経済政策をとるという時代ではないということなんですね。逆に言うと、放ったらかされているといいますか……。

梅村　ドゥ・ナッシング・ポリシーですか（笑）。

速水　つまり何もやらなくても拡大する時代だったのかもわかりません。もう、どうぞご随意に、という感じがないでもないですね。それがもちろん、急にそうなるわけじゃなくて、寛政で人返し令を出す何を出す、ところがうまくゆかない。そのうち定信が失脚する。しかし、何もかもそこでパッと局面転換があるわけじゃなくて、ゆっくり変っていくわけですね。寛政という年代は一三年（一七八九～一八〇一年）ありまして、その次に享和という短い年代（一八〇一～〇四年）があって、文化文政（一八〇四～三〇年）に入るわけですが、一口に大御所時代と呼ばれている文化文政の時期の特徴は、まさに幕府が、経済にわれ関与せず、という感じになっている点にあるように思うんですけれども。

梅村　しかし、どうなんでしょうか、文政期（一八一八～三〇年）になると、貨幣改鋳が始まりますよね。

速水　文政の末年になりますと、貨幣改鋳が始まりますし、たとえば関東御取締御出役という形でかなり政治を意識してくる。あるいは例の蝦夷地の問題が起ってくる、というようなことがありまして、積極的な姿勢が出てまいりますけれども、あの文化年間は、まさに文化という文字にぴったりの文化絢爛たる時代といいますか……。

梅村　そうすると、なし崩しに寛政改革がだんだん尻つぼみになっていって、いつの間にやら文化文政期に繋がっていくと、そう考えてよろしいんですか。

速水　白石とか、吉宗とか、田沼とか、定信とか、そういう幕閣の中心の人間が出てこない。在野の人はもちろんたくさんいて、いろいろなことを言っているし、学問的な交流もあるわけです。しかし、政策面での担当者が、捜してもうまく網にかかってこないんです。そういう点で文化文政のいろいろなことが出てくるまでの約二〇年間くらいでしょうか、この時期がある意味では面白い時代になっているような気がします。

梅村　寛政のクーデターで思い当たるのは、石油ショック後の日本とかなり似ているんじゃないかということで……。

速水　それは面白い。

梅村　天明の飢饉で田沼の拡張政策はお手あげになるわけですね。しかし、それだけでは足らないものだから、さらに政治資金問題まで出されて、その上に追いかけて、将軍暗殺計画があったんじゃないか、というような風説まで流して、とうとう田沼内閣を潰すわけですね。

田中内閣の場合もインフレで、さらに石油ショックで手が打てない、その上に金脈問題が出てきて、引きずり降ろされてしまうわけですね。さてその後、デフレ政策をやったはいいんだけれども、デフレがきき過ぎになって経済界がにっちもさっちもいかなくなってしまった、というのが今のところですね。さて、これからどうなるか……（笑）。

西川　吉宗のときにも石油ショックとおっしゃったけど、どっちになさいますか。私はこっちの方に肩入れしますけど……。

梅村　はい。そういたしましょう（笑）。

速水　つまり、二〇〇年近く前にも、現在と同じようなことが起っているわけですね。

梅村　そう思いますね。それで祖法に返れというのも限度があってできなかった。しかし、拡張政策はある限度以上はやりがたい。

歴史の折れ目

西川　白石、吉宗の頃は、理想主義的な大義名分が非常に明快ですね。それでパッと行ってうまくいかなかったということですけれども、寛政改革のときは、吉宗の時代に戻ろうという気分があって、定信自身、食事まで節約して率先垂範、町方の贅沢は一切禁止、浮浪人は人返しで農業に返すという形にしたけど、少しもそのとおりにならない。反動政策なわけです。で、そのあとは幕閣はもとより、諸藩でも天保の頃までズルズルッと行ってしまう、そういう感じです。

梅村　そうすると結局、一八世紀というのは上と下とに天井と床があって、その間を揺れ動いていて、やがて一九世紀に入って行くと天井が破れてしまったんだと、こういうことになるんでしょうかね。

速水　天井が破れたのはやはり、幕末開港、明治維新……。

梅村　押えがきかなくなったという意味では、もうちょっと前かもしれませんね。もうちょっと前に、内政的に幕切れと言っていいんでしょうか、そういうのが一九世紀なんじゃないでしょうか。

速水　そうしますと、一九世紀を「夜明け前」というふうに藤村は呼びましたから、一八世紀は、「夜明け前」の前、という時代でしょうか。

西川　丑三《うしみ》つ刻（笑）。

梅村　薄明だ（笑）。もっとも寒いんですよね（笑）。

速水　そして妖気が漂ってきて、この次に出てくるものは何かという、そういう時代である、というふうになるんでしょうか。

梅村　そこで少し乱暴なことを言わせていただけば、一八世紀は、やはり経済的に一つのまとまった時代だと思うんです。一九世紀は従来明治維新前後に切っていたんだけれども、実は、そうは言えないんで、明治の初年は、幕末と共通する面が、むしろ経済の実体では多いと思うんです。上部構造がいろいろ変ってきますけれども、そのうちの幾つかは、一九世紀に変質していたものを、あとから追認したという形のものがずいぶんあるんじゃないか。一九世紀がワンブロックで、そのワンブロックに終止符を打ったのが、松方デフレなんじゃなかろうか。

これは、まだ私、何も詰めちゃいませんが、その後の日本の発展が二重構造的発展だと言われているんですが、そういった姿が少し兆してくるのは、どうも明治二十年代以降じゃないか、そうすると、その辺がもう一つの別の段階になってくる。そういう時代区分があり得るんじゃないか。

速水　歴史の、少なくとも経済史の折れ目というものを、もし考えるとすれば、いまの松方デフレ、明治二十年ごろに一つある。その前が一八世紀と一九世紀の境目あたりにあります。

梅村　ええ。おそらく文化年間あたりでしょう。

速水　そのさらに前が、いま我々の始めた享保年間、一七二〇年とか、そのあたりだと……。

梅村　そういう立て方をしてもまずくはないんじゃないかという感じを持っているんです。これは人口史の方からいっても、少なくとも、歩調が合っているでしょう。

速水　そうですね。文政、天保、一八二〇～三〇年ごろから上向きになってきて、天保のときに、流行病で一次的にダウンはしますけれども、そのあとの回復力たるや大変なもので、それはおそらく、前の時代から続いてきた一つのエネルギーだろうと思いますから、そうなってくるとやはり、一八二〇年代、文化文政の初期あたりまでの折れ目がここで浮び上がってくるように思います。

梅村　それから貨幣政策全体を見ても、そういうことが言えるんじゃないでしょうか。その辺に折れ目を考えてよさそうに思うんです。梅棹さんなどが明治一〇〇年じゃなくって、化政一五〇年だということを言っておられますけれども、それは経済の面でもあたっているんじゃないかと思うんです。

速水　いまの生活のパターンにしても、そのあたりから始まるものが実に多いわけですね。たとえば相撲とか芝居など庶民の娯楽、それから旅行、伊勢参りは前からありますけれども、庶民が大量にそれに乗っかってくる。そして旅行案内とか地図が印刷されて、庶民が買うようになる、というのもその時期ですし、そこらは生活のパターンの上から言っても、いまに続く時期です。

もう一つの「近代化」

梅村　さらに乱暴なことをあえて申しますと……。

速水　それを聞きたいんです（笑）。

梅村　我々は近代化イコール西洋化である、これは間違いないものだという前提の上で、物事を考えてきたと思うんです。したがって、西欧の物差しで測った西欧化に乗らないものは、すべて封建的である、これは古いものの残滓である、こう考えられてきたわけですね。しかし、それでいいんだろうか、という気もするんです。

なぜそんな古いものが、西欧化、近代化と共存できるのか。これを説明しなければならない。そういうことから言うと、逆を取って、日本に西欧化ならざる近代化がもう一つあったんだ、と考えたらどうなんだろうか。西欧化が、主として人間と物との間の関係として動いてきたのに対して、人と人、人間関係を律するようなルールとしては、どうもその前に一つ近代化をやったんじゃなかろうか。それがいつ頃始まったのか。私は何とも言えないですけれども、おそらく一八世紀から始まったものもあるだろうし、遅れたものもあるだろうし、一応、出揃ってくるのが、いま速水さんがご指摘になった一九世紀あたりだと押えたらどうなんだろうか。それは必ずしも、従来考えたように、古いものだというんじゃなくて、わが国の社会の内部の中から新たに生み出してきたものじゃなかろうか、という感じが残ってしょうがないんです。

たとえばその一、二の例として、利益集団間の利害調整のパターンを考えていたんです。たとえば、今日の労使紛争をとりますと、そのうちの一割かそこらが労働委員会で命令を出して解決するもので、あと八、九割はだいたい和解してしまう。その和解の仕方はいわゆる玉虫色の和解で、クロともシロともつけない文章を書いて、最後に会社側が金一封を包んで、チョンチョンといく。これは大変西欧流じゃないんです。

したがって、外資系企業の場合、和解金がなかなか説明のしようがない。こんなわけのわからんもの出せないという。こういう慣行は西欧化という尺度から見るとおかしいんですね。ところが江戸時代に水利紛争の始末をそれとまったく同じようにやっているんです。その場合は「納得金」という名前をつけています。「納得」というのはうまいですねえ。

速水　江戸時代の言葉は、本当に味がありますね。

梅村　まさに納得金なんですね。それで解決しているんです。そのパターンは、昭和の今日まで、依然として労使紛争の大半を片づける。そういうことを考えますと、そういったやり方はそれなりに日本的にモダンなんだろうと思うんですね。

速水　明治になって西欧化が非常に日本で強調されたのは、何といっても、いま梅村さんの言われた物と人との関係、テクニック、これはどうしても輸入しなければならない。

梅村　これは非常にはっきりしています。

速水　そのために、それが非常に大きくなってしまって、それまでにすでにあった、日本の中の近代化が陰に隠れてしまった、という感じがないでもない。たとえば、『防長風土注進案』『物産表』『共武政表』、そして『徴発物件一覧表』など統計の系列をたどっていくと、日本内部でできてきた統計の系列というべきものがあって、それがあそこの時点で西欧流のやり方に乗りかわってしまった、ということじゃないかと思うんですね。

梅村　そういうことなんですね。ですから、いまおっしゃったテクノロジー、生産関数を上に乗せて働かせている社会的基盤があるわけです。そこはどうも、はなはだ日本流だと思うんです。その日本流のものはだいたい江戸期に作られていた、と考えていいんだろうと思うんですね。それをあえて封建遺制だと言ってみても仕方がないのじゃないかという疑問ですよ。私はこれ以上積極的に議論を展開できないけれども……。

もう一つ例をあげれば、その頃出てきたものとして行政指導がありますね。吉宗が物価政策をやるのに業界の組合、カルテルを作らせるわけですね。カルテルの価格は、下方硬直性を持つんですから、米の相対価格を上げようというのに、こんなバカな話はない。一体、何を考えたんだろうかと前々は思っていたんですが、いよいよ考えてみると、あれはやはり行政指導をやったんだ、というふうに理解すると、わかるんですね。行政指導をするためには相手集団を作らせなければならない。

速水 そうです。だから物価政策と株仲間と……。

西川 田沼の場合でもそういうところがありますし、長州でも同じだと思いますね。これは確か一八世紀の終り近くですが、塩田名主が自主カルテルをやるんですね。一応藩の許可を貰って……。そのくせ、二〇〇枚の塩田は一町五反の大きさのままなんです。規模の経済とか、量産の利益について、誰も気がつかなかったはずはないと思うんですが……。そして所得の分布は、相当程度不平等でない。格差がつきっこないわけで、その代りパイ全体も大きくなるスピードが鈍い、そういうところがあります。所得分配について、今日経済学者はあまり口をききませんが、我々が江戸時代から受け継いでいるそのような考え方について、もう少し吟味すべきでしょうね。ワク内の競争という点についても。

梅村 一八世紀というのは、上下にワクがあって、そこから出られない社会です。そのワクの制約ということを考えてみると、たいへんな過密社会なんですね。そこでお互いに何とか肩を寄せ合って生きていこうという工夫を、いろいろしているんでしょうね。その伝統が残っていて今日ずいぶん助かっていると思うんです。

西川　経済史家も、そういう視角から一八世紀史を書いて下さるといいんですが……。この第一回対談で増田先生と速水さんとのお話では、歴史家は一冊、ただの一冊だけ『中世の秋』のような歴史を書くべきだということですから（笑）、日本の「夜明け前」の前、「日本の薄明」といったのを書いて下さい。

速水　あらゆる意味で一八世紀という時期は、現在の日本に直接繋がるものを、たくさんそこで生み出した時代のように思います。私ども経済史家は大変怠けているというお叱りで、まあ、いつの日かは、きょうのお話で刺激を受けましたので書けるかもしれませんが、とにかくきょうは、いろいろ示唆に富んだお話をありがとう存じました。

第8章

「近世の秋」

新保 博（日本経済史）
宮本又郎（日本経済史）
速水 融（経済史・歴史人口学）

（葛飾北斎「富嶽三十六景　江都駿河町三井見世略図」）

金遣いの江戸、銀遣いの大坂

速水　このシリーズでいままで当然取り上げるべくして取り上げなかったのが、江戸時代の貨幣、金融、物価といった問題です。

だいたい江戸時代には、金・銀・銭の三種類の貨幣が流通していて、交換相場がある。それに藩札が加わり、手形もあるわけで、これは現在で言えば、日本で、円とドルとポンド、それにルーブルが通用していて、毎日相場が変る。大変面倒な制度であったわけです。それに金は四進法で一両は四分、一分は四朱となっている。大判はめったに実際には使われないが一〇両、小判は一両ですか、一般にはそれ以外の二分金とか二朱金とかが使われていますね。銀はのちの一〇〇年間を除いて秤で重さを量ってその価値がきまるという、今からみれば不便きわまるものです。それにたびたび改鋳があって、だいたい品位は落ちている。いまの日本人が果して江戸時代でうまく金《かね》を使って暮せるかどうか判らないほどですね。きょうはひとつ「天下の台所」と言われた大坂で、その方のご専門の二人から貨幣や物価、大坂の経済といったような点について伺いたいと思ってやって来ました。

よく江戸は金遣い、大坂は銀遣いというふうに言います。これは一体どのような状態を指しているのか、その辺から伺いたいと思います。

新保　金遣い、銀遣いと言いましても、大坂、あるいは上方では秤量銀貨しか流通していないとか、江戸では定位金貨しか流通しないんだというふうなことを意味するわけではありません。江戸でも、大坂でも、二つの貨幣が混用されているというのが事実です。ただ、江戸では物価だとか、いろいろなものが金一両につき米いくらというふうに金貨を単位にして示されているのに対して、大坂では逆に米一石につき銀何匁というように、銀を単位として示されている。銭相場も同じように、江戸では金一両で銭何貫文、大坂では銭一貫文に対して、銀何匁というようになっています。

速水　それで、金と銀との間に相場が立つ。これは大きな問題と思いますが、大体において、大坂では、蔵屋敷があって、そこへ諸藩が米や物産を持ってくる。そこで金《かね》に換えるということが行われている。それから諸藩は、江戸での生活や参覲交代の費用がかかりますから、それを江戸へ送る。そうなると、江戸へお金が集まってしまって、大坂にお金がなくなるということになりますが、実際にそうならないのは、大坂から江戸へ今度は商人の荷物が行く。今日流に言えば、公金は大坂から江戸へ、ビジネス界のお金は江戸から大坂へという仕組みになっている。それがいまの金遣い、銀遣いとからんでくるから、相場と関係してくるというふうに考えてよろしいんでしょうか。

新保　だいたい、そう思って間違いないと思いますね。ただ、大坂では銀遣いだから、銀に対して金がいくらの値段であるかというので、金相場が立つ。江戸では逆に金遣いだから、銀相場が立つ。だから実質的には同じものなわけですが、これはいまの外国為替相場にあたるものだというように考えられているわけですね。だけど、よく考えてみますと、外国為替相場と同じものと考えるのはおかしいわけで、両方の土地で、金貨と銀貨がいずれも混用されているわけですから、二国間の、異なった本位貨幣の交換比率というように考えたら、具合の悪い面があるわけですね。

速水　それでは、交換比率はどうしてきまったのでしょうか。

新保　一方では銀遣いで、銀が中心だし、一方では金が中心なんだから、その両者の間の収支バランスというのが、金相場に影響を与えて、そのことが金に対する需要を上げるとか下げるとか、他方では銀に対する需要が減るとか、ふえるとかいう形で相場が立つわけですね。

しかし、一方で銀が非常に安くなって、金が高くなれば、今度は安い金貨を高い方へ持って行く。安いものを買い入れて、高い方へ持っていって売ればいいというようなことになるわけでして、お互いの相場がほぼ均衡するというような状態になる。そこで変動の幅も上限、下限は自ら限られてきて、その範囲内で変動すると考えた方がいいんじゃないですか。

速水　そういう相場変動の情報というのは、大坂—江戸間で、どういうふうに伝達されたんでしょうか。

新保　江戸でどのくらいの相場が立っているか、大坂ではどうであるかという情報の伝達がなければ、均衡なんていうことは起り得ないわけです。それは金相場に限らず、ほかの商売の状況とか、他の相場も、絶えず江戸と大坂の間で伝達が行われていた。しかもそれはスピードを要しますから、当時として考え得る最も早い手段で行われていたということは明らかです。そのために商用飛脚とか、そういう種類のものがフルに利用されたであろうということは、明らかだと思います。

宮本　大坂—江戸間で、見通しのきく峰々に、番所があって、旗を振ったり、狼煙《のろし》をあげて相場を知らせたと言われていますね。現在でも「旗振り山」という地名が各地方に残っています。大坂の堂島の錦絵なんかには、そういう櫓《やぐら》があるんですが、それを利用して伝達したと思われます。それから、この間、播州の高砂で見たんですが、商家の帳簿に堂島の毎日の相場を知らすために木版で刷ってあるところがある。たとえば筑前米とか肥後米とか銘柄が刷られて、それが帳面に貼られてある。それに日々の相場の伝達されたものを書き入れるようになっているんですね。ということは、やはりその日のうちに情報が入るようになっていたと考えていいと思いますね。

新保 商品についても延べ売買というのが行われて、それの価格差を利用して、一種の投機的な利益を獲得する行為もあります。それが農村地帯でも行われていたことは、たとえば田沼時代に、大坂で繰《くり》綿《わた》についての延べ売買会所というのが申請されて、許可されていることからもわかる。摂津の平野郷か、堺とか大坂とか、たしか三カ所ぐらいできていますね。現物の一割くらいの証拠金を入れて、売買をして、それで期日がきたら決済をして、差額の授受が行われたわけです。これは、単に金相場、銀相場のみならず、他の商品についても行われたわけだし、もちろん米相場については、この種のことが早くから行われたわけでしょう。

速水 何か今とちっとも変らないようですね。米の話が出ましたから、宮本さんから米市場のことについて伺いたいと思います。

堂島米市場

宮本 大坂で、そういう先物取引ができてきた最初というのは、承応年間、一七世紀の中頃にすでにあるというふうに言われているわけですけれども、その仕組みははっきりしないわけです。

西鶴の『日本永代蔵』には、淀屋米市においてたてり商いが行われていたと書いてありますが、これはおそらく延べ売買のことであろうと言われているんです。それを見ると、一日に取引される量が一二五万石というふうにものすごい量なんですね。それが普通の取引だったらこんな量にはならないわけですから、先物取引のような形であったろうと言われているわけです。しかし、その辺の仕組みははっきりわからない。

一応制度的に、よくわかるようになってくるのは、享保十五（一七三〇）年で、それで堂島の米会所ができる。その仕組みは正米取引という、米切手の取引が一つ。それは蔵屋敷が振り出している米切手を売買するものであるということです。

それともう一つは、米切手とか、現物の米に全然関係ない、建物米というのが取引される帳合《ちょうあい》米というのがある。

速水　どうしてそういう先物買いが行われたのでしょう。

宮本　正米取引の場合でしたら、米切手を蔵屋敷から買うわけですね。その米切手をずっと持っていると値段が下がる可能性があるわけです。下がると米問屋としては、リスクが大きくなる。そのために、米切手を買えば、買ったときに帳合米を売っておく。つまり一種の保険をきかせる。そういう機能があるために、帳合米取引が繁昌したと思われます。

もちろん、これは投機取引でもあるわけですけれども、経済的な意味を持つという意味では、保険機能というのが重要なものだと思います。帳合米取引があるというのは、米問屋が独立して、他国から注文を聞いて、そのために蔵屋敷から米切手を買って、米に換えて注文に応ずるという卸売商業機構としての米問屋が成立する重要な条件になっていると思います。というのは、そういうものがないと、リスクが大きいわけですね。そういうリスクから解放されて、商業機関として独立したものができるという意味では、帳合米取引が大きな役割を果していたといえます。

速水　普通、年貢米を蔵米、商人が農民から買いつける米を納屋米と称しているようですが、その割合というのは、ずっとわかっているんですか。

宮本　普通は蔵米の四分の一が納屋米にあたると言われているわけです。しかし、その比率が固定しているかどうかは非常に問題なんで、納屋米の中には、いったん蔵米化した納屋米もある。それが蔵屋敷から出てきて、大坂の堂島の米市場へ出てくる。

速水　非常に複雑なわけですね。

宮本　だから、一般に蔵米と納屋米という分け方は必ずしも意味のあるものではないと思います。

速水　ところで江戸時代、領主が米と貨幣で年貢を取っているということは、米を強制装置で農村から消費地へ流すということで、日本人の食生活、特に都市の住民にとって決定的な意味を持っている米が、ある意味で確保されていることになりますね。これは都市における米の価格を安定させる要因として働いているんじゃないだろうか、というふうに思うんですけれども、さらに、商人の方では、いろいろなスタビライザー（安定装置）があったということになりますと、米価というのは、安定的になるわけですね。凶作の年は別ですけれども、そうでない年をとると、確かに江戸時代の米の値段というのは、たとえばヨーロッパの都市の小麦の値段あたりと比べると、安定的なんだと思うんですけれども、そういうように考えてよろしいんでしょうか。

宮本　米穀商業機構の機能を米価変動の分析によって調べてみたんですけれども、それによりますと、文政期の貨幣改鋳期を除けば、後半は、いままで言われてきたより安定しているんじゃないかという気がするんです。それは明治・大正期についても、同じようなデータを使って、同じ分析をしてみても、明治・大正期と変動の様子はあまり変らない。特に一八世紀の明和・安永期（一七六四〜八一年）あたりは大坂商業の全盛期と言われていますが、当時の米価は非常に安定していますね。

速水　すると、かの悪名高き田沼の時代が一番よかったということになりますか。とにかく日本では今でもお米の値段を安定させることが政治の最大課題ですからね。

新保　私も、宮本さんと同じように思います。米価というのは、非常に豊凶の影響を受けやすくて、激しく変動するように言われてきましたけれども、飢饉で、ほんとに不作であるというときには、たしかに暴騰いたします。

たとえば、天明、天保にそういうケースが起っていますけれども、それを除くと、私たちが想像する以上に安定している。その証拠に他の農産物、麦だとか、綿だとか、菜種などに比べると、米の短期変動の幅は小さいんですね。

しかも、幕府は米価がうんと上がったり、下がったりすると、その安定化政策を行うわけですね。いままでは、幕府のやったことは、ほとんど役に立たないし、効果がないと考えることが多かったんですが、私は、米価政策にはある種の有効性を認めてもいいんではないかというように考えていますね。

宮本　たとえば買米制度というのがあります。大坂の商人に御用金を納めさせる。その金をもって米切手を買うということですが、実際には、御用金を納めずに、両替商がそのまま御用金という形で、自分が米切手を買うという形になるわけで、そういう形で米価の低落期を支えるということですね。

速水　買いオペレーションというわけですね。

新保　単に、米価を上からの権力によって固定させるというのではなくて、市場メカニズムを通じて、安定化をはかろうという種類のことが行われていたんだと思うんです。それは、幕府の経済政策を考える場合に、一つの重要なポイントになると思いますけれども。

速水　なるほど。それじゃ一つの経済メカニズムとしては、現在に非常に近いような感じを受けますね。

新保　遠くて近きは……ならぬ、近くて遠きは、てなこともありますが（笑）、一般に言われているよりは近いと答えておきましょう。

速水　江戸時代を自給自足、「米遣い」の経済などと言って何か現在とは遠いものだと思ってしまうと、いまのようなことは、意外といいますか、斬新に聞こえますね。

諸色値段の動き

速水　そこで、新保さんのご研究によれば、物価、特に農産物価格、工産物価格が一様に変化するのではなくて、ある種の商品は、ある動きをするが、他の商品は違う動きをする。その間に相対的な違いがある。それが非常に大事なことを意味するんじゃないかということだと思いますけれども……。

新保　私がいままでやってきた仕事というのは、一八世紀の後半から幕末までの物価水準そのものがどういう動きをしているのか、ということを明らかにすることと、それから、いまの相対価格がどういう具合に変っているのか、ということを明らかにすることにあったわけです。そういう物価水準の動きと相対価格の動きから、いろいろな事実、たとえば二〇年程度のサイクルがあるんではないかとか、米価が一般物価の動きに対して、先導性を持っていて、他の物価があとから追っかけていくという傾向が見られるのではないか等々といったことが明らかになってきています。

一般物価水準の動きを大ざっぱに言いますと、田沼期、天明期ぐらい（一七八〇年頃）が一つの物価上昇の頂点で、それから寛政から文化にかけて、だいたい物価水準は下がり始めてきて、一八二〇年前後、文政三年を中心にして文政の貨幣改鋳が行われますね。その頃が物価水準の谷でして、それから奔馬のごとくかけ上がる。そして天保期（一八三〇〜四四年）を経て、天保飢饉のときにピークに達する。それからしばらく横這いになるんです。飢饉でピークになった分だけ下がりますけれども。開港の影響があって、最後の一〇年は急速な上昇を遂げていくということになるわけですね。

速水　そういった全体の傾向のなかで相対価格が……。

新保　ええ。農業生産物と工業生産物の相対価格も大きな変化を遂げるようになってきて、文政期（一八一八〜三〇年）以降の物価上昇期には、農産物の相対価格が上昇する。逆に言えば、工業生産物の相対価格は低くなるという特徴が見られる。農産物の相対価格が上昇して、工業生産物の相対価格が下がっていくということの背景には、この時代における工業生産の拡大を考えてもいいのではないか。また、それを示すような証拠もあるのです。

速水　一種の工業化が始まったとみていいのですか。

新保　まあ一般に使われている「工業化」という言葉と一緒にしていいかどうか問題ですけれど、ともかく工業製品の供給がふえてきた。たとえば砂糖というのは、輸入物と、それから薩摩を通じて入ってくるものというのが、だいたい国内市場を占めていたわけです。そういうことがありますから、砂糖の価格は短期的変動も激しいし、かなり高い水準にあった。ところが一九世紀に入りますと、讃岐とか阿波で白糖生産が行われて、文政が天保に替るころには、国内の供給量の半分は白糖が占めるという状態になってきて、価格はきわめて安定的となります。

速水　三盆白《さんぼんじろ》というやつですね。それで江戸のお菓子屋は、文政年間創業なんていうのが多いのかな(笑)。

新保　そのころになると、他にも価格が安定する商品があります。それらの商品はそれまでは短期的変動が大きかったものです。これも工業化の進展したということの現れだと思いますね。

速水　いまのお話で面白かったのは、文政期までは、どっちかというと下がり気味だった。それが上がり出すのが一八二〇年、つまり文政三年だということですが、この年には何か特別のことがあったのでしょうか。

新保　意味はあります。というのは文政の貨幣改鋳ですね。文政のはじめから五年ぐらいにかけていろんな貨幣が出てきて、ちょうど中心点が文政三年なのです。そのときに、物価水準の谷がくる。だから、正確には文政三年を中心とする数年間が、いわば一つの転換点であるというように考えるべきだと思います。

元文・文政の貨幣改鋳

速水　また貨幣の話に戻りますが、この座談会シリーズに度々登場した元文の貨幣改鋳以来、文政まで、田沼時代の新しい金表示の銀貨発行を除いて改鋳は行われていないわけですね。それを破った文政の改鋳というのはいったい何だったのでしょう。

新保　これはもっと前から話した方がいいと思いますが、我々がいま問題にしているような時代の貨幣制度の出発点は、一七三六年、元文の改鋳であることは確かです。そこで決まって、それが文政の改鋳まで基本的に変らない。その途中で明和の五匁銀とか、南鐐《なんりょう》二朱銀とか、こういう新貨幣の鋳造が行われる。これは、江戸時代の幣制の中で、非常に重要な意味を持っているのです。

もう一つは、銭の問題がある。法定だと金一両、銀六〇匁、銭四貫文ということになっておりますが、文政の段階では、金一両、銀六〇匁は変らないのに、銭は一挙に六貫文になったんですね。この間の二貫文は、いつ、どういう形で出てきたかというのは大問題ですけれども、この研究はいままであまりやられていないんじゃないですか。

速水　そうですね。文政前に、すでに実際は六貫文前後になっていたので法定相場をスパッとかえたのですか。

新保　いや、なかなか複雑なんですよ。たとえば明和五匁銀が出てくるころ、そのときは実際に、大坂でも、江戸でも、大体金一両が銀六〇匁、銭四貫文なんです。だから法定の比率と現実の相場とは、大体一致しているんです。それにもかかわらず、五、六〇年後の文政ごろになると、金銀は変らないのに、銭が一挙に六貫文になる。銭は五〇％下落したということになるわけですね。どうしてこんなことが起ったのか、ということが一つの問題ですね。

その点から言いましても、五匁銀と南鐐二朱銀の鋳造というのは、大きな意味を持っているように思います。というのは元文の改鋳が行われる前は、金一両と銭五貫文が市場相場なんです。ところが元文の改鋳が行われて、途端に銭が上がるんです。元文の改鋳は金銀の比率を落としたから、銭が高くなったと、一般に言うんですが、それは誤りでないけど、それだけで説明するのはおかしいと思う。確かに元文の改鋳で、金と銀の悪鋳が行われる。そうすると通貨の発行量がふえるわけです。

したがって物価も上がる。ところが元文の改鋳の金貨の最低単位は一分です。一分は銭ではなんと一貫文に当たる。そうすると、一分未満の支払いは、銀で処理するか、銭で処理しなければいけない。ところが金貨の流通量がうんとふえて、物価も上がれば、当然小額貨幣に対する需要もふえてくる。ところが銭はいままでのままだったら、銭の供給不足になります。そうすると銭は上がるというわけです。

速水　最低単位が一分であるということは、現在流に言うと、五千円札か一万円札が金の最低で、そこから下は銀か銭で使え。しかも銀はコインではなくて、目方量ってやらなきゃならん。しかも量も少ないということになりますね。

宮本　一分というのは、一両一石といいますから、米でいうと二斗五升ですね。二斗五升というと相当ですね。

速水　人間一人が二、三カ月分食べられる分の米を買うだけのお金が、最低金貨の単位である。そこから下は銀か銭で買うということになりますね。

新保 それで、銭の供給不足になることは明らかで、そういうことと、元文のとき銭は全然改鋳が行われずに、金、銀が悪くなったので、それの影響と、短期的に二つのことがあって、銭が上がるわけですね。これは大変だということで、幕府は、いたるところに銭を造る鋳造所を設けるわけです。大坂、江戸、足尾銅山、あるいは藩にも銭の鋳造を認めるところもあって、たくさん造るわけです。そうすると供給量がふえてくる。ふえてくると銭が下がりはじめて、改鋳の行われる以前のレベルまで戻るわけです。

ところがある段階で、銭はあまり造らなくなる。銭はまた上がりはじめる。つまり小額貨幣に対する需要が増大するような要因が、その時代にかなり働いていたと考えるべきでしょう。たとえば、農村に貨幣経済が浸透して、農民が貨幣を用いて取引をしなければならない機会がふえてくる。そうすると、小額貨幣に対する需要がふえてくる。こういうことが起ってきて、これが銭に対する需要を増大させ、しかし、供給はあまりふえていない。そこで銭の相対価格が上昇してきて、明和期、すなわち一七六〇年代後半には、だいたい法定平価四貫文に近いところになってきて、最も公定に近いところで明和二（一七六五）年に五匁銀が出る。

五匁銀というのは、今までは丁銀とか、小玉銀とか、豆板銀と言われているもの、つまり目方で量って通用していた頃の名残りがあるんですね。幕府はそれを一二個持っていけば金の一両に換えるとした。

速水 実際には五匁ないんですか。

新保 五匁はあります。ただ、それを金とリンク（連結）させて、一二個持っていけば、金一両に換えるという貨幣、もう一つは、五匁銀一つ持って行けば、銭三三二文と換えるとしたんです。これをやれば、江戸でも、地方でも、大変重宝になるはずだというふれ込みで出てくるわけです。

　ところが、この頃から、銀が下がるんです。ほんとうは金貨にリンクさせているけれども、まだ前の目方で量る銀貨と同じスタイルが継承されているために、銀の値段が下がるわけです。だから同時に、今度は銭の相場も下がりはじめる。これは五匁銀の発行ということが小額貨幣の供給をふやしたことになりますからね。

　明和九（一七七二）年、かの有名な南鐐二朱銀というものはこの五匁銀をさらに改正したものです。これは銀貨だけれども、角ばった形で、八片を以って金一両に換うという刻印が押してある銀貨を造って、完全にリンクさせたんです。

　これも一つはいままでは金貨は一分が最低だったのに、二朱になって、これが大量に出てくる。ということは、小額貨幣が出てきたわけですから、そして、さらに南鐐二朱銀のころ、真鍮四文銭というのが出ている。一方そのころ、藩札、銀札が方々に出てきます。これはいちばん高いので十匁ぐらい、あと五匁、一匁、五分《ふん》、三分、二分という、小額の単位の札まで出てくる。藩札の問題は厄介できょうは省きますが、ともかく、こういうプロセスのなかで、銭がだんだん下がってきて、寛政年間に六貫文台になる。だから田沼時代というのは、銭の値段が下がった時代だというように考えたらいい。これは一般の人々の生活には、大きな影響を与えたはずだと思われますね。

速水　「諸色高直《しょしきこうじき》でみんなめいわく」（明和九年）と言われたそうですが、案外そういうことの反映かもしれませんね。

新保　そう。いったん、六貫文になりますと、それ以降は天保期まで銭の相場はあまり変らない。

速水　文政の貨幣改鋳というのは、そういうことを受けてやったわけですか。

新保　松平定信が登場して、寛政改革が行われます。寛政改革は、定信がわりあい短期で退いてしまって、そのあとどうなるかというと、政策を担当する主役なき時代と私も思うのですけれども、基本的な路線は、定信の継承だと思うんです。

速水　定信は、たしか制度を継承する制度をつくっていますね。

新保　その下で官僚がつくられてくる形になるわけですね。相変らず緊縮政策がとられるので物価は下がってくる。物価の低落期には米の相対価格は下がるわけです。ところがこの時代は、物価は下がる、米価はそれ以上に下がるという状態が続いてくる。そうなると米価の動向によって非常な影響をうける侍や幕府は困る。そこで米価を引き上げたり、物価水準を引き上げるといった方向へ転換せざるを得ない局面がくるわけです。このようなときに水野忠成が登場し、政策の転換が行われて、その政策の一環として文政の改鋳が登場するというように考えたらどうかと思うんです。

速水　すると文政改鋳は一種の経済政策の名に値する政策ですね。

新保　政策のことなんですが、江戸時代の二六〇年というのは、いわば保守長期安定政権だったと私は思うんです。そして、その政策は常にスイングしている。田沼から定信へ、定信とそのあとを継いだ者から水野忠成へとスイングする。政権は安定しているが、政策の担当者はその都度変って、変ったことによって政策がスイングする。しかし、全体の枠組みは越えないから、政権そのものは安定している。こういう形じゃないか。しかし、そのスイングは、必ずしも長期的ビジョンの上に立っているわけではない。流動的な事態に対して、その場その場に応じて、柔軟に適応したんじゃないか。そのところが大切じゃないかと思うんです。

速水　スイングにもある幅というものがあって、その幅というのは越えられない。たとえば、あとになるに従って、どんな緊縮政策をとっても家康の昔には戻れない。どんなに拡張政策をやっても、いわゆる幕藩体制を否定してしまうことはできない。その幅の中であっちの端からこっちの端へ揺れるということですね。

新保　実際に大御所時代などはその典型ですね。大御所はいるけれども政策担当者はかなり代っている。その間でスイングが行われている。その種のスイングは吉宗のときにもありますね。

速水　田沼父子と寛政改革の登場は、中国の走資派と文革派になぞらえることもできると思うのですが、幕府が長続きしたのは、文革派も走資派も含めるような一つの柔構造を持つシステムがあったからだと言えるでしょうか。崩れそうでいてちっとやそっとでは崩れない。システムがそういう性格をもっていたと考えるべきだと思うんですが……。

大坂の爛熟

速水　話をかえて、江戸時代の大坂に移りたいと思います。まず大坂市場における物の値段、特に米価は、全国の米価をどのように代表し、反映していたのだろうか。それについてお伺いしたい。

宮本　大坂の米価と地方の米価を調べる場合には、一つは格差の問題、もう一つは格差が同じように変動するかという問題があります。格差には銘柄の違いも入りますが、一九世紀に至るまでは、変動の動き方は、大体において一致している。享保時代（一七一六～三六年）からは、非常に一致してくるんです。ところがそれが狂ってくるのが天保以降です。そこにある意味では大坂の持つ地位の変化があるのではないかと思います。

速水　すると天保を境にして大坂の経済的地位が変ってくるわけですね。その変る前のことですが、大坂の米市場が全国の米価をリードしたと考えてよろしいんですか。

宮本　それは大変難しい問題なんです。物価史の研究で、そういう因果関係を明らかにしようと思えば、一カ月単位ぐらいに細かく調査しないとはっきりしないのです。大坂の米価が先に動いて、地方がそれにつられて変動するのか、なかなか難しい問題で、いまのところ判らないとしか言いようがないんです。貨幣改鋳が行われた場合などを見ますと、わりあい同時に動くんですね。そういう場合は、中央から動くような気がするんですけれども。

速水　大坂と地方の米価の変動が狂ってきたのは天保からと言われましたね。それには何らかの理由が考えられますか。

宮本　地方において米市場がかなり広範囲に起ってくる。今までは大きな米市場は、大坂に限られていたのが、下関とかそういった地方に分散されてくるわけですね。そういった面からじゃないかと思います。

速水　大坂の経済的地位が相対的に落ちてくるわけですね。

宮本　私は文化期（一八〇四～一八年）ぐらいまでは安定的だったと思っているのですが、もう少し早いという意見もあります。物価史の上で調べてみると、今までは大名が大坂商人から金を借りていますね。だから米価が下がっても米を担保にしている以上持ってこざるを得ない。だから米価の動向に関係なく大坂に米が集まったのだと言われています。一八世紀の中ごろまでは、地方の米価が上がっているのに、なおかつ大坂に米を持ってきたのに、天保期以降ではそういう現象がだんだんなくなってくるんですね。下がれば持ってこない。つまり市場の動向を見きわめるようになった。そういうことが可能になったのは、輸送や情報伝達といった技術的な条件が育ってきたといえるのじゃないかと思います。

新保 その当時の情報伝達は、かなりなものに達していたと考えていいんじゃないか。他の例ですが、帳合の法、まあ簿記といいますか、その帳合法が方々に伝えられて、そして、それぞれの経営の特質に合うように部分修正されるけれども、基本的には同じようなものが他にある。

速水 大坂の経済的地位を全国的に見るとどう考えればいいでしょう。

宮本 大坂というのは経済上一大拠点に違いない。けれども経済活動が全国に拡がると、「点」が方々に出来て「面」になる。「面」になれば拠点でも次第にぼけてくるということがあって、その意味での衰退があるんじゃないかという気がするんです。江戸時代の、江戸とか京都とか、大坂での商人の経営状態を見ますと、だいたい一七世紀初期に資産が急激にふえる。たとえば鴻池もそうですし、三井もそうです。ところが、それが一八世紀の中期ごろに、だいたい総資産の伸び率がストップし、安定的になってそのままいくという形ですね。

新保 一方では江戸というものの経済的なウエイトが高くなってくるということを考えなきゃならない。それと、かなりな規模を持った都市が日本の全国各地に散らばっているのが、日本の都市化の大きな特徴だと言われていますね。そういうところが拠点となって、地方における市場の拡大とかいうことが出てくる。いままでは、それが大坂に向って求心的に結合していたのが、大坂を離れて相互に結びつくとか、江戸と直接関係を持つとかいう形になってくる。

速水　大坂の経済活動が、文化、文政を一応ピークとして下がり目になってくる。そうすると、それまで大坂の経済を牛耳っていた連中は、活動の場所をどこに求めようとするわけですか。

宮本　鴻池の場合などをみますと、発展してくる過程では、どんどん分家をつくって、外縁的に拡大していく。ところが一八世紀後半になってくると、その分家がもう一回集中統合されるわけです。集中統合されて、鴻池一統の自己資本による大名貸しなんかが中心になってしまう。そういう形で幕末までいくわけですね。だんだん金持になってしまうと、わりあい安定してできるような商売をする。鴻池の場合、そういうふうに言えると思います。

速水　全体としてみれば、大坂での商品取引量が減れば、商人にとっては大変なことだと思いますが、そうでもないのですか。

宮本　ある意味では、都市の商人は金持になってしまうと、革新的なことはしなくなって、保守的になってしまう。利子生活をするようになるのと違わない。

速水　そういうところで、何か文化的な事業をやるというか、パトロンになるとか、そういう文芸の方へお金を向けていくというようなことは出てこないんですか。

宮本　草間直方というのは鴻池の別家ですが、『三貨図彙』という現在でも米価の資料として通じるものを著していますし、山片蟠桃《やまがたばんとう》は、升屋の番頭ですね、『夢の代』を著しています。

速水　なぜこういうことを聞いたかと言いますと、イタリアのルネッサンスを思い出したからです。ルネッサンスは、イタリアの商人が東方貿易を絶たれてしまって、それまで拡大していた経営を収縮する過程で、お金の使い途がない。そこで芸術家、学者のパトロンになって、そのため文芸復興といわれている現象が出てきたと言われているので、同じような状況ですから、もし大坂でその時期に似たようなことがあれば、面白いと思ったのです。

新保　文化文政期というのは、むしろ庶民的な文化の時代であると一般に言われている。だから、芸術的な価値から言えば、見るべきものはないと極言する人もいるわけだけれども、実際は、一般の人々がいままでに触れなかったような、いろいろ余暇の過し方を覚えてくるようになる。本がそうですし、寄席だとか、旅行、歌舞伎がありますね。それから、今度は華道のお師匠さんとか、長唄とか常磐津、ああいうことを教えて授業料をもらって、それで身を立てる人が出てきますね。それから、いろんな見世物もあのころに出てくるわけですね。

そういう点では、一般の人々が余暇を過すための経済的な余裕の出てきた時代である。しかし、じゃハイソサエティがそこで創造的な文化を産み出したのかというと、どうもそうでないのが特徴だ。ただ、商人が自分の余暇を学問研究に捧げるとか、自分の好きなことをするとかいうのは、いろいろな形で行われているけれども、余った財産を創造的な文化を産み出すために使ったというのは、僕はあんまりないんじゃないかという気がしておりますが。

速水　大坂、京都は、あの時期に非常に学問的に高いレベルにありましたね。ルネッサンスといきなり比較はできないかもしれませんが……。

宮本　そのことで言えば、懐徳堂とか、緒方洪庵の適塾も、商人がパトロンになっていますね。

新保　話が文化期の文化の話になったんですが、歌舞伎は、そのころですと鶴屋南北が出てきた時代ですね。その代表作の一つは『東海道四谷怪談』ですが、あれなんか、一種の悪漢《ピカレスク》文学ではないかと私は思います。たとえば、それまでのやつは、悪人が出てきても非常に類型的に描かれていて、現実感がないわけですね。ところが四谷怪談とか、あの一連のものは、悪いやつほど人間臭くて、生き生きと描かれているわけです。そういう点で、もしもピカレスク文学というのが近代の所産であるとするならば、そういうものが文化文政期ごろから日本に登場しはじめたということも、十分注目していいことではないかと素人ながらひそかに思っているんですがね。

速水　いま思ったことは、もしそうだとすれば、逆にその前の定信の改革がいかに人気がなかったか、ということに繋がるわけですね。結局、定信がなぜ短期間で失脚するかということも、やはり時代は変ってきている、あるいは目の前にそういう時代がきているというときに、定信のような考え方は、どうしても時代に合わないということでしょう。

大坂の衰退

速水　そこで話を天保期に持って行こうと思います。この時期になると大坂では大塩の乱がありますし、先ほどの話ですと、天保期に大坂は、米価にしてもリーダーシップを失ってしまったというようなことがありますね。天保八、九年、流行病で一一%ぐらい人口が減った。そういう天災もあるし、あれは飢饉というより流行病で死んだか、大坂から逃げ出したんだと思いますけれども……。

宮本　天保期以降、事実として衰退するのは認めるんですが、その理由はどういうことかというと、いままで大坂が持ってきた商業機能がどういう内部的な要因で衰退してくるかということが重要だと思いますね。それからもう一つは、外部で市場が起ってくるということもあります。天保改革のときに大坂の西町奉行阿部遠江守正蔵が幕府に書付を出しますね。それによりますと、大坂に物資がこなくなった、その理由をあげているんですが、地方の商人が力を持ってきて、アウトサイダーが出てきたということをあげているし、もう一つは、専売制が実施されて、これも大坂に物資が集まらなくなった理由としているのですね。それらが物価騰貴の原因であると阿部遠江守は言っているわけです。もう一つ正蔵が言っているのは、化政期から天保期には、手工業の職人が、米価が騰貴してきて、仕事をやめて農業に帰っていくということを言っています。農産物が高くなってくるんだといっている。それが一八二〇年以降、農産物価格が相対的に騰貴してくるというのと一致しているわけです。それを幕府の方も掴んでいたということになるわけですけれども。そういう答申を受けてやったのが、大坂に物を集めなきゃいかんということで、株仲間の解散になるわけですね。しかしそれをしても、物価騰貴とか、商品を集めるということについて、ほとんど実効を持たなかった。むしろ逆に、株仲間という組織がなくなったために、物が集まらず、かえって物価騰貴になったというようになるわけで、旧来の商業組織に問題があるのじゃなくて、もっと外の方に問題があるというようなことになるわけですね。

新保　僕は天保改革というのは、政策的には失敗だと考えた方がよろしいと思うんです。しかし、なぜ失敗したかということには、それぞれの理由があるわけですけれども、一つはいままでのワクの中で政策がスイングを繰り返してきた。そういう意味では、スイングの一つの端のものとして、天保改革がきた。従来だとそれで何年か継続して違うサイドの方へスイングするはずだ。それができないで短命に終ったというところに、いままでのような形のスイングで、経済政策を進めていくことができないような状況が現れはじめているのではないか、というように思うわけです。

速水 それは具体的にはどういう点に出てくるのですか。

新保 たとえば物価にしてもいままでとは違った要素が入ってきている。これは物価が上昇すると、それに反応して生産量がふえるようなメカニズムが、少しずつ生まれてきていることの現れじゃないかと思う。そういうメカニズムは、従来のワクの中で完全に処理できるかという疑問がある。それに合うように制度を大幅に変えていかなきゃならない。変えないで、従来の幅の中でのスイングを繰り返していたところに、天保改革の失敗がある。

速水 もう今までのワクでは、どうしようもないことがはっきりしたのが天保改革の失敗の歴史的な意義だということですね。その次にくるものは、もうそのワクから、どっちかの側へはずれるより仕方がない。

新保 私はそのようにとらえたわけですね。

速水 いままでのお話を伺いまして感じたことは、文化、文政、天保あたりで、大坂商人の、このごろフランスでよく使われている言葉でいうと、マンタリテが完成してしまったということ。そして、そこから先は、言ってみれば外からの力でこっちへ向けるとかしない限り、動かないような状態になっている。ホイジンガに『中世の秋』という名著がありますが、幕末の大坂はまさに「秋」であった。もう完成されて、そこから先は冬、というのは変な言い方ですが、そういうような状態と考えていいのでしょうか。

新保 私は、ホイジンガの言葉をもじって言えば、大坂は「近世の秋」だと思いますね。成熟して、飽和状態になっている。秋の次は冬がきて、何もなくなる。しかしふたたび春は訪れるんですよ。大坂にとっての春は、明治の中頃からあと、たとえば工業化の一つの中心になったのは、大坂であることは間違いないわけですから、そういう秋のまま朽ちるのではなくて、冬を過ぎてふたたび春を迎える、その前の秋という意味で、いわば「近世の秋」であったと思います。

速水 どうもありがとうございました。

第9章

都市と農村の暮らし

宇江佐真理（時代小説作家）
速水　融（経済史・歴史人口学）

（葛飾北斎「富嶽三十六景　深川万年橋下」）

江戸の知恵に救われた村

速水　きょうは江戸の地図をもってきたんです。

宇江佐　ああ、すばらしい。きれいですね。

速水　宇江佐さんが小説でお書きになった場所がどのあたりか確認しておかないと、やっぱり現実感が出てこない。ご自分では作品の舞台になっている江戸の町の地図は、だいたい頭の中に入っているのですよね。深川はこのあたりでしょう。隅田川の川向こう、永代橋と新大橋の間ぐらいのところですね。

宇江佐　この堀沿いが蛤町《はまぐりちょう》で、髪結い伊三次《いさじ》の女房のお文《ぶん》がいたところがこの界隈なんですよ。そこに黒船稲荷があって、その斜向かいにある通りが摩利支天横丁《まりしてんよこちょう》というんですよ。深川芸者の喜久壽《きくじゅ》というのがここに住んでいて、ここら辺にたぶん自身番があるはずなんですけれども、そこに門前仲町の増蔵《ますぞう》という岡っ引きがいて。いま『髪結い伊三次捕物余話』のシリーズが第五弾になっているんですが、このお文のいた家が焼けまして、今度は日本橋佐内町《さないちょう》というところに移ってきたんです。ここは新場《しんば》といって、もとからある日本橋魚河岸よりもお値段がちょっと安い庶民的な魚市場があるんです。そういう界隈にいま住んでいるんですね。

速水　なるほど。この地図は文政十一年、一八二八年の須原屋茂兵衛《すわらやもへえ》版といって、江戸末期の地図としていちばん詳しいんです。

宇江佐　私は江戸の町民のことはよく書いているんですが、先生が農民のことを書かれた『江戸農民の暮らしと人生』というご本をたいへんおもしろく拝見しました。西条村《にしじょ》というところ、いまの岐阜県の輪之内町《わのうち》にあった集落の話にすっかりなじみました。「はじめに」というところから感動的なんですよね。一九七六年の豪雨の時に長良川の洪水による堤防決壊から輪之内町を守ったのは、江戸時代に基礎がつくられたその堤防であったと。

速水　その外側にあった工場なんて水浸しになったんですよね。中側にあった旧集落は完全に守られた。堤で囲まれているので輪中といいます。集落を守ったのは近代的な堤防ではなく、江戸期から続く輪中堤なんですね。

宇江佐　こういうのを読むと何となく、ああ、いいなあと思いますよね。江戸時代の人の恩恵を賜っているという感じがしますよ。先生はいろいろなところの調査をされていますが、東北でも調査をされていますね。

速水　福島県が自分の研究のテリトリーの一つなので、福島とか郡山とか、あのあたりには何度か行きました。

宇江佐　私はいま函館に住んでいますが、祖父が伊達《だて》藩に仕えた家の出だったんですけれども、いちばん末っ子で、ちょっと放蕩者だったものですから親に勘当されたらしいんですね。明治の初めに伊達氏の家臣たちが北海道に移住しましたよね。伊達村というのが実際あるんですけれども、現在の伊達市ですね。おそらくうちの祖父も最初はそこにいたんじゃなかろうかと。うちの父は、一生仙台の実家には連れていってもらったことがないと、すごくうらんで亡くなりましたよ。だから、私が仙台にこのごろ何度かおじゃまするのは、祖父と父に何か報いるみたいなそういう感じがしています。平成十五（二

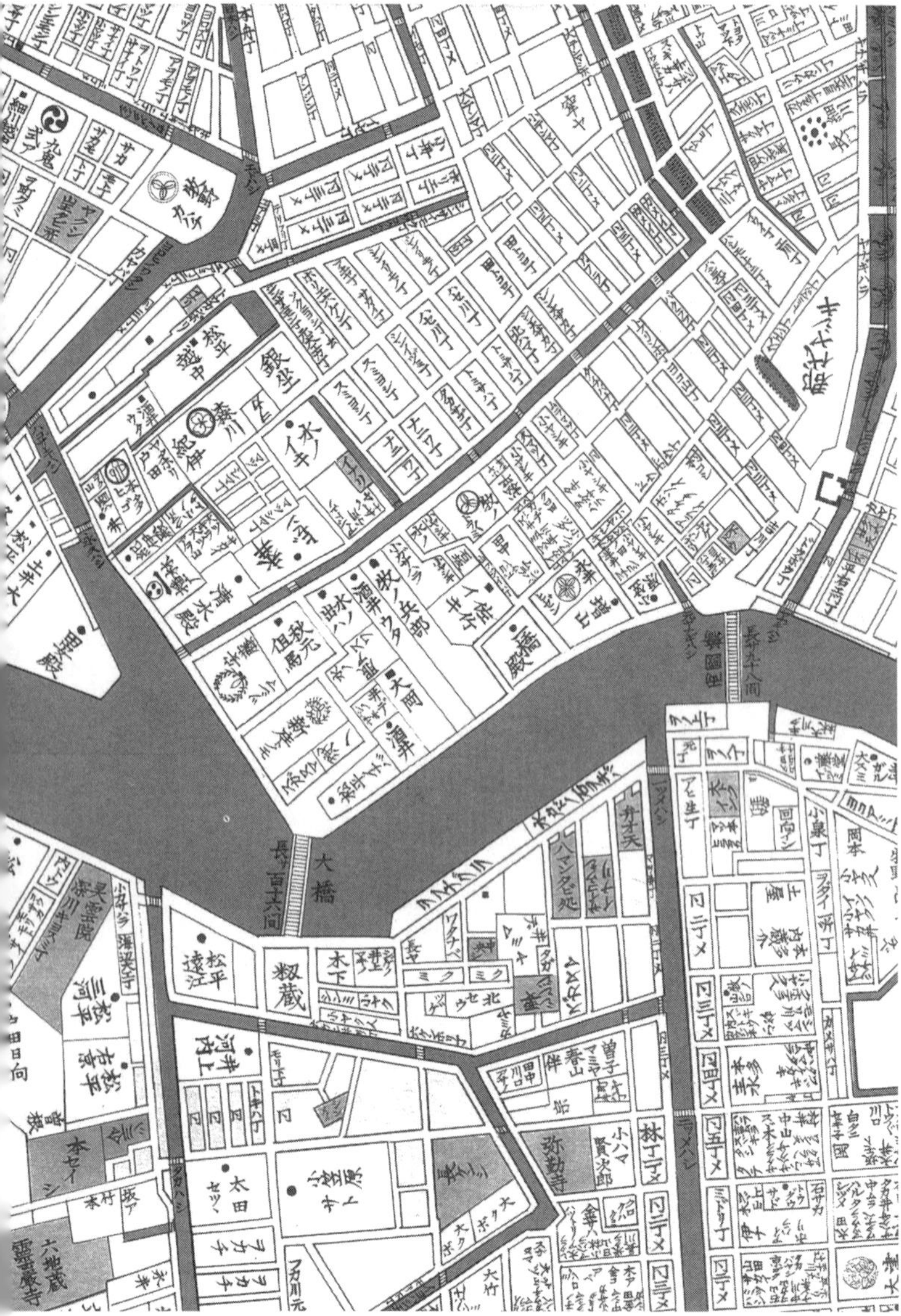

（復刻版『天保十四年　天保改正　御江戸大繪圖』尚古堂岡田屋嘉七版より）

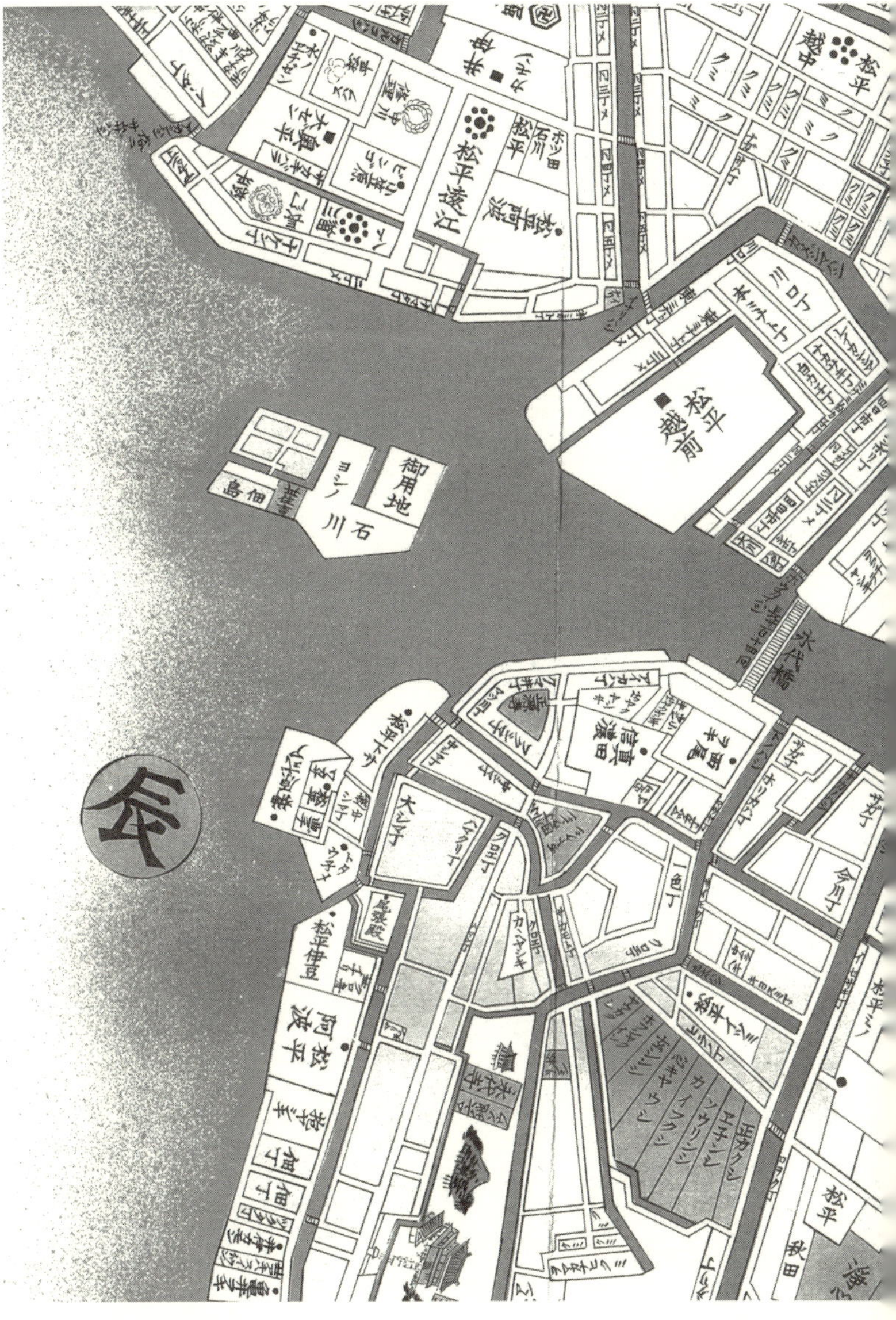

1843年頃の永代橋付近

○○三年九月に一度仙台に来たんですよ。そのとき青葉城に行きました。そこに伊達政宗《まさむね》の騎馬像が建っています。やっぱり先祖がお世話になった御屋形《おやかた》様だと思ったせいか、妙にありがたい気持ちになったんですね。先生は東北の江戸時代ということに、具体的にどういうイメージをお持ちですか。私が知りたいのは、やはり庶民の暮らしですが。

速水　まずできごととして、宝暦年間、だいたい一七五〇年ごろ、田沼意次《たぬまおきつぐ》のころですね、それから天明年間、一七八〇年ごろ、この二回、たいへんな飢饉があったんですね。これは平成十五年の場合とやや似ているんですが、いわゆるオホーツク海高気圧が非常に強くて、湿った北西の風が吹き、それが何年か続いたもんですから、米が不作、農民自身も食べるものがなくなる。それで飢え死にする者すら出たと言われているわけです。そこから連想して、貧しさということが一般には言われるんですね。けれども実は私、歴史を研究する者として、ほんとうに飢え死にした者がいたんだろうかという疑問があって、資料、記録を探してみると、ないんですよ。飢え死にというのはこれはもう異常な事態ですからね。そういううわさというか、話がわっと広がって、それが伝えられるということが考えられる。確かに人口は減っていますから、出生率が減った、あるいは生まれた子供を間引きしたとか、あるいは堕胎をしたということがあったかもしれないけれども、大人が大量に飢え死にするということはちょっと考えられないわけですね。日本くらいの緯度にあれば、何とか生存ぎりぎりの食べ物というのはあるわけで、ですから確かに苦しかっただろうけれども、飢え死にまではいかなかっただろうと思っています。

宇江佐　私たちが江戸期の東北ということでなんとなく固定観念をもってしまっている暮らしぶりと実際は違っていたということでしょうかね。

東北に見たパラダイス

速水　それから、あえて奥羽と言いますが、同じ奥羽といっても北奥羽と南奥羽、いまの県で言うと青森・岩手・秋田と、宮城・福島・山形とでは気候、温度が随分違う。さらに、真ん中を奥羽山脈が走っていますから、太平洋側と日本海側でも違うんですね。そうすると南北と東西で四つのブロックができるわけです。それぞれがみんな特徴を持っているんですね。それを考えますと、一概に奥羽地方は、ということは言えないいんじゃないかというのが私の持論なんです。

宇江佐　そうですね、江戸時代には東北という一体的な地域のとらえ方はなかったんですね。

速水　幕府が享保《きょうほう》六年、一七二一年から全国の人口調査を始めます。その中で、陸奥国《むつのくに》とか出羽国《でわのくに》という国別の人口がわかるもの、さらに男女別のわかるものがあります。それを見ますと、例えば陸奥国の人口の変化と出羽国の変化とでは違うんですよ。この仙台のある陸奥国、太平洋側はかなり減る。ただし、減っても江戸時代のいちばん末に来るともう底を打つんですね。でも、出羽国の方はそんなに減らない。底打ちも早いというふうになっていまして、東北の中でも地域差が大きい。

宇江佐　江戸との違いという意味ではどうでしょうか。

速水　明治になってからですが、イギリスの旅行家のイサベラ・バードが日本にやってきたんですね。女性一人で日本人の荷物持ちを雇って東北から、さらに北海道の平取《びらとり》まで行くんですよ。その道中記である『日本奥地紀行』の中で、関東地方のことはあまりいいことを書いていない。こんな蚤や虱の多いところはない、寝るときも畳の上に寝られないと。ところが一つ峠を越えて会津に入り、さらに米沢に入ると、こんなすばらしいところはない、ここはもうパラダイスだと書いているんですね。とうていアジアとは思えない、という言葉の裏には欧米中心主義が確かにありますけれども、とにかく米沢藩の領地というのはきれいに掃き清められているし、道もきれいだし、というようなことを書いている。これは明治十一（一八七八）年のことですから近代化の波もまだ届いていない、ほぼ江戸時代の姿といってもいいんじゃないかと思うんですね。ですから、一概には言えませんが、普通言われるほど貧困だったとかそういうことはもう考えない方がいいだろうというのが私の意見です。

宗門改帳から探る江戸の暮らし

宇江佐　私は江戸時代の農村、農民の人たちの暮らしということを今回初めて考えたんですけれども、農村ではお金というのはほとんど使いませんよね、町にいるのと違って。食べるものはお米は自給自足、お野菜も自給自足ですから、お金を使うというのは、来年のための種籾を手に入れるとか、あとは行事や何かあったときですね。ふだんの生活ではほとんどお金は使わないというイメージなんですよ。

速水　年貢は半分は米、半分は貨幣で納められていました。農民は作ったものを売ったり、副業で稼いでお金を得る必要があったわけで、まったく自給自足ではなかったのです。例えば、幕末になると福島あたりでは生糸とか桑の生産が行われるようになってきますし、山形県あたりではかなり早くに紅花《べにばな》を作るようになり、それで最上川《もがみがわ》舟運で酒田へ出して、それが西廻り航路で京都へ行って友禅なんかの染料になる。するとこれはお金が入ってくるわけですね。

宇江佐　お金が入ったために何かが変わる、やっぱり生活様式というのは変わるんでしょうか。

速水　肥料を買いますが、あとは旅行をするんですよ。

宇江佐　旅行ですか、お伊勢参りとか。

速水　お伊勢参りとか、京都、善光寺、日光、もちろん江戸にも行くわけです。その旅日記というのは案外残っていまして、もちろん誰でも行けたというわけではなくて、村の庄屋さんとか重立衆《おもだちしゅう》、土地をある程度持っている農民ということになります。彼らが団体を組んで旅行するんですよ。

宇江佐　そうした江戸時代の歴史の見方というのを人口統計などのデータで探っていこうというのが先生のご研究ですね。『歴史人口学で見た日本』というご本を拝読させていただきましたが、先生は外国に留学されていたときにフランスのルイ・アンリという歴史学の学者の著書と出会うんですよね。そのルイ・アンリは教会の教区簿冊から夫婦の一生を研究して歴史人口学というものを打ち立てた。先生はそれをヒントにして日本の宗門改帳で人口と歴史学を結びつけて新しい分野の研究をされた。私、ふと考えたんですけれども、これは学会ではけっこう画期的なことだったんではないでしょうか。あまり他の方はそういうふうには考えなかったのではないですか。いま考えると、人口統計というと普通に耳に入ってきますけれども、昔は人口統計というそういう解釈もなかったと思うんですよね。

速水　ええ、自分のことになりますが、日本では初めてです。その分析資料として使ったのが宗門改帳とか人別改帳です。幕府はキリスト教厳禁政策の手段として、日本に住む者全員を対象とする信仰調査をするんですね。それが、宗門改帳という台帳で、キリシタン改と人口調査を兼ねたものだった。

宇江佐　宗門改帳はどのくらいまで続けられていたんですか。

速水　明治四年ですね。

宇江佐　そうするとかなり長い間の資料ですね。

速水　明治政府も最初のころはキリスト教禁止なんですよ。しかしもう開国していますから、各国が圧力を加えてキリスト教禁止をやめさせるんですね。それで初めてこの宗門改がなくなるんです。

宇江佐　先生のご本によれば、信州諏訪藩というところに、宗門改帳がいちばんきちんとそろっていたわけですね。

速水　普通、宗門改帳は作成しますと一冊は領主に差し出す、一冊は村にとっておいて、そこにいろいろな変化を書き込んで、翌年作成するときに使う。その領主に出した宗門改帳は、実は大名にとっては要らないわけですよ。いまさら一人一人、誰がキリシタンだなんて帳面で調べませんからね。ただ、諏訪藩はとっておいた。明治維新になって、断裁して、諏訪湖の浜に持ち出して山のように積んで、火をつけた。ところが、紙を重ねるとなかなか燃えない。それで焼け残ったのをこっそり助け出した人がいるんですね。その人が親子三代、明治から昭和までかかって復元をするんです。諏訪藩が宗門改帳をつくり出したのは寛文十一（一六七一）年、終わりが明治四（一八七一）年、全部揃っていれば、正確には二〇一年分があるわけです。でも、全部そろっている村はありません。二百年のうちの八割ぐらい残っていた村がありまして、その宗門改帳の分析から、初めて『近世農村の歴史人口学的研究――信州諏訪地方の宗門改帳分析』という本を書いたわけです。

現代につながる向上心の時代

宇江佐　ご本の話でおもしろかったのは、富士山の見えるところにある村の人の記述が残されていて、ところが目の前に勇壮な富士山があるのに、そのことには一つも触れていないということです。あまりにもそこに当たり前にあるからなのか。この考え方から私はちょっと一つ引っかかることもあったんですね。それは、石川英輔さんという歴史とか小説もお書きになる方が、最近江戸の町木戸はほんとうに夜になったら閉じられていたのかということを言われて、私もはっとしたんですよね。なぜ石川さんがそういうことをおっしゃったかと言えば、いろいろな浮世絵とか江戸の町を描いたものを見ても、町木戸の柱は立っていても扉がないというんですね。どうも閉められたかどうかは定かでない。町木戸はあるにはあるんですよ、ちゃんと描かれているけれども、ほとんどが木の柱だけ。午前六時に町木戸を開き、夜の十時ごろに閉じるというのは、それは便宜上のことで、もしかしたら江戸の人々は、案外夜でも自由に通行していたのではないかという疑問を私もふと持ったんですよ。とすれば、江戸の庶民の歴史というのはまったく変わってきますでしょう。私も小説で「もうそろそろ町木戸が閉じる時刻だから帰んな」みたいな言い方をしているんですけれども、そこがちょっと引っかかることになる。庶民は識字率、文章を書く率が低かったけれども、もしもいまの人と同じほどの教養があった人が日記形式でそういうものを書いていたとしたら、江戸の歴史というのがまた変わってきますよね。町木戸というのはあまりにも当たり前過ぎたから、案外一つもそこに触れてないのかなと。そういうことも私、考えましたね。

速水　ほんとうに当たり前過ぎることというのは記録にならないんですね。ずっと私の研究室に、二本松藩仁井田《にいだ》村とか安積《あさか》郡下守屋《しももりや》村の調査もした成松佐恵子さんという研究者がいまして、『近世後期の日記にみる庄屋家族の生活』という本を書いているんですが、そこに出てくるのが美濃の西条村の庄屋なんですね。これを読みますと、自分の奥さんのことは一行も出てこないんですよ。毎日顔を合わせている。だから、あまりにも当たり前。日記に出てくる場所の名前とか人の名前の頻度を勘定して、したがってこの人はこの人と親しかったとか、ここはよく行ったとか、交際の範囲まで分析できるんですが、自分の奥さんのことはゼロ。いちばん身近なものが出てこない。これが頻度分析のいちばん弱いところなんですね。

宇江佐　おもしろいですね。そんなものなんでしょうね。私が先生と感覚的に共通するなと思ったのは、先生のこの本の中で江戸時代というのはそう昔のことじゃないという、そういう時代感覚。それは私もそうなんですよ。皆さんが、よくそんな昔のことを書けますねとおっしゃるんですけれども、私の両親は大正生まれ、祖父母は明治でしょう。その父母、つまり曾祖父母になったら安政とか、もう立派に江戸時代です。だから、私もそんなに昔のことだとは考えてないわけですよね。私は昭和二十四年生まれなんですけれども、これは私が文化の端境《はざかいき》期に生まれたということだと思っているんですよね。最初からテレビとか電化製品があったわけじゃないんですね。だんだん後からそういう文化的なものが入ってきたんですね。つまり、ある意味で昔の何もないころ、江戸時代を踏襲したような生活というのも知っている。だからいま、私が北海道で書いている時代小説というのも、まるっきり実感のないことではないんですよね。

速水　いまおっしゃったことに結びつけて言えば、江戸時代と、明治・大正・昭和・現代とをつなげて考えるというのは、むしろ私の立場でもあるわけです。マンタリテというフランス語があるんですが、日本語で言えば心性ですね。これは、長期間にわたって変わらない集団的なものの考え方のことです。歴史を非常に長期的な見方をすると、一五、六世紀あたりにひとつの変化があって、江戸時代から現代まで日本人というのは一つのマンタリテでとらえることができるのではないかと私は考えているわけです。その基本は要するに向上心なんですよ。それはいろいろ物質的な生活水準を上げたい。あるいは知識水準を上げたい。そのために一生懸命働くとか、寺子屋へ行くとか、だれに命ぜられるわけでもないけれども努力をするというマンタリテができ上がるんですね。

案外、楽観的に生きた庶民

宇江佐　私が小説の中で時代設定をしているのは文化文政（一八〇四～三〇）のころで、一応江戸時代のいちばんよかったといわれる時代に置いているものですから、イメージとしてとらえられるのは遠くても宝暦（一七五一～六四）あたりまでは何とかなるとしても、それ以上になるとちょっと難しいなと思うんですよね。でも、いろいろ想像力の豊かな人はどんどん時代を上がっていって、平安時代やら弥生時代やら縄文時代までイメージできるんだろうなというふうに思って、つまりそれが歴史小説のおもしろさみたいなところだなと思います。

速水　ただ、庶民の考え方とか行動については、はっきり言って江戸時代以前というのはわからないですね。つまりだれも記録しようと思わない。庶民自身も字を知らないから記録を残していない。考古学的な発掘ということになると非常に限界があるということになってきまして、生活を再現するということが非常に難しいですね。

宇江佐　私は、庶民というと、何か事件があるとわあっと騒いだり、そういうふうにしかとらえてないし、例えばお家騒動とか江戸城ではものすごくたいへんなことになっていても、庶民はどうかというと何かしゃれのめしていたとか、そういう感覚でいるんですよね。

速水　さっきの庄屋日記で、成松さんの書いたのは西松家のことなんですけれども、西松家の本家に当たる別の家の日記なんかちょうど同じころのが残っていて、明治維新だというのに京都見物に行くんですよ。

宇江佐　恐ろしいじゃないですか。

速水　初めのころはどうも様子がおかしいとか言いながら、平気で名所を回っているんですね。そのうち鉄砲の音なんかするものだから帰るんですけれども。そんなもんじゃないでしょうかね。

宇江佐　そんなもんですよね。そうですよね。

速水　よく百姓一揆なんかの話で、江戸時代はしょっちゅう百姓一揆があったと言いますでしょう。

宇江佐　そんなにないですよね。

速水　まあそれは何千件かはあったわけですね。けれども、百姓一揆といったって、起こっている地域というのは限られています。だから、一人の人間が例えば六十年生きるとして、その人が百姓一揆に出合う、あるいは自分も巻き込まれる、経験する率というのは三分の一くらいなんですよ。つまり三代生きて初めて遭遇するぐらい。それにほんとうに騒ぐのと、ただ訴状を出しただけというものもある。そういう騒ぎにもならないものまで百姓一揆と言っているわけです。

宇江佐　やっぱり年貢というのは生産量から比べて二割ぐらいとかですか。

速水　これはもちろん年代や場所による違いが大きいんですが、たとえば幕末の長州藩では生産量の二五パーセントぐらいという計算もあります。

宇江佐　ああ、けっこう高いですね。

速水　年貢は高いとしても、相続税がないわけですよ。相続税とか消費税とか財産税がない。

あり得たかもしれない暮らしの姿

宇江佐　私の小説に農村出身者が出る場合は、商家に奉公に出たという感じですね。例えばそれもおもしろいのがあって、おふろ屋さんの三助というのは越後出身の人が意外に辛抱強いからと、そういう人が多かったとか。そういう情報を知ると、割と書いたりします。それから、髪結い床は案外上総の国の出身者が多かったとか、そういうことがあるんですよね。だから、直接的に農民が出てくるというのは、江戸近郊葛西村とか、いまの江戸川区のあたり、そこら辺までで、私の場合はあまり遠くまでは行かないんですよ。

速水　越後の人というのは方々へ、江戸へも来ますし、それから峠を越えて郡山とかあの辺へ奉公しますね。ですから、郡山あたりの人に聞くと、自分の先祖は越後だという人が多い。ちょうどいま、別の研究で明治十四年から後、ほぼ五、六年ごとに日本の歴史の断面図、要するに歴史地図をつくって、本にまとめているところなんですが、何を入れるかというと、一つは仏教の宗派、何宗の寺院がいちばん多いかがあります。そうしますと越後は断然、浄土真宗なんですよ。この時代、享保年間に始まる幕府の全国人口調査でもいちばん人口の増えるのが西日本と北陸なんです。西日本が増えるのはまあ何となくわかる。なぜ北陸が増えるのかというと、結局、北陸に広がっている浄土真宗は殺生を一切禁じる。つまり堕胎、間引きをやらないわけですね。そうすると人口が膨れ上がるもんですから、むしろ峠を越えて会津の方へやって来るとか、江戸へ出てくるとか、京、大坂の方へ行くとかということになるのが背景なんですね。その奉公に出るのも、むちゃくちゃに行くのでなく、やっぱり一つのルートみたいなのがあって、伝手《つて》とか、紹介とか、それで動いている。

宇江佐　昔の方が多かったみたいですね。そういう伝手。あそこの人はよく働いたからまたあそこの村からとろうとか、そういう感じですね。

速水　美濃の西条村でも、名古屋、京、大坂にだいたい十三、四歳頃から男でも女でも奉公に出るんですけれども、そこで十三、四年働いて、男の場合は一度転機がくるんですね。つまり合格すれば手代、しなければ戻ってくるわけです。それも、だいたい伝手があったのだと思います。

宇江佐　Uターンですね。

速水　手代になれば次は番頭に昇進して暖簾分けしてもらって、何々屋という屋号をもらって名古屋に店を持つという例は一件か二件あるわけですよ。農村にとどまっていると食うには困らないけれども、ずっと小作のまま。一か八か都市へ出ればそれで成功するかもしれない。そういう一つの選択があるわけですね。宇江佐さんの小説の中で、よく人が死ぬような年でないのに死ぬことがありますね。これはほんとうなんですよ。死亡年齢分布を見ると、農村では生まれてすぐとか子供のときに死にます。若いうちはあまり死なない。六十くらいになるとまた死ぬ。ところが都会では幾つでも死ぬわけ。ということは、やっぱり人が密集している都会の方が危険なんですね。それは流行り病が多いし、栄養の問題もあるからです。その一つが江戸患い、つまり脚気ですね。ですから、そういう危険を冒して都市へ行くか、それとも農村にとどまって小作で終わるかという選択なんですよね。それに大都会には楽しいことがたくさんありました。

宇江佐　私はさっき、江戸時代の暮らしを描くのに実感がないわけではないと言いましたけれども、江戸時代の人たちというのは、現代からすれば不便だったり、お金がなかったり、たいへんそうに見えたりすることもいっぱいあるけれども、それでもけっこう現代の人たちよりも人生を謳歌していたのではないかと思っているんですね。金と力のある人間が偉いのではない、そんなものがなくても偉い人はいっぱいいいた。今の世の中がなくしてしまったものをいっぱいもっていた時代じゃないでしょうか。

速水　江戸時代というのはほんとうに世界の中でもユニークな時代だったと思いますよ。例えばヨーロッパだと、宇江佐さんの作品に出てくるような人たちというのは、はっきり言えば一人前として認められてないわけですね。だから、文学の題材にもならないという場合が多い。けれども、江戸では武士も町民も一緒になって生活しているわけですね。もちろん然るべきときにはピシャッと分けられるけれども、士農工商というのがはっきり分けられているわけじゃない。私、宇江佐さんの小説を読んでその通りだと思いましたけれども、北町奉行所同心で仕事熱心な不破友之進《ふわとものしん》が、伊三次の母親代わりのおせいを背中にしょって歩くなんて、あれなんかヨーロッパでは考えられないことですよ、いままでの江戸時代史観、あるいはヨーロッパ史を基準とした見方では。だけど、実際はあり得たことですね。

宇江佐　私が書いているのは、あったかもしれない江戸という、そういう感じです。

速水　私は読んでいて、とても不破ファンになった。

宇江佐　そうですか。きょうは、どうもありがとうございました。

速水　こちらこそありがとうございました。

第10章

庶民の生活文化

宮本常一（民俗学）
速水 融（経済史・歴史人口学）

（葛飾北斎「富嶽三十六景　相州仲原」）

庶民の生活

速水　きょうは、宮本常一先生に、江戸時代の庶民生活についていろいろお尋ねしたいと思います。庶民生活について、いわゆる文献史家達はあまり深くつっこんだ研究をしていない——というのも、その実態を示すような事柄を、正面からとりあげているような材料が乏しい、また、関心が庶民の日常生活という目立たない分野にではなく、もっと派手なといいますか、記録に残されたり、事件としてとりあげられたりする事柄に向きがちであった——と思うのです。

しかし、制度がどうあれ、庶民の生活は何代にもわたって続いて来ていますし、とにかく私たちが、江戸時代のその生活を知るためには、表向きの文書ばかりに頼っていたのでは限界がすぐ来てしまう。宮本先生は、もう何十年間も、文書であれ伝承であれ、あらゆる材料を集め、それも全国を歩かれ、庶民の内に溶けこまれて、その生活を内部から探り出されようとして来られています。一体現在の市町村を単位とした場合、先生の未踏の地はあるのですか。

のどかな農村の生活

宮本　最近の市町村合併後の単位で申せば、たしかにほとんどのところへ行っていますがね、まだまだ日本の全集落を踏破し尽したわけではありませんよ。それに関して申しますと、いま私、江戸時代の終り頃、歩いた人たちの紀行文を読む会をやっているんです。

たとえば文化の頃ですが、日本をずっと托鉢して歩いた宮崎の佐土原の山伏・野田泉光院が「日本九峰修行日記」というのを書いているんです。これは僕は、日本の紀行文の中では最優秀のものだと思っています。簡単に書いてあるけれども、あのくらい教えられる日記はないですね。全部托鉢で六年三カ月にわたって旅している。

ずっと歩いていて、一カ月か、四〇日くらい経ちますと、洗濯宿を求めて、そこで自分の持っているものを全部洗濯して、糊つけて、それからまた旅へ出て行く。旅先で正月を迎えますね、六回迎えているわけです。どこにも「年宿」というものがあるんです。

お正月の時期になりますと、托鉢ができなくなりましょう。何日間か泊めてもらう宿を捜すわけですが、その土地土地に宿を貸してくれる家があって、それでは私の家が「年宿」をしましょうというと、一カ月くらいはそこでブラブラできる。けれどもそこでお金を払った形跡がないんです。襖を貼り替えるとか、障子を貼り替えるとか、あるいは祈祷をするとか、それくらいのことをしてご馳走になっている。

そういうふうにして旅をしていって、時々一服しようじゃないかというので、一カ所で二カ月、あるいは三カ月近くも滞在することがあるんです。その中で、栃木県の大田原の近くの金丸《かなまる》で滞在しているときの記録なんて、すばらしいと思うんです。そこに庵寺があって無住なんですね。ここへ泊めてもらいましょう、というので交渉にかかる。そういうものはちゃんと村の方で管理する人がいて、村の人たち全部集まって、貸すか、貸さないか決めて、貸していいということになって、貸すわけです。貸すということは、ただその建物を貸すということではなくて、同時に、その人がそこにおる間、みんなが面倒見るということなんです。ですから、小豆一升とか、そば何升とか、いろいろなものをみんな持ってくる。それを食べて生活できるわけです。その間、そのあたりを歩いたり、黒羽《くろばね》の城下町へ行ったり、大田原の方へ行ったり、祈祷してくれと言われれば祈祷して歩く。実に悠々たる生活をしている。ところが、同じ頃のあのあたりの記録や研究を読んでごらんなさい。

速水 関東農村の荒廃とか何とか、よく歴史家は言いますけれども。

宮本 まるで違いますね。実に温かなものがある。僕は、それが本当の姿だったと思うんです。周防・長門あたりもすごくのどかに歩いている。ずうっと東を廻ってきて、尾道までは実にのどかでいいんです。安芸の国の国分寺へ参らなきゃならんというので、三原からすごいスピードで国分寺へ参って引き返して、尾道から船で今治へ渡っている。

速水 そういうときに瀬戸内海を渡る船というのは、定期便みたいなものがあったのですか。

宮本 便船は幾らでもあるわけですね。のんきなもので、港へ出ておって、西の方なら西の方へ行く船ないか、と聞くわけでしょう。船宿がありますから、いつ、どこへ行く、というのがわかる。自分の目的地へそのまま行くということはないわけですね。ですから、どれでもいい、乗せてもらって向こう側に渡ればいい、という……。

速水 つまり、いまで言うと、ヒッチハイクですね（笑）。

宮本 そうです。

速水 農村では旅人には宿を提供してはいけないというような法令との関係はどうなるのでしょう。

宮本　たとえば松江のあたりを歩いていると、ここは一切泊めないことになっている、と言われて、それは困ったなあと言うと、お困りならば向こうにお堂があるから、そこへ泊まりなさい。行ってみると、ちゃんと畳も敷いてあり、炉も切ってあり、泊まれるようになっている。ただ食うものがない。そうすると、近くの家の人が、とにかく食事は私の方でこしらえてあげましょうということになる。掟と、そこに住んでいる人たちの生活とはずいぶん違うんですね。

速水　ちゃんと抜け道がそろっていたわけですね。

宮本　だから、ずっと困らないで通っている。関所を越えて行くんでも何をするのでも、いたって簡単で。

速水　関所を越える場合なんか、どうなるわけですか。

宮本　場所によって違いますけれども、関所というのは明六《あけ》つから暮六《くれ》つまでの間、調べられるので、それ以前に関所の脇道を通れば、関所破りにならないんですね。

速水　宮本先生ならやっておられたでしょうね（笑）。

宮本　もう一人の例をあげますと、たとえば国文学者の菅江真澄《すがえますみ》という人がいる。この人は三河の国を天明三（一七八三）年に出て、東北、北海道を歩いて、最後は文政十二（一八二九）年秋田で亡くなった。この人がどうしてあれだけ長い旅をすることができたのかというと、彼は和歌を作っておって、行った先でいろいろな人たちと和歌のやりとりをした。そういう人たちを見ますと、武士がほとんどいないわけです。これは非常に大事なことなんですが、日本の文化は、漢字文化と仮名文化との間に、ちゃんと境があった。これは漢字文化は武士が持っておった。けども民衆は仮名文化を持っておった。そういう人たちが町に住んでいて、たとえば真澄が歩いて行った信濃飯田とか、本洗馬とか松本とかで、一年くらい生活しております。庄内平野に入っていってもそういうグループがある。さらに秋田の平鹿《ひらか》盆地にもそういうグループがあって、そこでまた、しばらく遊んでいき、それから津軽にもそういうグループがあり、そこで遊んでいく。みんな知識をほしがっているわけだから、こちらが持っている知識が相手に必要なものである限りは、食うのに困るということはないわけですね。

そういう点をたどって長い旅をする。それが平仮名文化の特色みたいなものじゃないか。そういう人たちの層を巧みにたどりながら歩いて行っている。

ところが、さきの泉光院の場合には、もう一歩民衆に近づいている。

速水 泉光院のつき合ったのは知識グループではなくて、本当の庶民だったわけですね。

宮本 ええ。庄屋がいいところで、そうでなければ普通の百姓家。そういう人たちの間には俳句があるんですね。和歌の層の下に、もう一つ俳句層がある。俳句の方が十七文字で作り易いから。下手くそだけれども、とにかく十七文字になっているということでの心の許し合いというのは大きいんですね。ですから、俳句層と言われるものが、もう一つ下にある。

ところが、そういう俳句層のそのまた下があるわけですね。それが大変面白いんです。それは、学問というものはどういうものなのか知りたがっておる無学の人たちですね。

速水 つまり、俳句なり和歌なりは、とにかく一つのカルチュアである。それがどういうものかを知りたがっている層があったわけですね。

宮本 ろくに字も知っていない人たちが、『五経』とか『論語』とか、そういう書物の名前は知っていて、泉光院がそういう書物を読んで知っておるというので、集まって講義を聞いているんです。その中で、少しばかり若い、志のある者は、おれの家へきてくれと言って、字なんかも教わって、そこに何日か滞在して、書物一冊講義している。それ以外のところでは、まるで講談を聞くように、話を聞くのに、寝そべったり、たばこを吸ったり、足を投げ出したりして聞いておる、というようなことを岡山県の山の中で書いています。

そういうように、『論語』というものがどういうものかはわからない、けれども噂には聞いている、それは一体どういうものなんだろうか。たまたま泊めてもらった家の亭主が、「あなた『論語』を知っているのか、それじゃ村の人に一ぺん話してみてくれないか」ということになると、ぞろぞろ集まってくるわけですね。そういう人たちが、文字階級のもう一つ下におって、ただ世間の噂話ばかり聞くだけではなくて、何か自分らが一つのものを身につけていきたいという気持を強く持っておる。そういうようなものが村の道徳を形成していく大きな力になったんじゃないかなという気がします。

庶民文化の横への広がり

速水　いまのお話を聞いていますと、要するに、いままでの歴史家は、武家文化と言いますか、武家の目から見た江戸時代史像というものに毒されていて、そういう目から江戸時代を見ちゃうと、型にはまった江戸時代というものが出てくる。無知蒙昧な民とかいうことになる、あるいは搾取の対象としての民衆とか。ところが、いまの宮本先生のお話は、徹底的にそうでない側から見ると全く異なったイメージが浮んで来て、それこそが江戸時代を支えている民衆の倫理なり、道徳なり、あるいは社会の基礎にある、というふうにお考えなのでしょうか。

宮本 ええ。それは、よくタテ割りと言いますが、タテ割りじゃなくて、ヨコ割りだと思うんです。それがずっと広がりを持っているということがわかるのは、泉光院は旅先で佐土原の人に一三人ほど会っています。むろん普通ではなくて、たいてい坊さんかなにかだけれども、とにかく人口が一万人にも足りないような九州の田舎町から全国へ散らばっている人がずいぶんおったわけですね。出会った人だけでも一三人なら、実際にはどれほど出ておっただろうか。これは決して佐土原だけの現象ではないでしょう。

速水 その一三人に泉光院はどこで会ったのですか。

宮本 山形あたりでも出会っている。その山形での話は、実にいい話で、佐土原から来ていた若い人が訪ねてきて世話になって、また佐土原に帰る。帰ってからお礼の手紙を出して、その手紙が何カ月かのちに山形へ着いているんです。

速水 郵便の制度がなかったときに。

宮本 おそらく人手から人手に渡りながら伝わっていったんだろうと思いますが、ちゃんと手紙がついておる。そういう人間の信頼関係というものがあるんですね。

速水 二千キロくらい離れている佐土原と山形との間で庶民同士の手紙がやりとりされていることなんか考えようによっては大変なことですね。

宮本 それを考えてみると、お互いがお互いを信じ合わなかったら、こんなことって絶対できない。

速水　国の法律や制度があるわけじゃないんですからね。

宮本　とにかく我々がいま考えているよりはるかに、相互信頼というものがあって、それで社会が形成せられておった。それでなきゃあ一人の人が六年三カ月も、とにかく托鉢だけで旅をして、ちゃんと病気もしないで帰ってこられるというようなことは考えられないことでしょう。

速水　いま、大変大事なご指摘があったと思うんですけれども、仮に、そういう相互信頼関係に満ちた江戸時代というものを考えるとして、これは日本にその前からあったんでしょうか、それとも江戸時代になって出てきたというか……。

宮本　一つは江戸時代になって形が整ってきたんでしょうが、そのもう一つ前からぼつぼつ始まって来ていると思うんです。盆踊りや全国に散らばっている農村の能ですね。あれは時宗の布教と関係してくるのですけれども、それは江戸以前に浸透していたんじゃないか。近世の農民の独自の文化の保持力、そして横への広がり、それはその前からずっと全国的に連続して広がっていって、そういう祭を中心にして結合が起ってくる。しかも決してそれは支配者に隷属するものではなかったんですから、どうも農村の自治なんていうのは、そういうようなことを基盤にして発達していったものじゃなかったかと思っているんです。

それが江戸へ入るというと、とにかく戦争はなくなった。大名がおってみんな領域を千切って、その中へ百姓は閉じ込められることになったけれども、閉じ込められても同じような文化を持っていれば、同じようなものの感じ方、思想を持っているわけですから、横へ広がるということは容易なんですね。また近世に入ると、仕度さえ変えれば旅ができる。一番いい例は伊勢参宮で、白い肩衣を着て、白い脚絆をつけて、柄杓《ひしゃく》を一つ持って菅笠をかぶって、そういう仕度をすれば、もうそれは……。

速水　逃散ではなくて、パスポートを持っているようなものですね。

宮本　また元へ戻ってくるものと考えられて許される。そのかわり、途中で必ず門口へ立って柄杓を出して「伊勢参宮でござるから……」と言って、ものをもらわなきゃならなかった。同じように西国三十三カ所を廻っても、必ず何軒かの門口へ立たなきゃいけない。それだけはみんな守って、ずっと歩いて行ったわけでございましょうね。

速水　私がいまいじっております「宗門改帳」という資料もそういう民衆生活の資料としてみると大変面白いんですね。人間の動きとか、生まれたり死んだり、日常生活を知らせてくるような材料、いまの旅日記もそうだと思いますが、こういうものから追いかけてきますと、どうも江戸時代の農民は土地に縛りつけられていたとか、そういうことはほとんど考えられない社会なんですね。実にたくさんの人が動いている。もちろん戻ってくる者もいるし、戻ってこない者もいる。杓子定規に江戸時代を、法律どおりの社会としちゃうと、ぜんぜんイメージとは合わないわけですね。いまの西国三十三カ所巡りがいると、「宗門改帳」にちゃんと書いてあるわけですね。あるいは書いていない者でも行っていたかもしれないということになると、もっと数が多くなる。私が一番、いままでの江戸時代史、とくに農民像と違うと思ったのは、実にたくさんの人が都会に出ていることですね。都会に出て何年か働いて、中にはそこに定着して住んでしまう者もいる、中には農村に帰ってくる者もいるけれども。そうなると、いまとちっとも変らないわけですね。こういう人の動きというものは、江戸時代以前はなかったかもしれませんけれども、人はそんなに動くようなものだったんでしょうか。

宮本　動かざるを得なかった点もあるのじゃないですか。一つの地域社会を形成するというと、どうしても中心になる親方が必要になる。親方がいなきゃ、いざ困ったというときに、どうしようもない。それは能登の時国家がいい例で、下人をたくさん持っておって、自分の家が窮迫すると、藩から金を借りてきて、それを保護するのにさんざん苦労していますわね。ところが、ああいう大きな家のない、近くの集落を見ると、一村逃散していますわね。どんぐりの背くらべの村だと、いざ、大きな飢饉とか不幸が襲ってきたときには、それに耐える力がない。どうしても中心になる、社会保障をしてくれる家が必要になる。だから、搾取を搾取と考えないで、社会保障をしてもらうための蓄積だと考える、そういう発想が一つの大きい問題だろうと思うんです。

しかし、その親方でもすべての面倒はみきれない。すると、自分らの経営だけでめしが食えるという人は、ほとんどなかったんじゃないか。そうすると、ほかへ出て行かざるを得なくなる。これが非常に大きかったと思うんです。

速水　私もいま、美濃の国の輪中《わじゅう》地帯、農村のことをいじくっているんですけれども、藩というものはそういう移動の制限を実際考えていたのだろうか。たとえば大垣藩とかいろいろ藩がありますが、それを飛び越えて、近江の国と養子のやり取りをする、出稼ぎもすれば、嫁も取る。こんどは尾張の名古屋藩の方と関係を持つとか、事実上制限はなかったに等しいと見てもいいように思うんですけれども、そういうふうに考えると、法律や制度は、極端に言えば、まあ、それなりの意味はあると思いますが、社会史を見ていく場合、極端に言えば無視したってかまわないくらいに思うようになってきました。

宮本　要するに、一種の枠というか、一つの標準があって、それは、今日のわれわれの法律とは違っておって、これだけのことを心得ておれというくらいのものじゃなかったのか。

速水　何か事件が起ればそれでひっかかるけれども、事件が起らなければ、江戸時代の農民はかなり自由だった、とさえ言いたいくらいです。

そこで先生、きょう少し聞かせていただきたいのは、一体、江戸時代の農民にしろ、都市の住民、要するに庶民は、何を食べて、何を着て、一体どういう家に住んでいたのか。そういうことに、変化があったのかどうかについてなのです。まず、「衣」からゆきますと、着物は、江戸時代に変ったと言えるのでしょうか。

庶民の服飾革命

宮本　これは実に大きく変ったと思います。江戸以前には木綿がなかったでしょう、ほんのわずか三河のあたりで産出されるだけで。また相当高い身分の者でもいくらも着るものを持っていない。いまテレビを見て、あんな豊かな生活をしている人が、江戸時代以前におったんだろうか、平将門の頃にね。もう、びっくりしてしまうんですが。

速水　そうすると、一体どういう恰好をした着物を着ていたんでしょう。

宮本　みんな小袖で、せいぜい膝くらいで、寒いときにはもんぺみたいなものをはいておったんじゃないか。

速水　その原料は……？

宮本 一番多かったのは、普通、麻だと言っておりますが、麻よりはむしろ、カラムシが多かったのじゃないか。これは野生ですからね。カラムシは麻より、もうちょっとやわらかくて、青麻なんて言われておって、それで作られたものが、いわゆる上布ですわね。越後上布とか、近江上布とか、能登上布とか言われたものは大抵はカラムシで織られたものです。

カラムシからは繊維がわりあい簡単に作られる。いまの武蔵野あたりでもたくさん残っております。それを一定の時期に刈り取って、蒸して、皮をむいて、糸にしていく。それで織られたものがずいぶん用いられていたんじゃなかったか。

速水 それが江戸時代になると、木綿に変ってくる。

宮本 ええ、まあそうだけど一度に変ったわけじゃない。その木綿も、生産がすぐ広がったのではなくて、大坂なんかで木綿を盛んに織って着る。その古着を古着屋が買い取って、船に積んで、ずっと東北地方なんかに送る。それが二つあって、一つは、まだちゃんと袖もなにもついたままの、やや古くなったものが売られる。それからもっと古くなったものは着物の部分部分をほぐして端切れにする。それを方々へ持って行って売るわけです。そういう風習は最近まであったんです。戦前、ずっと東北を歩いておって、秋田の土崎とか、男鹿の天王で市を見たんです。古着屋がズラッと並んでいて、袖の通せる着物もあるけど、解いた切れっ端、それを必要なだけ買って帰って、自分の家で縫うわけですね。そこではじめてわかったことは、肩のあたり、袖とか、胴との柄が違う着物ね、あれはそういうものを合わせて縫えばそうなるでしょう。

速水 一つのファッションだ（笑）。資源の再利用でもありますね。木綿は大坂とか、美濃、瀬戸内が普通、生産地帯と言われておりますけれども、むしろ古着の形で全国にずうっと散らばっていったのですか。

宮本 そうですね。それぞれの地方で織るということもあっただろうが、それよりもむしろ、庶民の場合には古着が広がっていったんじゃないか。

速水 まあ、服飾革命とでも言うべきことが古着商の手で行われた（笑）。で、木綿の効用というのは、どういうところにあるのですか。

宮本 まず吸湿性、それから長持ちする、丈夫ですね。とくに藍で染めてあるから、洗えば洗うほど、独自な色が出てくる。

速水 木綿になると洗濯ができるようになるということはありませんか。

宮本 それもあるでしょう。

速水 木綿になると洗濯が効くから、つねに清潔でいられるとか、そういうことは考えられませんか。

宮本 そういうこともあったと思うんですが、麻だって洗えるんですね。ただ、洗い方が違う。ごわごわしたものは叩くか、足で踏んでやっていたわけですが、木綿になると、たらいでジャブジャブ洗えるようになる。

速水 なるほど。そうすると、木綿ができて桶屋が儲かる……（笑）。

宮本 もう一つ、木綿は色がよくつく。初めから、縞のように、糸を染めて織るものと、型染めという、江戸小紋みたいに、型を置いて色をつけていく。木綿に模様をつけたものは、非常に、はなやかなものが多かった。したがって祭りのときに着る衣裳は、古いものは木綿が多かったんじゃないか。

速水　いまで言うプリント地ですね。

宮本　それが出てきます。衣裳のパターンはどうも東でなくて、西で始まるものが多いようです。とにかく木綿が珍重せられたというのは、着色力があって、はなやかな色が出てくるということから、まず晴れ着として、とくに祭礼なんかに用いられる着物として用いられた。

速水　野良着にも木綿が用いられて来ますね。

宮本　多くなってきますね。ただ、中部の尾張のあたりくらいから東は違っておって、そこでは早く養蚕が盛んだったし、一方、綿も関東平野で作っております。両方まぜ合わせたような、いわゆる紬《つむぎ》の発達がある。ですから、紬の地帯を見ますと、そこには絣《かすり》が少ないんです。いまこれを盛んに問題にして、どこが境になっているだろうということを注目して調べ始めているんですが、西日本は絣で、縞は非常に少ない。東日本にくると、小紋みたいなものはあるけれども、ほとんどが縞です。そこは紬地帯です。

速水　そう言えば、何々縞というのは関東に多いですね。

宮本　そうです。それはやはり、用いられる材料が違っておったということだろうと思うんです。これはもっと明らかにしていかなければいけないと思うんですが。

速水　着るものの最後に、今日ですと、冬になりますとオーバーを着たり、防寒の用品がありますけれども、江戸時代の一般民衆はどうしていたんでしょうか。

宮本　重ね着をするのが多かったんでしょうがね。ただ、綿入れというのが、西日本では非常に発達しますわね。ですから、「どん服」「どんざ」と言われるものと、西の方の「どてら」というのは違うわけでしょう。
それでは冬の寒さを防ぐのに、東日本では何が一番多かっただろうかというと、外へ出て行くときには、たいてい背中に、裂織、「さっくり」なんていう布を裂いて織ったものがありますね。これを背中へ当てておりますし、ずっと北へ寄ると、犬の皮とか、鹿の皮とか、動物の皮が非常に見られて、東北から中部を通って、大阪府の山中くらいまで分布しております。

昼飯と食器

速水　着るものはそれくらいにして、こんどは、食べるものに移りたいと思います。江戸時代の普通の人の食べもの、といっても地域によって違うでしょうし、一概には言えないんですけれども、まず第一に、いま我々は一日三回、朝、昼、晩という食事のパターンが決っている。こういうことは、やはり、現在のことであって、江戸時代は、別にそういうことにとらわれないで生活していたと考えていいんですか。

宮本　土地によってみんな違いますわね。古い時代は二食だったと言われますが、二食というのは、かなり後まで相当厳重に守られておったんじゃないかと思いますね。ただ、それでは間食《あいだぐ》いはしないかというと、全然しなかったわけではない。がそれはむしろ上層の人々です。北陸では、大工のことを「ごちょう」と言っております。「ごちょう」というのは、もともとは、ごしょう「午餉」だったわけで、つまり、昼餉のことなんです。昼餉が食べられるのは大工で、それで大工を「ごちょう」と言うようになったんだと思うんです。ということは、普通は朝と晩と食べる、大工は忙しくしている。そこで、家を建ててもらう方の側が弁当をこしらえて持っていって、それを食べてもらう。それが食べられるというのが周囲から見ると、ずいぶん羨ましいことだったわけで、それがやがて大工の呼び名になり、それが姓になって、いまでもあのあたりに午飼とか、午腸という姓が残っておりますね。

速水　その食べる道具ですね。私、その昔、漁村を歩いた頃に、昔は茶碗を使わなかった。定置網でマグロ、シビなんかを捕るようになって、やっと茶碗が使えるようになって、それまでは木の葉っぱで食べていたなんていうことを言いますけれども、あれは本当ですか。

宮本　むろん茶碗もあったわけですが、お皿の代りに木の葉を使っておるというのは、東北なんか歩いてみると、明治の初めまでそうだったんですね。とにかく一番多く使われたのは、桐の葉だったようですが、桐の葉を広げて、和え物とか、干物は全部その上にのせて食べた。

速水　茶碗というのは、大変貴重なものだったのですか。

宮本　非常に貴重だったと思いますし、茶碗それ自体の問題になりますと、西日本は非常に早く行き渡ってくるわけですね。江戸時代に九州の焼物が船でずっと広がっていったんじゃなかったかと考えられます。

ところが、東の方で大きな産地は尾張の瀬戸が中心になります。これは船で運ぶものは少なく馬の背が多かった。馬の背でもって運ぶから、非常に広がりにくかったわけです。

そうすると、あとは木器でなきゃダメなんです。木器はあったわけですね。ですからだいたい、東日本は木器が多くて、西日本ですと、陶器の行き届く範囲は陶器を使っていた。おそらく江戸の中頃になると全体に陶器が行き渡ってきたとは思うんですが、ただ、非常に貴重なんで、汁と飯だけはちゃんとお碗に盛っておったけれども、皿は木の葉が多く使われたんじゃないか。

速水　そうすると、茶碗を落として割ったなんていうことになると、大変なことになったわけですね。

宮本　まあみんな膳箱持っておって、各自きまっている。いまのように洗わないんだから、食べたあとまた中に入れておく。だから割る機会はあまりないのじゃないか。

速水　みんなそれぞれ食器が決っているわけですね。

宮本　ええ。そして、あときれいにするために湯を入れてもらって、その湯を飲んで、またそれを箱に入れておくんですからね。そういうものをひとところに集めて丁寧に洗うのは、盆と正月だけだったわけです。

速水　その中に入っているものですけれども、これも地域によっては違うでしょうが、やはり、米と麦とが主ですね……。

宮本　地域で違いますが、西日本が麦をたくさん食べるようになったのは、むしろ、江戸時代の中頃じゃなかったか。江戸時代の中期に裸麦が出てくるんですね。どこでどういうふうにしてああいう麦が作られるようになったかわかりませんが、まず収量が多いこと、穂を叩きつけたら、そのまま実が取れる。簡単に処理ができる。それで熊本県なんかの古い文献を見ていると、ムギヤスというのが出てきます。大麦は不作であるけれども、ムギヤスはかつかつに稔れた、なんていうのが出てきまして、つまり凶作の対策としてそれが作られたんじゃないか。江戸の中頃から、西の方から東の方へ、ずっと移っていったと思うんですが、収量がずっとふえていく。

ところで麦以外のものは何が多かったんだろうというと、やはりアワとキビとが非常に多かった。夏は、だからアワ、キビを作る。冬は麦を作る。それが江戸の中頃までの西日本の食糧構造ではなかったか。東の方になると、ソバが非常に多く作られる。ヒエも東の方では多くなってきます。それらとは別に、ずっと西日本から、東日本、東北まで広がっておったのがサトイモで、サトイモはずいぶん食べられた。だから、いまでも関東平野でも、ずいぶんサトイモを作っていますし、関西でもずいぶん作っていますが、これが重要な食物だったんじゃないか。

東日本ですと、そういうもののうち、ソバだとかイモとかアワのようなもの、それを突き砕いて、練って、その中へ漬物なんかを入れた餅、「あんぷ」といっていますが、それがずいぶん作られ、それを囲炉裏の中の熱灰の中へ入れて焼いて食べた。これからずっと北にかけて、大体そういうものが食べられておったのですが、西の方へ行くと、山中でも人口がどんどんふえていって、食うものが早くからなくなって、餅の作り方なんかにしても、藁を小さく切って、それを臼で挽いて粉にしたものを、さっと湯を通してあくを抜き、麦、ソバ、そういうものと一緒に練って、まぜて餅にする。それを東日本と同じように焼いて食べた。ごく最近まで、それをやっていますね。これは大変に食べにくいもので、食べるときに、みんな囲炉裏のふちを握ってグッと呑み込んだ、なんていう話がありますね。

速水　味つけは塩ですか。

宮本　塩がほとんどですね。

魚と鶏

速水　それでまた、食事の続きですけれども、魚ですね。宮本先生と、昔、漁村を歩いていて言われたことは、江戸時代以前は、海に面した村でも、魚は捕らなかったか、捕ったとしてもその村に住んでいる人のために捕る。ところが江戸時代に入ってくると、海に面した村がみんな魚を捕るようになる。その魚の行方は、一つは肥料になるということがありますが、食料としての魚というのは、都市向けに行ったと考えるべきですか、それとも農村にも入っていたと……。

宮本　農村にも入ったんですが、要するに魚ということよりも、塩の問題でしょう。塩魚にする。そしてそれを山地に運ぶ。たとえばイワシを塩イワシにする。大和の山の中の話ですが、塩イワシ一匹買うとすると、まず焼いて、初めの日はなめるだけだというんです。次の日は頭の方を半分食べる、次の日は残りを食べる。一匹の塩イワシでも三日くらいかけて食べたものだという。やはり、塩気を摂るというのが大事なことなんですね。

たとえば対馬で聞いた話ですが、対馬で冬になると、たくさん塩ダイを作ります。塩を濃くしたものは、ほとんど筑後の大川へ持っていった。大川へ持っていくと、幾らでも買ってくれた。筑後川をさかのぼって、あの山地へみな入るわけですね。それが下関へ持ってくるものになると薄塩になる。これは大坂へくるんです。

速水　なるほど。

宮本　そうすると塩魚というのは、ただ魚を食べるということよりも、塩をそういうふうにして山中へ補給するというのが、非常に大きな意味を持っておったと思うんです。

速水　江戸時代の文書を読んでいますと、食べるものとしてよく出てくるものに、卵焼きがあって、これが案外食べられているように思うんですけれども。

宮本　ニワトリは、とにかく時間を知るために、みんな飼いましたからね。小型の日本系のチャボみたいなものですと、必ず啼いてくれたですから、必ず一番鳥、二番鳥と啼いてくれましょう。ところが、啼くのが一年か二年の間はちゃんと啼いてくれているんですが、三年くらい経つと、時を告げなくなる。そうすると、それを大抵、お宮の森へ持っていって捨てたものなんです。

速水　食べないんですか。

宮本　食べないんです。ですから、明治の中頃までは、少し大きい森を持ったお宮さんだったら、ニワトリがすごいほどおったんですね。

速水　その卵は、生《なま》で食べるんですか。

宮本　いえいえ。たいてい卵焼きにしていますね。ただ、卵を生産して、それを商品にするためにニワトリを飼ったのは九州の西の方で、これは江戸時代のかなり早くからある。それが実は、長崎のカステラの原料になった。

速水　なるほど。

宮本　もう一つ、カステラと似たようなもので、中にあんこの入ったタルト。これは伊予が大きな中心地になっています。ですからだいたい瀬戸内海の西からずっと九州の西までの北側にかけて、その間に早くから卵を菓子にして食べるという文化があった。これはむろん、長崎で発達した文化だと思うんです。その地帯では、卵を売るためにニワトリを飼っている。

サツマイモと塩

速水　食べものの最後に先生のお得意のサツマイモ、甘藷論をやっていただきたいんですけれども。

宮本　とにかくサツマイモというのは、便利なものだったんですね。

速水　これは江戸時代の大きな食糧革命ですね。

宮本　最初に入ってきたのは、例のリチャード・コックスの「日記」の中に出てきますが、ウィリアム・アダムスが琉球から持ってきて平戸で植えた。平戸で植えた場所がいま残っていますが、それはつる植えじゃなくて実植えで、イモそのままを植える。そうすると、そのイモも大きくなるし、それに幾つかついて大きくなる。そういう植え方だったから、初めのうちは、あまり収量はとれなかったと思います。それとは別に、もう一つ同じ琉球から鹿児島を経由して入ってきたイモは、白系統の、それがいわゆるサツマイモといわれるもので、琉球イモとサツマイモは違っているようです。これが多収穫にもつながる。

関東へきたイモは、青木昆陽が長崎から持ってくるわけで、だから赤イモ系統でしょう。関東のイモが赤いというのはそれです。ところが瀬戸内海からずっと中国の南にかけては白い系統のイモが、かなり多く作られるようになる。とくに一番盛んに作られているのは、土佐と薩摩です。なぜ、そういうイモがあそこで多く作られるようになるのかというのは、これは澱粉が多いものですから、食べるだけでなくて、これで芋焼酎を作るわけです。ですから関東では、あれだけイモが作られながら芋焼酎が作られていないのは、やはり、イモの種類によっているんだと思うんです。

それでは、どうして関東へは白イモが入らなかったんだろうかというと、焼イモにするのは赤系統がいい。白系統はポロポロするけれども、赤系統はポロポロしない。それがこちらで赤イモが多く作られている原因じゃないかと思います。ですから関東では、イモは主食というよりもむしろ、副食のような意味があって、とくに江戸なんかだと、焼イモにして間食として食べることが非常に多かったんじゃないかと思うんです。

速水　江戸の女性はよっぽどそれが好きだったのかな（笑）。

宮本　ところが関西では、初めから主食として食べられたんじゃないか。むろん、ずっと初めの時期には、西日本でも、イモだけで食べるのではなくて、お粥の中に切り込んで食べる、それからご飯の中へ入れて食べるという形でイモが食べられておった。ただ、イモを食べると、必ず胸がやけますね。それと、非常に塩分を必要とする。瀬戸内海沿岸でイモが非常に普及したのは、そこで魚が捕れて、塩からを食べてイモを食べるから……。

速水　イモと塩がカップルになっているわけですね。

宮本　大体イワシに塩をしたやつですが、それを焼いて食べる。これが一番落ち着きがいいわけです。

速水　敗戦直後、私は紀州の漁村にいてイモとイワシの塩干しをさんざん食べましたよ（笑）。

宮本　かなり奥地までイモは栽培できるはずなのに、少し奥へ入るとイモを食べていないんです。よく見ますと、ほとんど海岸地帯で、たとえば大坂の人は幾らか食べるけれども、京都へ行っても大和へ行っても食べない。作ろうと思えば作れるのに、作っていない。やはり、塩分との関係があったんじゃないかと思うんです。

ですから、こんどイモの食べられた地帯をずっと図にしてみる必要があると思うんです。サツマイモは非常に大きな効果を上げたと言っておるけれども、山間地方で食べられたかというと、ほとんど食べられていない。海岸の近くがほとんどである。そして主食物であるところほど、白系統のイモが多い。ですからサツマイモが日本全体を潤したのではなくて特定の地域だった。

速水　一番多いのは西日本の海岸地帯ですね。

宮本　その地帯は麦とイモと、ちょうど裏表になるわけですね。表作がアワとかキビからサツマイモに変ると、収量がうんとふえてくる。作り易い、主食物になる。ただし主食物になるには塩分を非常に必要とする。これが麦だったら、それほど塩分は必要ない。そういうことと結びついて、ずっと瀬戸内海沿岸とか、四国、九州の海岸地帯、とくに島なんかで多く作った。

小さくても家

速水　確かにそういう地帯ではふえていますね。最後に、「住」の方なんですけれども、庶民の住宅に大きな変化があったように考えているのですけれども、いかがでしょう。

宮本　江戸になってから徐々に変化が出てきたと思います。一般民衆の家は、それまでは土間住まいが多かったわけでしょう。

速水 つまり、土の上に藁とか何かを敷いて住んでいたという状態……。

宮本 ええ、そういう家がほとんどだったでしょう。多少身分の高い者は、床のある家に住んでいたと思うんですが。たとえば「信貴山縁起」なんか見ますと、どう見ても屋根はあるけれども、壁のない家が幾つか描かれていますね。それは中へ掘り込んでおった。

速水 竪穴住居とあまり変わらない。

宮本 東北や北陸のあたりは、土間住いが明治の中頃くらいまで残っている。泉光院の「日本九峰修行日記」を見ても、越前の大野盆地あたりの様子が書かれていて、名主の大きな家でも、土間住いであった、ということが書いてありますね。ですから、土間で住むということはごく普通だった。それに自然に床がついた。西日本はわりあい早く床がつき始めているんです。東日本の家は、家の中で作業をするから大きい家を作る。家の中で馬を飼うというようなことで、非常に大きな家を作っております。

速水 つまり、いばり（尿）の音なんかが聞こえてくるわけですね（笑）。

宮本 納屋を別に持つようになって、それで床のある家へ住むようになったんでしょうが、中国地方の古い文献を見ておりましたら、本百姓の家は、四畳半二間と三畳二間であったということなんです。そうしますと、ずいぶん小さい家なんですね。柳田先生のお宅はそれだったわけですね。柳田先生は「日本一小さい家だ」と言っていますけれども、日本一小さいのではなくて、それがかつての中国地方の基準農家の標準型だったんですね。これが水呑み百姓だと、四間取りの家は持つことができなかった。家が大きくなり始めるのは、明治になってからだ。

それから対馬を調査して気がついたのですが、対馬で、ある部落が突然消えてしまう。あるいは集落がごそっと引っ越すんですね。どうしてこんなことが起ったのだろうかと思って、行って聞いてみると、家が小さいから簡単に閉じちゃって、向こうへ持っていって建てるんですね。そういう村の移動があったということを、それで知ったわけです。

家が小さいから、そのくらいの材料は幾らでもある。むろん屋根も麦わらで葺くんなら、自分ですぐできるでしょう。大事な材木だけ持って行って建てて、屋根葺けば、一村残らず、五〇軒ぐらい固まって移動ができるんですな。日本の村の中にもそういう移動がずいぶんあったんじゃないかという気がするんです。

文献を使う使わないではない

速水　そろそろまとめに入りたいと思うんですが、いまのお話を伺っておりますと、どうも私たちは、記録とか、文字に書かれた資料に頼りがちで、それでは実際は掴めないんだということになりますね。私もよく、江戸時代をやるならやるで、江戸時代の農村をやるなら、自分が農民になって、朝は一体どうやって起きるのか。いま先生がおっしゃったように、ニワトリを飼っていたということで起きることがわかったわけですけれども、たとえば朝起きて、顔を洗ったのか洗わないのか、歯を磨いたのか磨かないのか、朝飯は食うのか食わないのか。そういうことも判らないで、やあ農奴制がどうだ、地主制がこうだとかいうのは、本末転倒もはなはだしいと言うんですけれども、そういうものの、それでは、それをどうやって追究したらいいかということは、実はよくわからない。
そういう点、先生は、文書だろうが、伝承だろうが、ありとあらゆる情報をつかまえてきてやっておられるように見えるんですけれども、そういう点から見て、歴史をやっている者に対して、ご忠告といいますか、お叱りをいただきたいと思いますけれども。

宮本　歴史をやる者が、文献を使うとか使わないとかということでなくて、どちらの立場に立ってものを見るかということですね。農民の立場に立ってものを見るのか、農民を上から見てものをいうのかということの差じゃないいんですか。
僕は、それが一番大きい問題になると思うんですが、農民の味方のような顔をしていろんなことを言っているけれど、それじゃその人が村の中へ入っていって、ちゃんと米を作ったり麦を作ったりする技術を持っているかどうか。その人たちの日常生活が、自分の中にも体験して存在するかどうか。それがない者は、やっぱりよそ者なんですね。よそ者は、ちゃんと農民自身が区別しているんです。どんなに親しくなっても、よそ者である限りは、最後のぎりぎりのところは向こうも打ち明けないし、相談もしないでしょう。その、向こうも打ち明けないし、相談もしない者が、本当に農民の社会がわかるだろうかどうだろうか。僕は、これが根本問題だと思うんです。だから、文献を取り扱う方も、もし農業をやるのなら、そこへ行って、自分自身が農業をやってみるという必要がある。それと、やはり年数をかけることが大事なんじゃないか。調査でずうっと行き来していると、細かないろいろな問題が出てくる。初めのうちは巻き込まれないようにしているけれども、最近になると、巻き込まれて、細かな相談にまで全部乗らなきゃいけなくなる。その乗らなきゃいけなくなったことで、大きな変化が起ってき始める。

やはり、村を見るというのは、そこまで見ていただきたいな、という気がするんです。それは文献とか何とかに関わりなく、そうすると、次第に本当のことがわかってくるんじゃなかろうか。

学問をやっていると、どうしても理論が先になりますわね。何か理論的なことを言わないと、世間が承知しない。だから、その方へみんな行っちゃう。ものを発見するのではなくて、あらかじめワクをこしらえておいて、ワクのことだけを調べて法則化していく。ところが本当に大事なことは、さっきの家の問題でも、元はもっと小さかったんだということに気がついたのは、私にとっては、やはり対馬を調査したことからです。対馬だけじゃなくて焼畑なんかやっているところだったら、転々と移動したにちがいない。家が大きければそれはできない。そういうようにして見始めますと、グウーッといろんなことが見えてきますね。

住まい方というものも、非常に古い時代に、ちゃんと自分らできめていったものが見られる。それを調べてゆくと、幾つかの流れがある。それを階層として捉えるか、あるいは生活条件に合わせて自分たちがそれをうち立てていっていると見るか、その見方の差になってくるんだろうと思うんです。

いままでは、それを階層として見てきたけれども、僕はそうじゃない。それぞれの生き方のパターンというものがあって、それを横の繋がりで見ていくと出てくる。こういうことは、やはり実地に当る以外にないので、文献の中で疑問があった場合には、文献でそれを解こうというのではなくて、できることなら実地に当ってみると、その疑問が何に原因しているかということが、まだいまならば解いていくことができるんじゃなかろうか。そういう意味での文献史学が、もっと実証的になってもらうとありがたい。

速水　江戸時代は、やはり庶民生活の諸々の点で大きな変化があった時代のようです。しかもその変化の方向はだいたい今の日本の大衆文化の方向へ繋がっているようにも考えられます。面白いお話をたくさんお聞かせいただきありがとうございました。

第 11 章

大衆化社会の原型

木村尚三郎（ヨーロッパ中世史）
山崎正和（劇作家）
速水 融（経済史・歴史人口学）

（葛飾北斎「富嶽三十六景　東海道吉田」）

江戸時代と現代の文化

速水　本書では、ほとんど江戸時代を専門にやっていらっしゃる方からいろいろお話を伺ってきました。きょうは趣をかえて、もっと広い立場から江戸時代というものを考えてみたいと思います。

日本の近代化なり、あるいは現在の我々が持っている文化なり、価値観というものは、明治以後になってから始まったのではなくて、歴史はずっとその先へ伸びているということは専門家の間では一応の常識になっていますが、それは一体どこまで遡れるか。そういう歴史の見方の中で何が江戸時代につくられてきたのか、あるいは江戸時代をも突き抜けてきたのかという問題があります。

それから、そういった歴史の経験というものを世界の歴史の中にほうり出してみた場合にどうなのか、ということもある。私の専門の経済史でいうと、どうも一六、七世紀ぐらいに一つの折れ目があって、そこから新しいサイクルが始まるように思います。それは工業化ということでは断絶しないで現在に繋がっているように思えるんですが、そういった点も含めて放談をしようと思います。

憧れと「ハレ」の世界・江戸

山崎　江戸時代というのは、いまの日本人にとって、人気のある時代なんですかね、それともない時代なんですかね。というのは、私は文化史の面から、室町時代というものを少々勉強しまして随想めいたものを書いたんですけれども、室町時代というのは、きわめて大衆的に人気のない時代なんですね。一方、内容としては大変面白い時代で、いまの我々の生活文化の大半は室町で決定されているようなところもある。いま日本文化の代表などといっている華々しいもの、お茶やお花や能楽というものは、全部室町にできているわけですね。ところが、いっこうに人気がない。平安時代というと、『源氏物語』に代表される人気があるでしょう。鎌倉時代になると、義経がいたり、弁慶がいたりして人気があるし、織豊時代は大衆的な憧れの時代ですね。そういう観点から眺めてみると、江戸時代というものはどうなんだろうか。

速水　江戸時代のごく初めの頃と、幕末の時代、この両端は変動期として人気のある時期じゃないかと思いますね。というのは、司馬遼太郎さんが書かれるのは、この二つの時期なんです。はさまれた真ん中の時期は比較的人気のない時期で、「忠臣蔵」を除けば、灰色に塗られてしまっているという感じがないでもない。つまり変化がなかった。あるいは停滞とか、そういう言葉で片づけられちゃっているように思うんですけどね。

木村　逆に言いますと、人気がないということは、案外我々の日常性に根ざしたものが、まさにその江戸時代にあったということと関係があるんじゃないかと思うんですね。明治からあとは、ヨーロッパの文物が入ってきて、ある意味で驚天動地の新しい感じがするわけですけれども、その前はつまらないように見えても案外我々と親しい時代なんじゃないでしょうか。

山崎　いま速水さんがおっしゃった四十七士ですが、おそらくこれほど人気のある話というものは、日本史のなかにめったにないわけですね。これに匹敵するのは、太閤秀吉と義経伝説ぐらいですかね。

この四十七士がなぜ人気があるかについて私が最近大変感心したのは、丸谷才一氏の説なんです。彼が『男のポケット』という随筆集の中で書いていることなんですが、それによると四十七士というのは、都会性のシンボルだというんです。つまり江戸という大都会があって、四十七人もの胡散臭《うさんくさ》い侍が、陰謀を企んでうろうろしていても捕まる様子もない。しかも職業もろくにない連中が、いろいろアルバイトなどしながら生きていける。四十七士の人気というのはこういう都会に対する日本人一般の憧れだというんです。これを別の言葉でいえば、大衆社会状況ですね。これは江戸時代を捉える一番いいポイントだろうと思うんです。

木村　その通りですね。赤穂浪士の行為を厳しく非難した荻生徂徠自身、人々がみんな江戸へ江戸へとやってくるのを嘆いています。彼は何とかして、江戸にごろごろしている人間を田舎に帰したいんだけれども、できないんですね。なぜ人が江戸に来るかというと、田舎では、食べる物というと、ヒエとかアワとか麦しかない、酒といえばドブロクだけ。土間にムシロを敷いて、ゴザを敷いて寝るといった生活でしょう。ところが都会に来れば、青畳に蚊帳を吊って寝ることができて、その上お米のご飯が食べられ、清酒が飲める。これでは武士はおろか棒手振に至るまでみんな江戸に集まってしまうのは当然ですね。その意味で江戸というのは憧れの町、希望の町だったんでしょう。

山崎　もう一ついえることは、江戸というのは、最初から最後まで新興都市で、少しも成熟しなかった都市だと思うんですよ。一方、京都という町はその反対の意味の都会ができ上がっているわけですね。近世の担い手だった町衆が、がっちりと組織をつくって地方者を排除する。いまでもそのためか京都というのは、よその方には若干住みにくいところがあります。ところが江戸というのは、最初からよその人が入り込んできて、しかもその人たちが江戸っ子気質などというものをつくったんですが、不思議なことに、最後まで排他的じゃなかったですね。

速水　幕末期ですけれども、幕府が、江戸の住民に出身地を聞いてそれを集計しているんです。そういった調査を数回やっているんですけれども、それを見ますと二五%から三三%、つまり四分の一から三分の一が、江戸以外の生まれだと答えている。その調査対象は、一応登録されている住民で、そのほかに棒手振、無宿者がいますから、江戸の住民というのは、雑多な構成だったんですね。

江戸に幕府ができたころはその人口というのは数万いっているかいっていないかじゃないか。それが元禄の赤穂浪士のころには、百万近くになっている。こんな激しい増大があった都市というのは他に例がないでしょう。面白いことに当時の農村を調べてみますと、たくさんの人が江戸をはじめ都会へ出て行くわけですね。ところが都会へ出た人は、どちらかといえば若死にするわけです。私たちの専門用語で「平均余命」というんですが、その数字をちゃんと統計的に出すことができます。農村に止まっているほうが長生きしている。だから都会へ出る連中はいってみれば命を賭けているわけですよ。経済学では、こういった移動を所得の違いに求めるのですが、どうもそれだけではなくて都会には自由があるから行くのじゃないか、そうなると一体、江戸時代の都会の自由っていうのは何なのかということになりますね。

木村　江戸時代からあとの江戸、東京というのは、ちょうどキリスト教徒にとってのエルサレムみたいなものじゃないんですか。つまり伊勢神宮がかつてそういう意味を持っていたことは間違いありませんけれども、江戸、東京も一ぺんはお詣りすべき、つまり生活上の信仰の対象なんですね。

田舎の人にとってみれば江戸というのは「ハレ」、つまりお祭の憧れの世界、そして田舎は「ケ」、つまり日常、現実の世界だったんですね。せめて一度は江戸に行ってお祭をやってみたいという気持で、ぞろぞろ江戸へ来たのじゃないか。江戸時代の遊廓っていうのは、夜っぴて「トントコトントコ」太鼓を叩いていたようですね。ゴロヴニンの『日本幽囚記』の中に出てくる、松前の遊廓の話ですけど、彼らの住いの隣りにあって、たえず太鼓をやかましく叩いていたと書かれています。村ではお祭のときだけ叩く太鼓を、都会では毎日叩いている。その「ハレ」の場、祭をする大聖堂が、江戸だったんですね。その遊廓の伝統を受け継いでいるのが、今日のデパートや喫茶店で、太鼓の代りに音楽をいつも流している。

山崎　いまの太鼓のお話は大変象徴的ですね。今流の言葉に置き直すと、情報化社会なんですね。確かにいい生活ができるという夢はみんなにあったでしょうけれども、本当にいい生活が実在したかどうかというのは、疑わしいと思うんです。速水さんのお話じゃないけれど、都会に来ると早死にするような生活条件があった。

しかしそれは「実」の世界の話であって、「虚」の世界の方で見ますと、いまの太鼓の音のようなものがいつも鳴り響いているわけですね。ですから『籠釣瓶花街酔醒《かごつるべさとのえいざめ》』のようなお話も実際に起るわけですね。大夫の道中を見て一目惚れをした田舎者が本気で惚れ込んで、最後は大夫を殺すところまでいってしまいます。おそらくああいう事件はたくさんあったんだろうと思うんです。とすると、田舎から出てきた人にとって、実際に存在したものは、本当の遊興ではなく大夫の道中という虚の姿にしかすぎないんで、そういう点では、現在でも同じことですね。

木村　そうですね。江戸はきっと田舎の影という性格を持っていたんですね。一六、七世紀から、灌漑治水技術が発達して、平野部でたくさん稲作ができるようになった。それと同時に惣村、郷村といった村の共同体組織があっちこっちにできてくるわけですね。これによって一方で生産は上がるが、他方では人々が固まって組織的に生きるようになり、非常に息苦しい状況が発生してくる。

速水　生活が詰ってくるわけですね。

木村　隣り近所がみんな見えてしまう。お互いに嫉妬心も非常に強くなったようですね。隣りの家に倉が建てば、うちには腹が立ったりする（笑）。自分の田圃の水が、切られてしまうんじゃないかという不安から、いつも夜になると見まわって歩いたという話もありますね。そういう息苦しい生活から何とかして逃れたい。そういう農村自体の変化も見逃せないと思うんです。

速水　ただいまのお話は江戸が中心になってしまったけれども、たとえば九州の人がいきなり江戸へ来るといったことはないんですね。江戸へ来るのは、関東、それから信州、駿河、南東北、こういった地方からです。それから大坂、京都、近畿、美濃、瀬戸内海筋あたりからやって来る。庶民が全国から江戸へ集まったとは言えないと思うんです。

大衆文化の時代

山崎　おそらく城下町というものが、それぞれの小さな江戸であって、そこである種の都会化のパターンを経験した人間が、さらに江戸へ行くという形をとったのでしょうね。私の見るところでは、そのパターンは室町、桃山までの間にほぼ用意されているという気がするんです。城下町の形成というのは、いわゆる室町の終り、戦国時代から桃山時代にかけて起りますね。そしてそれと同時に、都会的な性格というものが、初めは京都を中心にしてほぼ完成する。都会に憧れるという構造までは、ほぼ桃山でできているといえると思うんですよ。ただ、江戸時代に入ってからの飛躍的変化というものは、これはもう本当の大衆文化としか呼びようのない時代じゃないかという気がするんです。

桃山の終り江戸の初めに、まず朝鮮から印刷術が入り、そして光悦なんか非常に象徴的な例ですけれども、出版事業が始まります。そして、限られた層かもしれませんけれども、江戸時代の初めから、印刷物を読むという習慣が広がりますね。それから、だいたい一八世紀の初めには、寺子屋が全国にできてきて、大衆教育が非常な勢いで普及する。これは諸外国にはあまり例を見ないですね。

木村 その点で日本は、本当に世界一です。

山崎 それから一方では大衆芸能ですね。だいたい阿国歌舞伎が一七世紀の、ちょうどシェークスピアと同じころと憶えているんですけれども、これは京都を中心にして起ってきます。それから、同時に仮名草子というものが盛んになるでしょう。これは要するに大衆も文学を楽しみ出すということですね。そういうことが、だいたい一七世紀に一斉に広がってくる。その準備段階として、室町の終りには『庭訓往来』などというものがかなりたくさん出版されて、手紙の書き方を庶民が学ぶというような現象も目立ちますね。

速水 先ほどの大衆化のお話に関して、思い出したんですが、江戸時代に幕府が、たびたび賭博をしちゃいかんという禁令を出しますね。その博打の中に必ず出てくるのが三笠附というやつなんですよ。

これは、俳句の組合わせをやるわけです。正解ならいいわけで、現在ならばスロットマシンですね。そしてそれが賭けの対象になるわけですね。

山崎　百人一首のようなものですか。

速水　まあそういったものなんです。庶民がもうすでに句をやっているわけですね。これをいい意味に解釈すればそういう三笠附をやれるだけの、いわば知的水準を持っているということでしょう。

山崎　この座談会の冒頭で速水さんが江戸的なものはどこまで遡るかという設問をされましたので、それに関連して申しますと、訴訟そのものというか、裁判を重視するという習慣は、鎌倉まで遡りますね。『十六夜日記』がはっきり示しているように、裁判というのは重大で、すでに争いは腕力で片づけるのではなくて、裁判で片づけるのだという常識を定着させた北条氏の功績は大変なものだったと思う。ただ、おそらくその段階で争っているのは庶民ではなくて、武士階級以上だったろうと思うんです。

それから、言葉の習得の大衆的な広がりについてですが、これもかなり遡ることができます。室町にはご承知のように花の下の連歌会というのがありました。上の方は、もちろん武士や貴族たちが集まって、ちゃんとした連歌会をやるわけなんですが、下の方は「花の下」という言葉が象徴するように、野外に坐って歌をつくって遊ぶわけでしょう。そのときに、実際に歌を筆記していたかどうかといえば、おそらく書いたのだろうと思います。連歌を書かないでやるというのは、ちょっと考えられないですから。

そういうような準備段階があって、じわりじわりと大衆状況が進むわけですが、やはり江戸の寺子屋の普及というものが、飛躍的に文盲を追放したと思うんですよ。ですから例の『菅原伝授手習鑑』のいろはおくりというものは、こと仮名に関しては、あの段階で庶民が全部書ける、少なくとも歌舞伎を見にくる程度の観客には、全員仮名が読み書きできたということを意味しているんだろうと思いますね。

木村　寺子屋や塾の数が一万五千以上あったというでしょう。あれはほんとに世界一のすばらしさです。ヨーロッパにはそんな熱心な庶民教育はありませんよ。近世の修道院で女の子を教えたっていうことはあっても、習うということに対する庶民のこれほどの熱心さはないですね。

山崎　大衆教育という点については、ほかの東洋諸国もそんなに熱心じゃありませんね。中国も非常に文化の高いところですけれども、大衆教育というものは、それこそ近代になって、いまの共産政権ができるまでなかったんじゃないでしょうか。

速水　文化の社会階層性というのを考えても、日本はひどく平準化している感じがしますね。ヨーロッパ、あるいはアジア大陸では、非常に少数のエリートが、高い文化を持っている。日本はそれがぺちゃんこになっている。そんなような感じがしますね。

山崎　ともかく言葉で遊ぶという習慣は、もちろん西洋にもありますけれども、日本人も相当に好きな民族ですね。速水さんのお話ですが、博打にまで文字を使うというのには感心しました。江戸時代は、ともかく俳諧の時代でしょう。俳諧の支持層というものは、芭蕉の『奥の細道』で見るように、全国的ですね。だから都と地方を問わず広がっていて、しかも社会階層は、武士から本当の町人まで広がっていますね。ところで農民はどうでしょうか。

速水　宮本常一さんが話されていたことですけれど、俳諧のクラブみたいなものが、農村にあるわけですね。それを渡り歩いている人の旅行記があるんです。農村もそこまでいっているわけですね。

山崎　狂歌なんかですと、蜀山人というのは大蔵省の課長クラスの役人ですね。しかし当時の狂歌をつくる人たちというのは、宿屋の主人から、遊女そのものをも含めて広がっているんですね。遊女といえば農村出身の娘が多かったでしょうから、考えてみると大変な国民的教養ですね。

速水　江戸時代というとすぐに士農工商って言いますけど、あれは使うことを止めたほうがいい言葉じゃないかとさえ思います。確かに年貢を取るときは、武士は武士、農民は農民です。けれども金を使うときは、町人だろうと、百姓だろうと、武士だろうと、同じなわけですね。生活のパターンというのは、むしろ消費の方にあるわけでしょう。もちろん所得の多い少ないはそれぞれあるでしょうけど、士農工商に分かれていたんじゃないというように、この頃考えるようになってきたんです。

木村　江戸中期の経世家・海保青陵が、大名や武士といっても結局は米をもらって、それを札差で売って、金に換えてもらって生活しているわけだから、その意味では将軍様から足軽に至るまで、みんな商人じゃないか、武士どもは、オランダの国王が商売をするといって笑うけれども、何がおかしいかって、言っていますね。

山崎　土佐だとか、薩摩などというところには、農民だか武士だかわからない層がちゃんとある。士農の間をつなぐ間の層もちゃんと存在しますね。おっしゃるように、段階的な変化があっても断絶はありませんね。

速水　身分格差というものは表向きはちゃんと区別されているように見えるんですけどね。侍は跡継ぎがない場合、早いうちに養子をもらわないと、お家断絶になるわけです。その養子ですが、たとえば自分の領地の百姓のだれかをもらうということでもいいんです。だから、そういった身分の違う養子があとで銀座の役人になって、造幣の権力を握るようになるとか、そういうソーシャル・モビリティというのは案外あるんですね。だから士農工商のことであんまり固定してこの時代を考えるのはやめた方がいい。

山崎　もう一つ、日本文化の非常にうまい仕掛けがありますね。裏社会ともいうべきもので、それは何かと言えば天下に公認されていた遊廓です。考えてみますと、江戸文化の大半は、遊廓でつくられているわけですね。音楽というのは、文字どおり遊廓にしかなかったようなものだし、文学も、狂歌なんていうのは、実際に遊廓を場所にして生まれたし、歌舞伎は遊廓を材料にして生まれましたね。芝居茶屋なんていう伝統も、遊廓とつながっています。つまり遊廓の世界というのは、単なる売春の場所ではなくて、精神的な意味を持った世界でしょう。粋などという価値が生まれてくるのは、遊廓ですからね。遊廓の世界に入ると、士農工商もなにもない。粋な人間と野暮な人間しかいないわけでしょう。「田楽じゃあるまいし、二本差して何が偉い」という伝統がちゃんとあるわけですね。

同じことは、劇場についても言える。劇場というのは、西洋と日本との違った面をよく表していますけど、西洋では、劇場はパブリックな社会の末端なんですね。ですから、現在でもご承知のように、ロイヤル・ボックスというものがあって、モリエールの劇団でも、あるいはシェークスピアの劇団でも、宮廷とのつながりにおいて生まれるわけです。江戸の歌舞伎というのは、宮廷とはまったく関係がないどころか、むしろ宮廷とは対立するような価値観の世界をつくるわけです。対立とはいっても、ときどき干渉は受けますけれども、一種の独立地域なんですね。そういう世界があったということは、士農工商というものがいかに建前であったか……。

速水　たしかに「芸者」という言葉は「芸」を持っている一種の文化教養人のことですからね。

木村　完全に民主社会ですね。民主主義じゃなくて、民主社会ですよ。ヨーロッパの場合は、地続きだし、いつ敵が攻めてくるかわからないからどうしたって軍隊式構造をとらざるを得ない。国王その他、司令官の命令一下、それがすべて行きわたるような関係にしておかなくちゃならないから、政治も演劇も軍隊的構成ですね。芝居にもオーケストラにも、ちゃんと監督や指揮者がいて役者や演奏家を支配するんですから。

文化史より見た「鎖国」

山崎　ところで、江戸という時代を語ればどうしても鎖国に触れざるを得ない。この鎖国の江戸について、私はアンビバレントな感じを持つんですよ。たしかに江戸時代のシステムはきわめてうまくできているし、鎖国というものは実によくできた政策だと思うんです。しかも少なくとも江戸中期のリーダーたちは、あの鎖国というものをかなり意識的にやっていて、それはいいことだと考えた証拠があるんですね。例のケンペルの『日本誌』がありますね。あの本が書かれたのは一七世紀の終りですけど、後に翻訳が出て日本の知識人も読んでいます。その中でケンペルは鎖国はいいことだと言っているわけです。江戸末期のローゼンクランツも同じことを言っているんですが、要するに、日本は人口稠密であって、生産力が高くて、しかも農業、工業ともに自給自足ができるんだし、ここで鎖国をやるのは当然であるというんですね。私どもが今からみても、確かにこの政策はうまくいっていたと思います。しかし、どうも趣味の問題で……（笑）。

速水 鎖国については何度かこの座談シリーズでもとり上げましたので、アンビバレントなところを一つ……。

山崎 私が室町、桃山を好きなせいかもしれませんけれども、あの時代で西洋の近代というものとぶつかりあって、しかもそれをナマで受け入れるのではなくて、かなりユニークな受け入れ方をしかけていたと思うんです。それを鎖国という形で打ち切ってしまった。もちろん鎖国をしなかったらというのは歴史上の「イフ」ですから何も言えませんが、何となく惜しい感じがするんです。

たとえば阿国歌舞伎のころに、シェークスピア劇というものがあった。まったく同じ時期ですね。世阿弥から遅れること二〇〇年ですがね。その後進国イギリスから（笑）、最近面白い芝居ができたというので、輸入していたら、近松の芝居はどういうふうになっただろうなどと思うわけですよ。そう思うと、どうも多少アンビバレントにならざるを得ない（笑）。ついでながら、合理的レベルで言いますとね、鎖国の方がよかったというもう一つの理由に私は最近気づいたんですよ。

というのは、木村さんの前ですけれども、ヨーロッパで海洋国家として発展した国、たとえばスペイン、ポルトガルなどは、どれも急速に伸びまして、ぱったりと倒れるんですね。そして二度と甦らない。これが西洋における大陸国家と海洋国家の運命を大きく分けていると思うんです。大陸国家であるフランスとかドイツとかいう国は、何度倒れても、また甦る力を持っている。だから海洋というものは大変危険な誘惑で、もしもあのとき日本が海洋へ乗り出していれば、たぶん梅棹忠夫さんの言うように、インド洋海戦ぐらいまで持ちこめるほどの力を持っただろうと思うんですね。うっかりしたら、北米大陸の半分ぐらいまで日本は押えたかもしれない。

速水 オーストラリアは日本の植民地になっていたという人もいますね。

山崎 北米も大丈夫だと思う。だってスペインはメキシコまでしか来てませんからね。造船術は日本の方が優れていて、例の支倉常長の乗った船というのは、スペインが買っているくらいです。ですから、もしカリフォルニアをねらえば取れたでしょう。しかし、それをやれば、まず日本の農業人口、それから日本の知的人口、つまり失業武士になる人たち、これが全部海外へ出て行った。そうすると、寺子屋の先生になる人間もいなかったし、仮名草子の作者になる人間もいなかった。まず知的に日本は衰微したでしょう。おまけに、山の木をみんな伐り倒して船にしたでしょうから、かなり山も荒れたでしょう。植林する人間も、たぶん海外へ出てしまいますから。うっかりしたら日本もポルトガルになったかもしれないと思います。

木村 鎖国というものは、日本だけやったのではなくてフランスだって当時は事実上同じような鎖国をやっているわけです。つまり近代国民国家というのは、国境を閉ざすことによって、内部での成熟をはかったんですね。いままで地方ごとのまとまりしかなかったものが、そのいくつかの地方をまとめて一つの国家にするために、まず外ワクをがっちり固めたわけです。

日本のやったことも同じだと思います。もともと海という障壁に取り囲まれ、その意味では自然の城壁があったんですが、にもかかわらず鎖国をしたということは、意図的に、自分で積極的に城壁をつくったということですから、日本近代国民国家は、江戸時代にできたと思うわけです。しかも単なる自己閉鎖ではなくて、出島を通して情報はちゃんと海外から入ってきましたし、オランダや中国とも貿易をやっていたんですね。そういう意味では、山崎さんがおっしゃいましたように、結果的にいえば今日の日本が出てくるために、どうしても不可欠の手段だったと思います。

しかし、なぜ鎖国をしたかということになると、やっぱりキリスト教に対する恐れが大変大きかったのではないか。一六世紀後半にキリシタンが入ってきて、あっという間に約七〇万の人間が信じたと言われていますからね。しかし一神教というのは、基本的に日本文化と相容れない面がある。一つの神を求める精神というのは、人間に対する根底的な不信感に裏打ちされています。ですからあれはお互いに闘争し合う本能を持った民族がつくり上げた宗教ですね。そのキリスト教というものにぶち当って、初めて当時の為政者が無意識にしろ日本文化の特質を実感して、どうしてもキリスト教を日本に入れてはいけないという気持を起したのは、当然だったと思います。その最初の現れが、鎖国といえるんじゃないでしょうか。

山崎　キリスト教というものを含めた西洋文化と日本との接触というものは、かなりユニークであったと私は思うんです。たとえば、キリスト教に対するインドとか中国の対応と、日本のそれとは非常に違うわけです。インドの場合なんかですと、信仰が違うばかりでなしに、生活習慣そのものがぜんぜん違うので、ポルトガル人は布教をあきらめてしまう。ゴアに立て籠って、あの近所で宗教裁判のまねごとみたいなことをやっておりますけれども、ぜんぜん成功していないんですね。私はこの間ゴアへ行きましたが、面白いことには、ポルトガル料理というのは生活の中に何も入っていない。リスボンに行きましたら、インド料理がいっぱい入っているんです。カレーライスも昔からあるんですね（笑）。

中国も似たようなもので、多少宣教師も入りましたし、改宗者も出ましたけれども、あそこも儒教的な生活習慣が強いものですから、マテオ・リッチなんかも大変苦労し、悩みぬいた挙句に儒教は宗教にあらず、従ってこれを容認しながら布教するという有名な妥協案を考えます。ともかく、インドでも中国でも、非常な抵抗を受けたのに日本は何も抵抗しない。ただし、彼らが持ち込んでこようとしたいわゆる一元的宗教観、イデオロギーに関しては、日本人はほとんど無視したんじゃないかと思うんです。

当時のヨーロッパ人が天動説と地動説の争いを日本人に説明しまして、われわれは地動説を主張するんだと言ったら、日本人の答えは、「それがどうした（笑）。どっちでもいいじゃないか」と言ったそうですね（笑）。

速水　林羅山でしょう。

山崎　一方、キリスト教に対する知的理解というのは大変なもので、当時ザビエルが日本に来て、ザビエル自身が言っていますけれども、日本人が次々に来てとんでもないむずかしい質問をするので、朝も夜も寝られない、「これは法難である」（笑）と言っています。その質問内容を見ますと、いまの我々の標準からみてもかなり高度な哲学上の問題なんですね。たとえば、キリスト教は普遍的な宗教であり、永遠の真実だという。ところがキリスト教はいま入ってきた、そうすると、いま仮に我々が救われるとしても、過去の日本人が救われないのはなぜであるか。この質問にはザビエルも困ったと思うんですよ。超歴史的普遍性と、歴史的有限性の問題ですからね。それは答えられていないんですね。

そういうふうにやりながら、合理的なもの、技術的なものだけはどんどん受け入れてしまう。ただ信仰は受け入れない。つまり日本の受け入れ方というものは、いったんその受け入れたものを脅威と感じた瞬間に、反撥も無限に広がるわけです。それであいう無残な大殺戮になるわけですね。あれを思うと、為政者の側に何かうまい解決法があったのではないかという気がするんですがね。

木村　キリスト教が入ってきた一六世紀後半の日本は、かなりの動乱期ですね。日本史上ただ一時期だけあった、ヨーロッパ的な力と力のぶつかり合いの時代だったといえるように思います。そこにキリスト教がヨーロッパ的な意味で入ってくる客観的条件というのが、一時たしかに存在した。またそれだからこそ秀吉が、非常に危機感を持ったということは言えるんじゃないか。キリスト教が江戸時代に入ってきたとしたらもう少し意味が違っていたと思います。

速水　キリシタン追放令を出す前の晩に、秀吉はポルトガルの船長と会ったり、宣教師と会って話をしたり、非常に友好的な態度ですね。ところが、翌日にガラッと変る。山崎さんの言われる無原則の受け入れ方ですから、いったん拒否するとなると、大変なことになる。

木村　たしかにおっしゃる通りですが、その一八〇度転換には転換せざるを得ない事情があったのではないでしょうか。キリスト教徒はいまの日本でも約七〇万人で、少しも増えていない。というより人口比では四分の一に減っている。つまり、日本にはキリスト教を受け入れ難い土壌が、江戸時代以降に生じたのではないか、ということです。

山崎　ですから、私が言っている何らかの解決法というのは、経教分離ができたのではないかということなんですよ。政教じゃなくて、経教ですね。

歴史のタイミング

木村　ポルトガルやスペインは、経教一致でやってきたんですか。

山崎　いや、そうでもないんです。実はポルトガルとスペインの間には、大変な態度の違いがあるんです。もしポルトガルがあのままずっと日本に入ってきていたらよかった。ポルトガルはイエズス会で、スペインは、ドミニコ派とフランシスコ会に結びついている。この肌ざわりの違いですね。だいたい教派の違いがある上に、国の違いがあるんです。ポルトガルとスペインというのは、イベリア半島にあるので、我々は相似の国と考えますけど、闘牛の仕方まで違う。スペインは牛を殺すことに喜びを覚え、ポルトガルは牛を殺さないことに誇りを覚えている国民ですからね。そういう肌ざわりの違ったものが一緒に来るわけですね。日本にとってみれば、マカオかルソンかということだったわけです。マカオとの交渉は、まったく日本側に優位に進められていて、日本はずいぶんマカオをいじめますね。マードレ・デ・デウス号を有馬晴信が焼いても、マカオの方が謝ってくるわけですよ。それにひきかえ、ルソン側は、禁教令が出ても、やたらにやることが挑戦的ですね。日本にとってルソンはかなりの脅威だった。

速水　日本はルソン遠征計画まで立てたくらいですからね。マカオ遠征計画というのはついになされなかった（笑）。

山崎　ヒストリカル・イフですけれども、もしもポルトガルがもう少し長くとどまって、スペインの来るのがもっと遅かったならば、妥協が成立したと思うんです。

木村　それは変ったかもしれませんね。しかし実際はポルトガルが一六世紀にいち早くスペインに敗れてしまった。

速水　そしてこんどはスペインの無敵艦隊がイギリスに敗北する。日本の歴史を決定する上で、あのあたりの歴史のタイミングというものは、微妙ですね。あのタイミングが一〇年ずれていたら日本史はずいぶん変ったかもしれませんね。

木村　ただ一般論として申しますと、ヨーロッパ人は、あの時代大変に攻撃精神を発揮したんですね。大体ヨーロッパは一六世紀の後半からアルプス氷河が発達しまして、寒冷化が進み、一九世紀半ばまで続くんです。ニューヨークのハドソン川でアイス・ボートが使われたり、ロンドンのテームズ川の氷の上で牛を焼いて食べたといった、いろんな記録が残っています。寒冷化が進むと同時に雨が多くなって、穀物の収穫が非常に落ちる。それでも小麦がよくとれる北フランスのようなところはまだ耐えられますけれども、そうでない後進地帯は先進地帯と結びつかなければ生きていかれなくなる。その結果ユグノー戦争とか、ピューリタン革命とかが起った。その意味では、当時のヨーロッパは生きるか死ぬかの必死の時代なんですね。そこではじめて後進地帯が先進地帯と結んで生きあう、中央集権の国民国家の体制がヨーロッパ内にできてくる。

キリスト教も、実はあの時点で初めて本物になるわけです。中世のキリスト教っていうのはいわば空気、雰囲気みたいなものだったのですが、あの時期から神の名の下に攻撃を始め、戦争を本格的に始めるわけです。ですからあの当時の西洋諸国の人間は大変に攻撃的であったということが言えるんですね。日本側にすれば、それに対する不安感というか、自己防衛というか、そういう気持が非常に強く働いたんじゃないかという気はしますね。いままでみたいなオープンにしてばかりいられなくなったという状況が、一般的にはあったんじゃないでしょうか。

速水　とにかく初めての経験で、その対応というのは具体的にわからなかった。それで唯一手っ取り早く考えられるのは鎖国だということはあったでしょうね。もちろんほかの選択の可能性も確かにあったと思うんですけれども……。

山崎　ただどうでしょう。話を面白くするために言うんですが、家康には、最後まで鎖国をやり抜く気があったのかどうか。私は非常に疑わしいと思うんですが……。

速水　その通りです。これははっきり言えるんですけれども、鎖国へ向って動き出すのは家康が死んだあと、あるいは家康が抱えている側近から、秀忠の側近たちに政治の権力が移ってからあとです。ですからまさに大坂落城のあたりですよ。家康の死ぬのが元和二（一六一六）年でしょう。そのあたりなんですよ。最初の時期っていうのは、イギリス国王と国書を交換したり、スペインから鉱山技術を入れて、佐渡金山の関発をやろうとしたり、むしろ非常に積極的なわけですね。

山崎　鎖国令というのは、家康存命中は終始一貫経教分離策だったと私は思うんです。秀忠という人は、私はどうも好きな人じゃないんですけれども、偉いお父さんのしたことを何から何まで過剰に拳々《けんけん》服膺《ふくよう》して……。

速水　秀忠は、ものすごい家康コンプレックスなんです。秀忠は関ケ原のときに遅れをとって、家康からこっぴどく叱られるでしょう。悪くすりゃ首がとぶとこですよ。だから、ほんとうにカチカチになって、家康の持っているある面を非常に強く出してしまったということはありますね。それに、あの時期ですと、将軍が替ると側近が全部交替するわけですね。ですから秀忠側近とか、次の家光側近が、鎖国の方向へ行くべき考え方を、どこかで持つようになっていったんじゃないかなという気がするんですが……。

山崎 もう一つ、伺いたいんですが、明の鄭成功が日本に応援を求めてきますでしょう。いま正義の話は別にして、帝国主義的見地に立てば、あのとき出兵して損なことは何もないわけですよね。当時の幕閣の世論は……。

速水 たしかに心情的には親明です。

山崎 徳川頼宣は紀伊の殿様だから、ずいぶん力が強いわけでしょう。彼が明に応援すると言っているのに、どうしてあれがひっくり返ったんですか。

速水 幕府は、非常に大陸の情報に敏感なんですよ。大陸情報は長崎ルートや朝鮮経由、対馬ルートで入ってきますが、そこであらゆる情報を集めて、幕閣で決定するわけですね。ですから後金《こうきん》、つまり清が非常に強いという判断をすれば、明を捨てようという現実判断が、そこでできる状態にはあると思うんです。心情的には鄭成功を支持したい、しかし明を支持してもどうなるものでもないという、一つの状況判断ができるシステムは持っていたわけですね。

山崎 私は、別に鎖国をしなかった方がよかったという意見ではないんです。ただ、当時の日本人にも、かなり鬱屈したものは残ったと思うんです。というのは、『国姓爺合戦』という芝居が、近松の名作でもありますけれども、異様な当り方をしているんですね。あれはたしか二年間のロングランだったはずです。『国姓爺合戦』というのは、ただ一つ日本人の海外進出を歌舞伎にした例なんですね。一七一五年の作ですが、歴史的事実と非常に近い時期の作品ですね。ともかくあの芝居があんなに当ったということは、やはり大坂の庶民にとっても、何か割り切れないものが残っていたと思うんですね。なにも中国を取りたいということじゃなくて、世界というものをちょっと覗いてしまった。その視界をふさがれた鬱屈した気持があの芝居を支えているような気がするんです。

過密と不満

木村　ところで一七世紀という時代は、非常に開墾が進んだ時代らしいですね。江戸時代の始まりのときと、一世紀ぐらいたった一八世紀の始まりをとってみると、田畑が八〇％ぐらい増加していると言いますが……。

速水　江戸時代のうちに現在と近いぐらい開墾は進みますね。日本は可耕地のうち、実際に耕地になってしまっている面積の比率が一番高いところなんです。江戸時代、それも前半のうちに、極限までいってしまっているわけで、あとは八郎潟とか、そういう近代的な技術を使わなきゃできないところしか残っていない。

木村　そうすると鎖国の時代というのは、人々のエネルギーが内に向った時代ですね。

速水　たしかに一七世紀までは外へ発散する余地はあった。それが目いっぱいになって内へ向った結果が、元禄、享保、あの江戸時代のピークの時期だったと思うんです。

木村　そうすると享保からあとは、為政者としては民衆をだましだまし……。

速水　ですから幕府にしても、農民から年貢をもうこれ以上は取ることはできないとあの時点であきらめるわけですね。目いっぱいでこれ以上取れない。そこで定免制になるわけですね。あとはほかから取ろうというわけです。

木村　そうすると日本人の「ブツブツ」言う不平不満というのは、一八世紀から始まったんじゃないですか。一八世紀から百姓一揆、都市騒擾が多くなりますね。しかも、毎年々々数十件から一〇〇件以上もあるんですね。これはヨーロッパ人の感覚からすると、少なくとも表向きは日常的に「革命」をやっているようなもので、しかも一〇〇年も二〇〇年も革命が続いているわけですね。その原因として挙げられるのが役人の不正反対、新田開発反対、新道開発反対。

速水　いまとまったく同じだ（笑）。

木村　不浄船入港反対なんていうのもある。

山崎　これも同じですね（笑）。

木村　ところが民衆の方も、徹底的革命までは至らないし、為政者も徹底的弾圧はしませんね。「まァ、まァまァ」と言ってやっている。

山崎　「ブツブツ」という不満は確かに江戸時代からだと思うんですが、いまの闘争と体制の関係というのは、はるか室町まで遡れますね。当時の土一揆がそれですね。これもそういう意味では真剣じゃない。

速水　真剣なのは一向一揆だと思う。

山崎　たとえば土倉の打破りなどやるでしょう。そうすると徳政が出る。要するに徳政を出せというのでドンとやるわけですね。そういったとき、京の町衆たちはどうするかというと、お酒の樽などを前に並べて、「皆さんご苦労さん、どうぞやってください。ただしうちだけは破らないでください」。出したところは破らないわけですね（笑）。この徳政というのがまたインチキなものでして、次に契約をつくるときには、徳政が出てもこの条項を削らないという契約書をつくる。ところが、次の徳政のときには、その条項がついていてもこれは成立するという徳政が出る（笑）。その上、いまでいう条件闘争ですね。

江戸の百姓一揆はどうか知りませんけれども、だいたい土一揆、百姓一揆の類は、地方代官の悪政を攻撃するわけです。そうすると、一揆側の首謀者は必ず殺されるが、要求は全部通るんです。というと、いまの国鉄闘争と同じで、違法闘争をすると、幹部はクビになるけれども要求は全部通る。これは室町から同じですね。そして必ず代官の方もクビになる。徹底的弾圧じゃなくて、取引です。命をかけて一揆をやるほどのことなら認めようという体制ですね。そのかわり首謀者は死ねということです。

木村　役人の不正に対する非難とか怒りというものは、逆に言うと、役人というのはいつも清浄潔白で正しい政治をすべきだという通念、思い込みがあるからですね。ヨーロッパ人の場合には反対に、役人というものは、悪い存在である、という思い込みがある。キリスト教の原罪意識にはっきり見られますように、そもそも人間の本性は悪であり、そのような弱くて悪い人間が権力を取ればますます悪いことをするに決まっている、ということになる。それから身を防ぐのが庶民の知恵だ、というのが常識なんですね。ですからヨーロッパでは賄賂は当り前だし、不正は常に行われている。

ところが日本の場合は、悪代官、役人の不正に対する攻撃は江戸時代を通じて繰り返し行われる。ということは、お上に対する信頼というものがむしろ江戸時代から本格的に起っているといえるでしょうね。政府高官を攻撃するのは、庶民がお上をいかに信頼しているかということですよ。信頼しているのに裏切られたからけしからん、許せないと怒る。フランスじゃあんな騒ぎは滅多に起りませんね。当り前の話ですから。

山崎　ただ田沼意次という人がいますね。彼は例外なのか象徴なのか、どっちなんでしょう。

速水　私は、いまの価値観から言えば、まさに江戸時代の中ではああいう結末になる人物だと思うんですね。けれども、彼はやっぱり傑物だと思うんです。その傑物が生存できない状況というのがあって、そこで断罪されるわけですね。

山崎　私が江戸時代に対してアンビバレントだというのは、実はそういうことなんです。田沼政権というのは悪い政権ですよ。しかし田沼時代というのは文化的に非常に豊かな時代です。私はどうも江戸時代に行われた例の享保・寛政・天保の三改革に対して非常にいやな気持が残るんです。江戸というのは、先ほど申し上げたように都会性原理と情報文化によって発達してきた町です。ところが改革というのは、いやな意味の農本主義で、何かというといつでもそれで締めにかかるわけですね。だから、どうも江戸時代というのは、全日本的に都会化の傾向を示す中で、トップを押えている幕府体制は、体質的に悪い意味で「農民的」だと思う。だから締めることしか考えない。たとえば日本でオイル・ショックが起る。そうすると一番先にネオンを消せ、贅沢はやめましょうというのがパッと出てきますね。私なんぞは、家庭の電気を消してもネオンはつけておこう、と言いたいくらいなんです。その体質に、私はいやなものを感じるわけですよ。そういう気質が、右からも左からも出てくるんですね。そういうふうな変な農本主義というのは、どうも江戸の一つの体質ですね。

速水　江戸時代というのは、物とか金とか人とかが、全国ぐるぐるまわるようになった時代でしょう。ぐるぐるまわるっていうのは、チャンスさえ掴めば、だれだって金が掴めるということです。実際、三井、住友などの財閥は、みんな江戸時代に源流があるわけですね。彼らは武士じゃなかった。武士だけが金を掴み損っているわけですね。その中で唯一掴みかかったのが田沼なんですよ。ところが、それゆえにこそ彼は断罪されるんですね。武士には金を掴めないような倫理がある。そうすると、やっかみから古《いにしえ》に帰れということをしょっちゅう言わざるを得ないわけです。武士以外の社会は競争社会、武士の社会というのは安定社会、一種の無競争社会でしょう。無競争社会の論理っていうのは、いまの節約しかないわけです。

「明治衣がえ国家」

速水　最後に江戸時代をとんで維新・明治の問題にふれたいと思います。維新、明治、大正、昭和という時代を通して我々は江戸時代を見なければならないわけなんですけれども、いったい江戸時代のあとに来た明治という時代は、あるいはそれ以降の日本の西洋化というものは何であったのかという問題で、この座談会をしめくくりたいと思うんですが……。

木村　私は、「明治衣がえ国家」ということを考えているんです。結局、明治というのは和服を洋服に替えただけで、基本的な変化はなかった時代だと思う。たしかに明治の二〇年の間に、近代的な国家体制とか、軍備、経済、いろんなものが、ヨーロッパ流に一応整えられたのは事実です。しかし、そういったことは、江戸時代にこれを可能にする単にポテンシャルなエネルギーがあっただけじゃなくて、実質的にヨーロッパの近代に見合うものがすでに江戸時代そのものによって実現されていた、としなければ説明がつかない。寺子屋に見られる、ヨーロッパを抜いた教育制度、教育熱がありましたし、参覲交代に見られる、中央集権的なシステムもヨーロッパを凌いでいますね。参覲交代は、諸大名が江戸に妻子を人質にとられているためにやむなく行われたとされていますが、それは半面の論理で、もう半面では江戸屋敷を構えて、二年に一度江戸と接触を持つということが、大名にとっても自分の藩を治める上で必要欠くべからざる要件だったと思いますね。中央志向型のメンタリティという日本人の国民性は、その意味では江戸時代に始まっている。しかも江戸時代の中央集権体制は世界に冠たるもので、ヨーロッパをはるかに越えていると思います。

そういった統一国家的なシステムがすでにあったからこそ、明治になって急速にヨーロッパ風に変り得たわけですね。明治初年に、人々がヨーロッパから何を導入するのが最も必要だと感じていたかは、明治十一年に作られた「文明てまり唄」という子供の数え唄にはっきり現われています。それは、ガス灯、蒸気機関、馬車、写真機、電報、避雷針、新聞、学校、郵便箱、それに蒸気船で、つまりほとんどがコミュニケーションに関するものなんですね。ヨーロッパと日本の間、そして日本国内にどうやって道をつけるかがいちばん大事だったんで、道さえつければ、ヨーロッパの文物はスムーズに入って来られるだけの土壌が日本にはあった。その意味では、江戸時代と明治の間には、基本的な異質性が認められないと思います。

日本人は、一九六〇、七〇年代からあと、やっと自分たちがヨーロッパ人でもなく、中国人でもなく、アメリカ人でもないことに気がつき始めた。それじゃいったい日本とは何だろう、自分たちの文化の本質は何だろうかという疑問が大きくなり、それがいまの江戸時代再評価の根源になっていると思うわけです。

時代区分のお話が出ましたが、私は日本史を大きく三つに分けたい。一つは一五、六世紀を境にしてそれ以前の古日本の時代で、今日の日本人が異質性を驚きや讃嘆とともに感じる時代。つぎの一五、六世紀から二〇世紀の前半までは、いまの我々の文化の原型が形づくられた期間で、農村文化の時代です。そしてそれ以後、今の産業社会の時代、都市文化の時代がくる。この三つに日本史を分けてみますと、江戸と明治というのは……。

速水　たいした区別はない（笑）。やはり私も、日本の歴史の中で明治維新が大きく取り扱われ過ぎてしまっているのではないかという気がします。今まではすべての日本の近代はそこから始まると考えられてきた。それでも明治以後と以前で歴史を分けるというのは、どの通史にもあるわけです。私もその区分を歴史のすべての局面にあてはめることには賛成じゃない。というのは、まさに木村さんがおっしゃったことに尽きていると思うんですけれども、価値観というものが問題になったときに、そこには連続性があるので、外側の替った衣だけを見過ぎてはいけないということなんです。

山崎　私もね、明治維新というものは、政治的あるいは社会的事件としては非常に小さかったんじゃないかと思う。さきほどから、江戸を大衆化社会と呼んできたわけですけれども、この大衆化社会というものは海外と断絶することによって生まれるという、非常に特異な面があった。本来の大衆化社会は、海外と切れなくてもできるはずなんですね。日本の場合、鎖国が即大衆化社会になってきた。その性格はいまだに続いているという気がするんです。ですから、わが国においては、大衆文化状況というものは、きわめてナショナリスティックな傾向を持っている。そういう奇妙な性格が、江戸時代に植えつけられ、いわば、「外と切れた」大衆社会状況が、いまもなお続いているという気がするんです。

「外と切れている」という面で面白い事件は、明治初期に内地雑居ということが非常に大きな話題になったことです。内地雑居というのはいままで居留地に置いておいた外国人を、国内に自由に入れるということなんですね。これは政府も心配しましたが、民衆も心配したんです。パリへ留学した洋画家・黒田清輝が父親に宛てた手紙で、内地雑居のことをしきりに心配しているんです。内地雑居はやめた方がよろしい、なぜなら自分がパリで見ていると、植民地労働者がたくさん入ってきて、フランス人が失業しかけている、こんなことが日本で起ると困るからやめた方がいいと書いているんですね。あれほどハイカラな青年ですら、肉体的に西洋人と接触して、そこで競争することにどこか不安を抱いているわけです。

実は内地雑居ということについては、政府はいろいろな配慮をして、内地雑居を法的に認めるかわりに、私立学校におけるキリスト教教育を禁止するとか、そういう措置をとったわけです。制度としてはその後オープンになって、内地雑居はいま成立しているようですが、精神面においては内地雑居はいまだに成立していない。

早い話が、わが国立大学においては、西洋人を雇うことは法的に禁止されている。私立においても大体が外国語の非常勤講師といったところでしょう。要するに、こういうことに対して、私はある種のアンビバレントな気持を持つというわけです（笑）。

速水　本当の「鎖国」はむしろそこにあるというわけですね。どうもありがとうございました。

第12章

外から見た江戸時代

トマス・スミス（日本史）
ロナルド・トビ（近世日朝関係史）
マーク・フルイン（日本史）
速水 融（経済史・歴史人口学）

（葛飾北斎「富嶽三十六景　隠田の水車」）

江戸時代の特徴はどこにあるか

速水　きょう私が伺いたいことは二つあります。一つは、皆さん江戸時代を研究対象とされているわけですが、一つの社会としてどういうところに一番特徴をもっているとお考えか、ということ。私たち日本に住んでいて、日本の歴史を見ている者は、とかく日本のことしか見ないというようになりがちです。そうでなくても日本の社会を基準にしてものを考えてしまう。ですから日本の歴史の何が普遍で、何が特殊かということがなかなか難しい。事情はどの国の歴史においても同じだといえましょうが、皆さんの立場から見て江戸時代というのは、どういうところに特徴があるのかを伺いたいと思います。私たちにとってはあたりまえのことが、実はあたりまえでないとか、私たちにとって何か特徴だと思うことが、案外特徴でないとか、そういうことがありますね。

二番目には、皆さんが江戸時代に関する日本の学者のいろいろな研究を読んだり、検討されて、それに対してどういう反応をお持ちかもお尋ねしてみたいのです。つまり、もっとこういうことを研究すればいいのにとか、こういうことから江戸時代を考えればいいのにとか、そういうことがあるかもしれない、もしあるとすれば、それはどういう点にあるかというふうなことを伺えれば、と思うわけです。

まず、スミスさんは、日本語に訳されていますが、『近代日本の農村的起源』(岩波書店、一九七〇年)という本をお書きになり、それからまた江戸時代の年貢や人口に関する論文等でいろいろな方面に影響を与えてこられました。どうですか、江戸時代という社会を見るときに、こういう点が非常に大事だとか、興味を引くとか、面白いとか、そういうことがあったら、ざっくばらんにお話し願えればと思いますけれども。

競争社会と共同体

スミス　速水さんがご存じのように、最近数年かけて、濃尾平野の農村の人口史を研究しているんですけどね。あの農村についての資料はいろいろな種類のものがあります。その中に土地台帳の類いもたくさんあります。そういう資料を使って、一〇年おきぐらいに、村の中で土地所有の配分を観察することができるんです。そういうものを読んでみると、土地所有は非常に不安定で、いつも変化していますね。たとえば一〇年間に、所有する土地が変っていない家は少ないです。二〇年間とか三〇年間になりますと、まずありませんね。このことは同じ小さい村の中で、家どうし土地を取ろうとする競争が、非常に激しいことを意味します。いつも家は、土地所有の変化によって、上がり下がりしているんです。もう一つは、土地を失うと、わりあいにすぐ、間もなく家もなくなるんです。

速水　土地を失えば、その家もなくなってしまう、ということですか。

スミス　なくなるんですね。そうすると土地獲得の競争というのは、ほんとに根本的に家の生活的基盤で競争することなのですね。

速水　土地を持っていなければ生活ができないと、そういう意味ですね。

スミス　はい。そういう状況はその村特有のものじゃないと思うんです。似ているような村は、江戸時代にたくさんあります。そういうことを考えてみると、これは普通言われている共同体の理論の方に、合わなくなってくるのではないかと思うんですね。その理論では、共同体は非常に大切なものだということですね。共同体論が、全然間違いだということは主張しませんが。

速水 共同体論が、日本でかなり強い。全く間違いではないけれども、その理論をあまり強く考えると、いろいろ疑問が出てくる、とこういうわけですか。

スミス そういう意味です。いままでの共同体論は、非常に一面的すぎると思うんです。それに対して反論がある。共同体の中で個人とか、家族とか、いわゆる末端細胞は、自分の利益を求めて動き、競争的に行動しています。そういった動きを統一した一つの理論をつくらなければならないと思うんです。

速水 家族や個人は、必ずしも共同体として行動をしていない。それぞれ、たとえば競争したり、個人的に行動しているとすれば、そういうものを理解するための理論が必要で、いままでの共同体論では、それが理解できないということですか。

スミス ええ。しかし今のところ、私はそういう問題を解決することはできませんが。

速水 まだ解決はしないけれども……。

スミス そういう必要があると、最近、気づいたんですね。

速水 伝統的に確かに日本の歴史家は、江戸時代あるいは現在でも、共同体というものを非常に強く意識して、日本の社会なり歴史なりを見てきているわけですね。それはいえると思うんです。

スミスさんのいまのご指摘は、どうもそういう面ばかりではないと、それを全部否定するわけではないけれども、実際にその中に生きている農民、これを、資料、たとえば土地の所有とか人口の動きとか、そういうものを通じていくと、必ずしもそうではない、だから共同体論をあまり強く考えない方がいいというふうにお考えになっているわけですね。

スミス そういう感じを持っていますね。

速水 フルインさんはどうですか。たとえばあなたがおやりになった人口移動の歴史を通じて、いま言われるようなことをお感じになりましたか。

フルイン やっぱりスミスさんにほとんど賛成します。越前における百姓の移動を研究したことがありますが、だいたい毎年一つの村の人口は、七から一五％ぐらいは変動の幅があったんです。出生や死亡、結婚、移動全部を含めるとそれぐらいになります。かなり大きな変動であると考えます。

速水 それは地理的な移動ばかりじゃなくて、社会移動も含めてですか。

フルイン いや、まず考えているのは地理的な移動です。本百姓や無高百姓も動いていました。土地売買のこともありますけれども、もう一つ考えなければならないのは、商人というか、企業のことです。よく言われる共同体的特質、つまり年功序列、終身雇用ということですが、私のいま見ている資料の中では、終身雇用、年功序列はないようなのです。企業の中には人の出入りがあって、入ってきた人はよくやめていきますね。

速水 普通、年功序列、終身雇用といったことが強調されるわけですが、それはそんなに強いとは考えられないということになりますね。

フルイン そうです。

速水 どうも共同体論はきょうは旗色が悪いようですね（笑）。江戸時代の外交という問題をおやりになっているトビさんはいかがですか。

トビ　まず共同体論について、近代化論とからんでくる意見を述べさせていただきたいと思うんですけれども、この共同体論とか、あるいは近代化論とかは、まあ、ある意味では分析の上に立った描写といえるかもしれませんが、そうではなくて一つの予見、一つのイデオロギーとして成り立っているということもあるんじゃないかと、私は思っています。

速水　近代化論とか、共同体論がそれぞれ固有のイデオロギーの上に成り立つという意味ですね……。

トビ　ええ。たとえば外人としては、日本の明治時代から大東亜戦争までの経過を批判するとか、賛成するとかいう立場をとろうとは思いませんが。

しかし、この共同体理論という立場は、その出発はともかくある意味で、たとえば朝鮮統治論とか、台湾統治論とか、満州に入ったり、その当時の北支、中国の北部に入ったときに、その地域の統一をはかる、つまり、一カ所の共同体から拡大させて、もっと大きな国際的な共同体を論ずるまでに至ったんではないかと、私は思っていますね。そういう意味で一つのイデオロギーとして活躍して、日本の帝国主義、日本の海外進出を支えたというか、正当性の裏づけをつくったイデオロギーとしてみれば、面白いのじゃないかと私は思います。

江戸時代についても、そう言えるんではないかと思うんですね。旧幕府は封建的であったとか、掠奪的であったとか、あるいは日本の国体をけがしたとかいうのも、やはり日本の国民はこういうすばらしい共同体という性質を持ったというふうなイデオロギーから発するのかもしれない。だから、このイデオロギーは維新によって日本の国民がその手錠から解放されるや、この共同体的な全国一致のような状況に戻るんだぞというふうに使われたのではないかと思いますね。そういうふうに、スミス先生とちょっと違った面からアタックしてきましたが。

三〇〇年の平和

速水　だいたい昔の考えでは、江戸時代というのは日本の近代化にとって、いわばじゃまなものだ。江戸時代につくられたものは全部、近代化のためには捨てなければならない。そして新しいものをそこでつくらなければならない。それが明治以降一つの政策としてとられてきたわけですね。そういうふうに考えられてきたわけです。

ところが、最近ではそうじゃないんだ、日本が近代化していったのは、その準備になるいろいろな条件が、江戸時代にあったからなんだ、江戸時代の中に日本が近代化していくいろいろな要因があったんだということがかなり強く出て来ているように思われます。今度は逆に江戸時代の中に、それを見つけようとすることが、だんだんいま盛んになってきているわけです。すると、江戸時代に関する評価というのは、全然違ってくるわけですね。

江戸時代は、それじゃほんとはどっちなんだろう、近代化を準備するということを、ほんとうにやっていたんだろうか、あるいはかつて言われたようにやはり貧困、搾取、そういうような言葉で捉えられる時代だったんだろうか、どっちなんだろうかということが、いま私たちにとって大きな課題になってきているんですけれども、そういうことに関して、何かお考えになるところがあれば、どなたでも……。

スミス　日本は確かにヨーロッパの諸国と比べると、工業化の時期は遅れました。特にイギリスと比べれば、かなり遅いということは言えます。けれども、たとえばヨーロッパ大陸の国々、ドイツやフランス、あるいはスウェーデンとか、そういった国々と比べれば、工業化の遅れはせいぜい数十年間の違いでしかないし、東ヨーロッパと比べれば、むしろ二世代ほど日本の方が早いぐらいです。そういうことを考えると、日本を後進国と取り扱うことはできない。遅れているという面ばかり言うということはできないんじゃないかということが、まず一つ。

その一番いい例は、一般庶民の読み書き能力の高さです。江戸時代の末とか、明治初年に日本にやってきた西洋の人々が驚いたことは、いかに多くの日本人がものを読むことができるかということです。このような高い識字率は、江戸時代のうちに準備されたんでしょうけれども、このことはそれからあとの日本の工業化にとって、非常に大事な準備要素になっている。だから一八〇〇年頃で比較してみれば、識字率では日本はむしろ先進国として考えなければならないんじゃないだろうかと思うぐらいです。

とはいっても、西洋諸国との衝突を抜きにして、江戸時代から自然に工業化しただろうかということは、必ずしも言えない。ですから、工業化したあとから考えてみると、その準備がなされていたというふうに見てもいいんじゃないですか。

フルイン　私が一つ言いたいのは、生産能力が上がっていったということです。工業化以前には長期的にいって平均一年に一%ぐらい生産能力が上がるのはかなり高い方ではないかと考えられます。すると、私、浮かんでくるのは、江戸時代の初め、厳密には大坂の役の後からだいたい日清戦争まで、約二八〇年間、平和な国であったということです。こういった状況の下で生産能力が一%ぐらい上がっているわけで、その間にもし戦争があったら全部崩れたんじゃないか。大事な生産能力が落ちてしまうということになるんですから、江戸時代の一つの大きな特徴として、三〇〇年近く平和があったということをどうしても指摘しなければならないものと思いますね。

トビ　そこで私のやっている研究の分野に関係してきますけれども、フルインさんがおっしゃることは確かにそうなんですけれど、中にはたとえば島原・天草の乱とか、維新直前の内戦、西南戦争などがあります。しかしそれらを除けば、江戸時代は国内的に平和であったことは認められます。と同時に国際的にも、幾つかの小さな事件を除いては、同じ三〇〇年近くの平和的な国際関係を持ったということは大事だと思いますね。しかもその「持った」という動詞をわざと使いました。つまり、日本はやはり国際関係を持っていたことは、見逃すべからざるところだと、私は思っていますね。どっちかといえば、その前の時代とかあとの時代においては、日本の国際関係史は、ある意味で葛藤の歴史なんだと……。

速水　まあたいへん忙しかったですね（笑）。

トビ　たとえば倭寇があったり、文禄、慶長の役があったり、台湾を征伐しようかとか、フィリピンをスペインから奪おうかとかいう動きもあったにもかかわらず、その三〇〇年近く、むしろ朝鮮と琉球と、あるいは東南アジアと、あるいは明、清、中国と平和に暮らして、普通思われるより頻繁な平和的な関係を持っていたことは、同じように生産力増加にも関わるし、文化的発展にも関わると思います。先ほどスミス先生がおっしゃったような識字率にしても、あるいは近世のイデオロギーと称する儒教の普及率、普及の速度などについても、やはり国際関係を抜きにしては考えることはできないと思います。

たとえば、対馬を通じて朝鮮から常に本を輸入しているということとか、金沢藩主前田綱紀の日記には、よく対馬のだれがしを通じて、何々という本を注文して、いま手に入れてうれしいと……。

速水 つまり、いま我々が、丸善や紀伊国屋を通じて、洋書を買うようなもんですね（笑）。

トビ しかも、同じほど高くついたと……（笑）。

スミス どういう本ですか。

トビ たとえば、一つは民律、法律関係だとか、儒教関係だとか、本草学関係とか、医学関係とか、薬理学関係とか……。

スミス 中国の本ですか。

トビ 中国の本も多いんですけどもね、朝鮮の本もありますね。

そういうことを見てみますと、また識字率問題にもかかってきますし、日本人の世界観、知識にもかかってきますがね。問題はこういう本が輸入されて、活字になって普及されるということなんですよ。何々普及版みたいな本があってですね。たとえば、朝鮮の『懲毖録《ちょうひろく》』という本があります。朝鮮側から見た文禄・慶長の役の本なんですね。これは日本に何回も持ってこられて、元禄三（一六九〇）年ですか、『異称日本伝』という本に収録されて普及するわけなんですね。これについては面白いことに、朝鮮人が日本へ来て、それを見て、その情報をソウルへ持って帰ると、一七一二年にソウルの粛宗王という王様が、その本の日本への輸出を禁ずるわけですね。というのは、文禄・慶長の役は朝鮮から言うと「倭乱」ですから、もちろん日本のいいことは一つも書いていませんし、日本の悪いことはいっぱい書いてありますね。こういう本は、わが国から日本へ行くと、わが国との温和な関係がだめになるとか、とにかくその可能性もあるからと輸出を禁じたという言い伝えもありますね。

書籍が非常に限られた人数の中でしか読まれないと、別にどうっていうこともないかもしれませんが、同じ頃の朝鮮使節の日記などを読みますと、大坂を通りますと、これだけの本屋があるとは信じられないと、つまり出版なんぞ商売になるかということは、自分の感覚から驚くべきものだと書いています。だからこれは識字率にかかってきますし、まあ出版業の企業史にもかかってきますね。

速水　最近、江戸時代の出版業の数量史的な研究、つまり、本屋がどの時代にどれだけふえたかの研究がなされています。江戸と京都と大坂、この三つに限っていますけれども、そういう研究も出てましてね。これを見ると元禄時代に一つピークがあって、ぐんとふえるわけです。

スミス　出版社の数？

速水　出版社というよりも、個人ですから出版者かな。次に文化時代に、またふえるわけです。そういうことも明らかになってきていますから、本がよく読まれた時代ということは言えると思いますね。

トビ　国際知識に関して言いますと、朝鮮からの使節とか琉球からの使節は、江戸時代を通じて三四、五回ぐらい日本に来ますけれども、特に明暦・天和年間（一六五五〜五八年・八一〜八四年）あたり以後になりますと、必ず何か便乗出版が出るわけなんですね。たとえば一七四八年に新しい将軍の即位を祝賀するために、朝鮮から使節がきますね。その翌々年の一七五〇年頃、『朝鮮物語』という本が出まして、朝鮮についての地理的、民族的、文化的知識を収録した本で、最後に「朝鮮語四週間」とかいうような(笑)、朝鮮語のやはり語彙《ごい》表があって、ハングルを振り仮名で表したりして、意味も説明するようなものが出ています。出たことはやはりそういう市場があったから出たんでしょうね。琉球使節についても、そういうものが出ます。

無差別な文化の普及

速水　要するに、江戸時代というのは、非常に知的好奇心のようなものが強い時代だったということになりますか。

トビ　そうだと思いますね。

速水　それは一体なぜなんでしょうね。

トビ　日本は、たとえばフランス、ドイツ、スウェーデンなどと違って、陸地の境はないでしょう。ですから服装とか表情が違った人を見ることは、めったにないわけですね。としますと、やはりだれもが知らないだろうことについて、好奇心が強くなると思いますね。まあたとえば『国性爺合戦』の浄瑠璃とか歌舞伎芝居についても、そういえると思いますね。ともかく知らないことが書いてあるものをわりと安く買ってうちで読もうとする意欲といいますか、その好奇心があったことを証明しているんじゃないかと思うんですね。

速水　好奇心の強い時代であると同時に、それを満たすべきものが、出版されるとか、あるいは芝居とか、そういう娯楽という形で整えられて、そこで相当程度満たされるわけですね。

逆に言うと、庶民の生活がもし生存水準ぎりぎりだったら、そういうところへお金を出すこともできないはずですね。だからいま言ったことは、一般庶民の生活は、まあある程度そういうところにお金を出したり、時間を費やしたりすることができる余裕があったということになるかと思います。そういうふうに考えていいかどうか、スミスさん、どうでしょう。

スミス　実際、江戸時代のそういう状況を知りますと、これは政府がお金を教育に使ったと考えざるをえないほどですね。けれども実際はそうとは限らないでしょう。武官たる武士を文官に切り替えるために、それに見合うような知識がなければならない、そのためには、やはり教育施設に投資をしなければならないとは考えたでしょう。だから藩の学校なんかもできますね。識字率などについて述べる場合に、政策から出た識字率も考えなければなりません。幕府、藩ともにでしょう、けれどもそれだけではないのです。

日本は階層社会だと言われますけれども、文化の普及率とか識字率になりますと、無差別に同じ文化が、武士階級にも、農村の百姓にも普及しているということを無視してはいけないのですね。これはヨーロッパの文化に比べると著しく違う点です。ヨーロッパだと上流と下流との間で、その文化は異なっているのです。シェークスピアが農村で上演されるということはない。しかし日本ではそうじゃないのです。いまの埼玉県あたりの農民の行商の日記なんですがね、これを読んでいますと、この人は藍を定期的に同じ道を廻って仕入れているわけですね。毎回同じ農家に泊ったりしている。ところが彼の商業的活動は文化的活動を兼ねているのですね。泊る家ごとに一緒に謡の練習をしたりしている。これはきっと武士階級とか上層階級に行われている行為とそっくりではないかと思います。こういう現象はヨーロッパになかったんじゃないか。

フルイン　やっぱり人口の移動と関連してきますけれど、人口の移動もあったし、商品の流通も非常に盛んになってきたのですが、そういう文化の普及も盛んなのですね。好奇心とさっき言われましたが、たとえば旅行する人は各地域の名産を知っているわけですね。東海道を行く人はどこでどういう名物を売っているか知っていて、それを求めて楽しんでいる。あるいは求めるべく旅をしているのかもしれない。だから旅行の率は高かったともいえますね。人間も商品も文化的なものも、謡とか、いろんなものは非常に広い地域に拡散していったわけですね。これは江戸時代の一つの大きな特徴じゃないかと思います。

速水　それを考えると、何かいまの日本と似ている気がしないでもない。日本人というのはとても旅行好きでしょう。国の内外にワッショワッショと出かけていく。六分毎に出ている新幹線がいつも混んでいるだなんてちょっと他の国では考えられない（笑）。観光地もいつもいっぱい。そういうことは、案外江戸時代からもう始まっていたのかもしれないですね。

それからよく言われるのに、たとえば日本独特の全国紙ですね。クォリティー・ペーパーズと言っていいかどうかわからないけれども、とにかくまあ、ああいう形で新聞が普及する率、それからいい例として総合雑誌という形ができて何種類も何万、何十万と売れている。そういうことはやっぱり文化のあり方が何か独特のように思えるのです。文化がエリートとマスに分かれてない状態を示しているんじゃないかと思います。こういう状況は、日本の中だけしか見ていないと判らないのですが、一歩外へ出ると非常に特徴なのですね。ところがどうも江戸時代の中にもそういう要素があるんだということになりそうですね。どうですか、そういうことは……。

旅と手紙

スミス　そうですね。江戸時代に日本に来ました外人は、東海道を旅行して、人数が信じられないほど多いことにびっくりしています。ヨーロッパと比べるとね。

フルイン　エリオットという人は、東海道に流れてきた人数は、ヨーロッパの大都市と同じほど多いと言っています。

スミス　大都市の道とね。

トビ　ケンペルも、やはり元禄四年と五年の参府のときに、これについて特筆しているくらいですね。こんなに頻繁に行ったり来たりしているのは信じられないと。やはり世界中を日本人が団体旅行するのは、もうその頃から有名だった（笑）。

それで日本人は、たとえば英語だとか、フランス語だとか、イタリア語だとか、自信持ってしゃべれないから、まあかたまって団体になって自信を持って行くとよく言われますが、本当はそうじゃなくて、やはり江戸の元禄頃から、伊勢参りだとか、抜け参りだとか、村をあげてどこかへ行くというような現象があったんですね。つまりこれは江戸時代からある現象で、フルインさんがさっき言ったような地方名物も、やはりそういう団体旅行に応じる一つの企業・産業じゃないですか。

速水　よく私たちが農村の記録を見てると、村の人たちが、男の人ですけれども、二〇人ぐらい今度伊勢参りをしたいということを、村の名主に願い出て、そして団体組んで旅行している。そういう願い書なんか出てきますね。だからほんとうにそういう形の旅行というのは多かったんだと思いますけど。

スミス だいたい年寄りでしたか。

速水 年齢は、かなりばらつきますけれども、どちらかと言えば若い人が多いわけです。そして彼らにとってはそれが大人になる通過儀礼のようなことなんですよ。旅行に行って外を見るということですね。

スミス おかしい話ですけど、きのうジンを買いに酒屋さんに入りました。非常に年寄りの男が店におりましてね。その年寄りの話したところによると、「去年は私はイギリスへ行きました。酒の団体として研究のために……」「どういう関係で行きましたか、どういう目的で行きましたか?」「イギリスのパブへ行って、どういうやり方でお酒を売るか……」(笑)。

トビ 飲酒の習慣の研究ですね(笑)。

スミス もう一つ、「今年はもう一ぺん行こう」といいました(笑)。

トビ 旅行もやはり識字率に関係してきますね。というのは、日本人はいまでも、どっか出かける前に、まずそこのガイドブックを手に入れますね。それもやはり明治以後の現象じゃなくて、東海道沿道案内とか、たくさん出ていますね、江戸時代に……。

速水 地図とか旅行案内は江戸時代にたくさん出るのです。

トビ これはやはり庶民がまず読み書きができて、それを買うようなお金がなければできないことですね。武士階級、あるいは大商人、あるいは大地主などだけがこれを買っていれば、こういうことは説明できない。まあ武士階級も何百万ですが、もし搾取していたとしてもそれをどのように配分していたかまでの研究がないといけないことになる。

速水 たとえば本にしても、一体だれが買ったのか、旅行にしてもどういう階級の人がしたのかということがはっきりしないと、ただ本が、たとえば一〇万冊出ても、それが全部上層階級にいったのだったら、まあいまのことは言えないと思います。けれども、私たちが農村へ行って、資料調査なんかをすると、本百姓ぐらいのクラスであれば、江戸時代に使われた字引であるとか、お習字の本とか、印刷された小説とか、場合によっては農書とかそういったものが出てきますね。

スミス どういう関係でわかりますか。

速水 農村へ資料調査に行きますでしょう。「昔書かれたものを何か持っていませんか」と聞きます。そうするといま言ったようなものを出してくれます。それは自分の研究のための材料ではないのですが、それが出てくることから判るわけです。それからちょっとした地主なら、日記であるとか農業の経営の帳簿なんかをつけていますね。大福帳ですけれども。だからやっぱり相当のところまではいっていると思っていいと思うんです。

ただ、それが一番下のクラスまでいっているとは言えない。やはり生存水準ぎりぎりの人たちが相当いたということは認めなければならないと思いますね。

スミス アメリカでも一番低い階級の中でそういうものがあるということは考えられないね。字引とか……。

速水 だいたい手紙がたくさん出てくるわけですよね。手紙がやりとりされているということは私は大変面白いと思うんです。一つはまず手紙を書いたり、それを読んだりすることができるということ、それから遠く離れたところの手紙が、近代的な通信や輸送の制度が何にもないのにちゃんと届くわけですね。これは私、いまでも判らないんです。なぜ江戸時代に手紙がちゃんと届くのか……。

トビ　そうですね。我々のアメリカには、いまでもそういう手紙をいただいても読めない人がいるからね。

フルイン　土地売買は、スミス先生が言われるほど、激しくなってきたんですから、だったらその証文を読み書きする能力は、本百姓階級に入っていった人は持っていなければならなかったことになりますね。

速水　いまのお話は、土地の売買が盛んになれば、それは土地の売買の証文としての記録をつくらなければならなくなる。そうするとそれを読んだり書いたりする人がふえなければならない。そういう読み書き能力が一般化していくことにもなるということですか。

フルイン　そうです。

速水　これはそう簡単にはいえないのです。土地の売買の証文はだいたい村の役人が書くので、当事者が書くとは限らない。だから読めない人もいたと思います。けれども普及の一つの刺激にはなったかもしれませんね。

スミス　もう一つ、さっき言ったように江戸時代の農村において土地を失った家は、すぐなくなるんですね。絶家になりましてね。しかし土地が一番上の家にいつもどんどん集まるかというとそうでもない。集めることは集めるけれども、いつも分家をして再び配分しています。ですから農村の階級的構造だけを見ると、いつも変らない……。

速水　安定的だというわけですか。

スミス　だいたい……。ですけれども、いつも人は変っているのです。

トビ　上から下まで、すべて……。

スミス　そうすると文化の伝播という立場から見ると、読み書き能力も同じように動いたと思うんですね。

高い識字率を支えたもの

速水　それは実は自分の研究でも裏づけられることで、一番下のクラスの人は、だいたい都市へ行っちゃうわけです。農村の中では、分家とか、あるいは養子とか、そういうことで上から下へという方向で、社会間の、あるいは階級間の移動があるわけですね。そうすると非常に農村の社会構成は安定的であると思うんです。そういったことが文化とか、識字率の大衆化というか、それの裏側にある条件として機能しているというふうになると非常に重要になってきますね。それじゃ都市へ行ってしまった一番下のクラスの人はどうなったのかという問題が残るわけですね。

フルイン　越前の場合には、よく江戸や大坂に行くわけです。その場合、村から決っているところに行くわけですね。一つの何々屋、誰某のところに入っている、そこで何年間か仕事をしてから、ある者はやっぱり村に帰ってきて、ある者は一生そこに残るわけです。だからそんなに長く都市にいれば、お金をためて読み書き能力も積んでいるんじゃないかと思いますが、たとえば二〇年間、三〇年間江戸に住めば、だいたいそういうことになるんじゃないかと思いますが……。

トビ そうしますと、ある意味で文化は大都市、三大都市から地方へ出ていくという現象が前からいわれているように思いますが、いま三人ともおっしゃったような現象でしたら、大都市の識字能力を持っている人たちは、都会でそれを身につけたんじゃなくて、むしろ地方からそれを持って来ているんじゃないですか。つまり、雇用の一つの前提条件として、最低限の識字能力がなければ、どこどこの問屋の丁稚になれないとかいうことになりますか、どうですか。

速水 うーん、それはちょっと私も言い切る自信はありません。逆に都市のスラム街へ入れば識字能力がなくったって食って行ける面もあるわけですね。

フルイン 僕の研究したところでは、何十人も一つの問屋に行くわけです。だからその場合は、若い者は、たとえば十五歳ぐらいの者が江戸に出る場合、着いてから読み書きを学ぶんじゃないかと思いますが。それでももし一〇年間江戸に勤めたあと、農村に帰っていく場合には、知識の普及に、非常に大きい影響を与えることになっていくんじゃないですか。

速水 私の研究でも、濃尾平野のあたりですと、農村に生まれた男女のだいたい五〇%ぐらいは、一生のうち一回、最低一年は都市に住んでいるわけです。だいたい五年とか一〇年とか住んで、そして農村に帰ってくる。あるいは帰って来ない者もある。そうするとこの人間の動きと、いまの文化の拡散というものとは関係があるんで、それを農村から都市というふうに考えるか、都市から農村というふうに考えるか、これは大変大きな課題になると思いますけどね。

まだ私はそのどっちの方向とも確信を持てません。とにかくそういう人の動きというのは、大変特徴的であり、いまの話題になっている識字率の高さとか、文化の拡散、大衆化ということと無関係ではないと、これだけは言えると思いますね。

スミス 先ほどおっしゃった問題に戻ると、農民には文字が読めるような努力が必要ですね。それがどういう動機からかという問題が非常に面白いですね。だいたいヨーロッパでは聖書を読もうとするのが動機で文字を習いましたね。日本はどうですか。

トビ しかし西洋でよく聖書は牧師から読んでもらえるから、むしろ邪道の悪魔の言葉が頭に入らないように、読み書きを覚えるなということもありますね。

スミス それもそうですけどね。

速水 日本には、そういうような読む方の側からする宗教的な動機というのは、ちょっと考えられないですね。ないんじゃないかと思います。もちろん日本の場合でも、特に真宗はかなり地方教育、文化教育といいますか、これをやっていて、たとえば「道場」と真宗ではいいますけれども、真宗の村ではこれがあって、そこで坊さんが人を集めて、いろいろ講義なんかをするわけですね。ですからそれが動機となって読み書きを学ぼうという者も出てくるでしょう。だいたい「寺子屋」という言葉が示すように、お寺は一種の学校なわけです。けれども庶民がそこへ行くのはお経を読むためではないし、教える方もそれを期待してのことではないのじゃないですか。一種のアルバイトとしてやっているんですから。一般的には、実際の必要ですね、売買の契約とかお金の貸し借り、そういう実際の目的から読み書きが必要になる。だから日本ではよく読み書きだけじゃなくて、読み書き算盤と、こういうわけですね。つまり、読み書きすることと、数を計算すること、これがセットになっているわけですよ。ということはその能力は宗教的な理由じゃなくて、もっと世俗的なといいますか、日常の生活のために必要であったということになるんじゃないか。

トビ　たとえば、スミス先生の『近代日本の農村的起源』という本にも出てくる宮崎安貞の『農業全書』。ああいうような農書も、やはり百姓によって、自分の経営能率をあげるために必要なんだということが一般的に知られるようになりますと、自分の村の中で生存競争に勝とうとするために、そういう知識をいち早く自分のものにしなければならないという動機が働いて普及するのじゃないですか。

フルイン　儲けるために……(笑)。

スミス　出世のためにね。

トビ　しかし、これはやはり国民経済にも戻ってきますね。つまり、そういうことがごく一部分でしか行われていないのならばともかく、大都市、城下町近郊の市場機能の影響が広がっていくほど、こういう市場にそなえるための力、知識を身につけなければならないでしょう。だから、たとえば九十九里浜のイワシの肥料がいいのか、ほかの肥料がいいのか、それは『農業全書』とか、ほかの本から知識を得て、それで自分の判断力を発揮して決める以外にないということになる。

速水　どうもいままでのお話ですと、江戸時代というのは、すごくいい時代のようになっていますが本当にそうだったのかな、ちょっと心配になって来ました(笑)。

トビ　住んでみたいとは思いませんけどね(笑)。

速水　実際には、もちろんバラ色一色ではなくて、いろいろやはり従来言われているような暗い面だってあったと思うんですね。ただ、一面的に捉えていけないということだと思うんですけれども。

近代化と市民革命

速水　スミスさんは日本の「前近代成長の特徴」は、西欧が都市中心であるのに対して、農村が中心になっていて、それは都市、とくに城下町の人口の減少を招いたということが言えるんじゃないかとお書きになっていらっしゃいますが、それに関連して、つまり西欧では、近代化が都市とかブルジョアジーとかいう言葉が示すように、市民が核になって近代化をおし進めていったということがあるわけですね。それに対して日本ではそうでないとすれば、この違いは近代化にどういう違いをもたらすというふうにお考えでしょうか。

スミス　アメリカの一八六〇年代頃と日本の一九〇〇年代頃のトップ・ビジネスマンを比較すれば、日本の方は、農村出身で大企業の社長になる率が、アメリカと比べて非常に高いのです。

もう一つは、同じ段階でアメリカの企業の社長と日本の社長を比べれば、日本の方の教育レベルは、アメリカよりも非常に高いということですね。これは一つの具体的な例ですが、日本の近代化における農村・農業の役割を示すものです。

トビ　その同じ段階だとおっしゃったのは、アメリカの南北戦争直後の農業人口と工業人口との比率は、だいたい一九〇〇年直後の日本のそれに非常に近いと、だから質的には同じような時期だということが論拠なわけですね。しかし、先生がおっしゃるのは、このアメリカにおける現象は、たとえば独立戦争当時にしましても、アメリカの企業家は、だいたい企業家あがりだし、ビジネスマンはビジネスマンを生む、直接農場から社長室へいく人は非常に少ないということですね。

フルイン　南北戦争の前を見ても、同じ現象が見られるんじゃないかということもあるんですが……。

速水　日本の歴史家というか、知識人は、一つの神話を信じているんですね。つまり、近代化にとって市民革命というのが、どうしても必要である、しかしこの市民革命、ブルジョア・レボリューション、これが日本にない。ないということが、日本の近代化を遅らせている、あるいは歪めていると。西欧をごらんなさい。イギリスは一七世紀にもう市民革命をやっている。フランスでも、フランス革命があるんじゃないかといったように、市民革命というものを近代化にとって非常に大切な条件にする。日本にそれがないということで、日本を遅れたものとするという考え方が、根強いわけです。そこで明治維新は、市民革命かどうかというような問題も出てくるわけですね。そういう歴史の見方というものを、いまのことにからめて、何か一つ……。

トビ　先ほど申し上げたようなイデオロギーの問題になってくると思いますけれども、ヘーゲル的な見方とか、マルクス・レーニン的な見方とか、あるいは近代化論的な見方を無差別に持ってくると、どうにもならないということだと思いますね。

たとえば、決定論的な見方を持ってきますと、明治維新は、資本主義論争の軸になるんですけれども、市民革命でなかったならば、じゃ日本はまだ近代化していないという結論になるんじゃないですか。歪めたとかいうようなことじゃなくてね。かといってスミス先生の例の前近代成長の研究でも、明らかになったように、そういうヨーロッパの、あるいはイギリスだけでもいいんですけれども、近代化するに至るその経験を普遍化して、あらゆる国に当てはめようとすると、じゃ、それ以外の、イギリス以外とか西ヨーロッパ以外の国は、全部例外として片付けなくちゃならないわけですね。
日本の場合、スミス先生がご指摘のように、城下町が衰退しつつある一方、その代りに近郊の人口も経済も成長しつつあるということは、いうところの普遍的なモデルからのはみだした例外として見るよりは、そのものとして、それ自体を取り上げた方がいいんじゃないかと思うんですね。
そうしますと、いわゆる近代化論は動揺してくるとか、あるいはマルクス・レーニン史観が揺れてくるとかいうことはあるかもしれません。しかしそれはイデオロギーの問題であって、歴史家の問題ではありません。むしろ歴史家としては、過去の経過をつかむこと、英語にない言葉で、日本語によく使われる、その実態を掴むことこそ大事だと思うんですね。その実態は、あるイデオロギーに当てはめて考える前に、むしろその実態を掴んで、それを説明することだと思うんですね。

フルイン　実態を掴むために、さっきいろんな具体的な例をあげたんですけれども、ある意味では、私の意見ですけれども、江戸時代のうちにもうすでに市民革命はあったんじゃないか……（笑）。

トビ　やられちゃった（笑）。

速水　これは一大事ですね。

フルイン　市民的な革命があったんじゃないかと考えてもいいですけれども、さっき言ったように、文化も非常に広がっていて、農民たちもいろんな謡を習うとか、経済的な発展もあったわけですね。まあブルジョア革命といえばいろんな定義があると思いますが、日本の場合は、いろんな意味で、経済的にも文化的にも、読み書き率にも、いろんな面から見れば、一種の市民革命がもうあったんじゃないかと考えてもいい。

スミス　もう少し考えなければならないですな、すぐ答は出ないですね。

「愚者」の役割

速水　そろそろ時間になってきましたので、江戸時代の研究者としてこの際言っておきたいことを、お一人ずつ何かおっしゃって終りにしたいと思いますが、どなたからでも……。

トビ　市民革命があったかどうかとか、鎖国はあったかどうかとか、貧困だとか、搾取があったかどうかということがよく言われますが、その搾取について、仮にあったとすれば、寄生地主とかいう言葉がありますけど、寄生というよりは自分を食っている状態じゃないですか。スミス先生がさっきおっしゃったような階層間の変動がそんなにあるのに構成が安定的だとすれば、上が下を食っているというよりは、早く成長しつつあるヘビが、自分の尾っぽを食っているんですね。その尾っぽを食おうとする速度と、その尾っぽが伸びる速度がだいたい同じであってね。そういうイメージが浮かんできたんですけどね（笑）。まあ我々三人は、外国から日本の歴史を見る人間ですけれども、こうした見方についてちょっと言っておきたいんですけどね。

日本人より日本の資料を多く読むとか、日本の過去の事実をより細かく知るというような役割は、私たちにはないと思いますし、まずあり得ないと思います。しかし、我々はどっちかといえば、ある意味で愚か者の役割を果しうると思うんです。「天使の恐れるところは愚か者が踏む」、だからぐうたら人間が私だと（笑）。たとえば「鎖国」があったことを知らずに朝鮮との関係から入り込んで、日本にある鎖国観にぶつかるまでは、それをあまり意識せずに、自分の問題をやっていたわけです。それでその「鎖国」という考え方にぶつかると、僕が見てきたものと矛盾してくる。定説があって、実態を見て、その定説に矛盾を感じたというよりは、定説を知らずに実態を見て、それで定説にぶつかってきたという順序も、我々には多分にあるんじゃないかと思いますね。

速水 つまり、私たち日本人だと、中学、高校と歴史を習ってくる、その中でつくられている日本の歴史のイメージというのが、もうでき上がっているわけですね。

トビ もう条件反射として動いているわけですね。

速水 だから「江戸時代＝鎖国」というふうなことになっちゃうわけなんですけど、まあ皆さんはそうでない一つの利点を持っておられると思うんですね。それをあえて愚直、愚かというかどうかは、それは別だけど……。

トビ そういう条件反射が備わっていないというのか、そのために我々は、どこの大学でもいいんですけれども、その歴史学科の入学試験に落第するに違いないと思いますね（笑）。というのは、定説というよりは、定答、定まった答を持っていないわけですね。しかし、その定まった答が出ないからこそ、王様は裸であると……（笑）。

速水 まあ定まった答を持っていないところに、ある意味では学問の出発点というのがあるんで、何かもう決っていたら、これ以上学問やることはあんまり意味がないとも言えるんじゃないかと思いますけど。

スミス 近代化とか、工業化の準備となる条件は、江戸時代につくられたんだというふうに、いままで話してきましたが、私にとって不思議で、どうも判らないのは、それがあったにもかかわらず、どうして日本には真の意味での法律が、制度的になってなかったかということです。

たとえば私が何年か前に、日本の株仲間と、イギリスとフランスのギルドを、比較研究してみようということを試みたことがあります。途中でやめたんですが、ヨーロッパのギルドを見ますと、とにかく彼らの特権が侵害されると、王様へ願い出るわけじゃなくて、裁判所へ訴えるわけです。その場合、答弁書、つまり、その理由などを詳しく書いた書類を整えるのですが、その場合に文献的な基礎をもってきて、何年何月何日付の何々という特例によって、我々はどういう特権をもっているとか云々というようにやるわけです。それで問題は全く法律的になる。

日本の株仲間を見ますと、まず裁判所じゃなくて、殿様へ願い出るわけですね。それで我々は何年何月何日云々とかいった文献的な基礎をもってこないで、ただ、かくかくしかじかの者によって我々は迷惑している、こういうふうに何も直してもらえないと、我々の妻子も食っていけない云々ということになるんですね。

ですから問題は道徳的、人道的なことをいろいろ理由にして、願い出るわけですね。法律をもとにして願い出るわけではありません。それがヨーロッパの場合ですと、弁護士をつけていくわけですね。日本の場合は、弁護士なんかつけていかない。むしろそういう弁護人という職業は、ほとんど見出されないんじゃないか。

西洋における工業、商業の発展成長は、法秩序、法制度と、緊密にからみ合っているわけですね。しかし、その条件は日本になくて、なぜ成長とか発展ができたかというようなことにぶつかるのです。

速水　いまのお話は、江戸時代に法とか、御触書とか、いろいろあるけれども、それは真の意味での法律、ヨーロッパ的な法ではない……。

トビ　体系的な法律制度ではないんですね。むしろその時々に応じて定められる。たとえば僕の場合にしても、朝鮮通信使が来るたびに、実に細かいところまで、たとえばそれを見物する人たちは、どこで座ってもいいとか、どこで座っちゃいけないとか、すだれを立てなきゃならないとかいうような細かい触れが出てきます。常備としてある法令ではないですね。そういうことを言われたんだと思うんです。

速水　江戸時代の「法」は理念から発した「法度」があり、それに実際の必要に応じてできた「先規仕来り」も加わって複雑になっているのですが、スミス先生のおっしゃったのは、それらが西洋の「法律」としては機能していないという点だと思います。

フルイン　ここで、江戸時代についていろいろ話をしたわけですが、この四人のうち三人は外国人ですけれども、それはどういう意味があるかということを、最後にお聞きしたいんですけど。

速水　だいたいこのような座談会自身が日本独特の発想であり、一種のコミュニケーション手段でしょう。私は別に三人の方々が外国の人だという意識は、そんなに強くはないんですけどね。ただ、まあ多少毛色の変った人だとは思いますがね(笑)。

さっき、どなたかが言われたように、皆さんは日本の歴史教育、歴史観の公害に侵されていないわけですね。私は日本での歴史の教え方や普及している歴史観には一種の公害があるのではないかと思うんです。それに侵されていない人が、日本の歴史、とくに江戸時代を見るとどうなるかということでお集まりいただいたわけなのです。

終　章

江戸時代と現代

磯田道史（日本社会経済史）
速水　融（経済史・歴史人口学）

（葛飾北斎「富嶽三十六景　凱風快晴」）

師弟としての出会い

――まずお二人はどんなご関係なのでしょうか。

速水　磯田君とは、ひょんなことから出会って……

磯田　と言いますか、速水先生につきたいから慶應義塾に入ろうとしたのに、残念なことに、僕が入ろうとしたら先生はもういらっしゃらなかった。ただ研究室はあるらしいし、お弟子さんもたくさんいるからということで、結局、慶應に行くことにしました。

速水　僕がちょうど京都へ移っちゃったわけです。要するに新幹線ですれ違った（笑）。

磯田　私が大学というところに入ったのは一九八九年です。ベルリンの壁は崩壊するし、どうも歴史学全般が現実に対応していなかった。唯物史観的なものから実証的なものまで、近世史家の主著と呼ばれるものをすべて並べてみたんですよ。そうしたら一冊だけ異色を放っているのが速水先生の御本で、諏訪地方の歴史人口学の本でした。ほかの歴史学だったらどこに行っても、いつだって始められるけれども、こういう勉強は、先生の下でないとできないだろうと思って、それで、岡山から京都の大学だの予備校だので、一年ほど、うろうろしていたのですが、慶應に移ることにしました。ところが僕が京都から慶應に移った時に、先生は慶應から京都に移られた。そうやってすれ違ってしまったわけです。ただ研究室は残っていたので……

速水　大学院は僕もやっていたかもしれないね。

磯田　ええ、大学院の授業はありました。

――大学院の授業に潜り込んでいたのですか。

速水　そう。学部のときから。

磯田　私は二十歳の時に先生に初めてお会いしました。今年で四十歳になりますので、ちょうど二〇年になりますね。ただ当時は、歴史人口学も学問として今ほど認知されていませんでした。ましてや、これが文化勲章をもらう学問などとは、つゆにも思われない時代でした。何か変わったことをしている、という程度の認識です。しかし、速水先生の講義は腑に落ちました。こういう研究は、国際比較も可能だし、江戸時代を知るための基礎工事として絶対にやっておかなければならない、と。

速水　その後、何で京都に来るようになったんだっけ。

磯田　ついていったんですよ。大学院生ぐらいになると、自分でも研究の真似事のようなことをやってみたくなりまして。ただ、この研究は、あまりにも大変で、僕みたいに落ちつきのない人間にはあまり向かない、ということもだんだん分かってきましたが。

とにかく京都の日文研で速水先生がやられた大きなプロジェクト（「ユーラシア社会の人口・家族構造比較史研究」プロジェクト）に参加をして、それで何をするのかと言えば、まず史料を集める、と。史料はすでに膨大にあるのに、まだ集めるのか、と正直びっくりしましたが、話を伺えば頷けました。中部地方だけではダメだ、九州など西の方はまだ史料が揃っていない、と。幸い僕の出身は岡山なので、西の方は地の利があるし、二年ほど京都の日文研の近くに下宿を借りて、ただ大学の授業にも出なくてはならないので、新幹線で行ったり来たりして大変でしたが、このプロジェクトが面白くて仕方がないのです。

その時に、申し訳ないことなのですが、古文書の浮気をしました。もちろん宗門人別改帳もきちんと集めたのですが、江戸の藩のあるところへどうせ行くのなら、藩政の文書も集めようと、こっそり、武家文書もみたり集めたりしました。そのようにして江戸時代の武士の研究も始めたという感じです。

――それが今のお仕事につながっているわけですね。

磯田　そうです。とにかく史料を残らず全部見る。博《ひろ》く見る、量を見るということは、この時、教わったことの一つです。

江戸時代への斬新なアプローチ

磯田　それにしても、本書の元になった東洋経済新報社版『歴史のなかの江戸時代』が出版されたのは、一九七七（昭和五十二）年で、最初の座談会が雑誌『諸君！』に掲載されたのは、一九七六（昭和五十一）年一月のことですから、今から三十年以上も前に、こんな本が出ていたわけで凄いことですね。一九七〇年生まれの僕は、まだ小学校に入るか入らないかの頃ですから。

速水　一九七六年と言えば、浅間山荘事件からまだ数年しか経っていない。「浅間山荘」と言っても知らないだろうが……

磯田　そのぐらいは知っていますが、見ていません。

速水　もちろんベルリンの壁崩壊の前だし、中国も鄧小平が出てくる前で、この時点ではまだ改革開放も始めていない。はっきり言えば、こういう時代にこういう本を出すのには、相当勇気が要ったわけですよ。さんざん冷やかされもしました。だけど、いま読み返してみても、おかしくない議論にはなっている（笑）。

磯田　そこがいい。やはり改めて驚くのは、本書に収録された三〇年以上前の座談会で、江戸時代に関して、かなりのことが語られている、ということですね。ここで扱われていないものを強いて挙げるとすれば、インフルエンザの話ぐらいでしょうか。それともう一点だけ今と違っているとすれば、当時は、温暖化ではなく寒冷化が問題になっている。「気候の歴史」というのは、速水先生がずっと注目されてきたテーマで、先生のご親友の仏の歴史家、エマニュエル・ル＝ロワ＝ラデュリ先生のライフワークのテーマでもありますが、いずれにしても、江戸時代については、当時もいろいろな人が論じていましたが、気候や自然環境の問題から、世界史の中に日本史を位置づけるといったことまで、従来にない江戸時代へのアプローチが大々的に展開されています。括弧つきの「鎖国」と呼ばれた日本をどうとらえるか。当時はまだ長崎貿易以外の貿易研究は十分知られていないのに、この分野の最先端の研究者も集められている。

「測定できる江戸時代」と言いうるような歴史の方法論も打ち出されています。実際、江戸時代というのは、測定可能な社会ですね。史料が豊富に残っているので、かなり精密な経済学の分析対象にもなり得る。長州藩など藩によっては、藩単位のＧＤＰが出せる。貨幣流通量や物価変動も分析の対象になる。こうしたことを前提にして、梅村又次さんや西川俊作さんとの座談会など、経済政策の点から江戸時代が論じられる章もある。これが三〇年以上も前になされたのが、すばらしい。

それと、実は今回初めて読んだのですが、宮本常一さんとの対談が収録されているのも貴重ですね。

文字として残された史料を数量化することを究極まで推し進めた速水先生と、文字に残らない習慣や無意識下の行動などを究極まで突き詰めていった宮本常一先生という二人の対談が載っています。宮本さんはすでに亡くなられていますが、墓の中の氏を揺り動かして、もう一度生き返ってもらってでも、ぜひやってほしいと思うような対談が、すでにこの本に収められています。

さらに外国の研究者との対談も面白いですね。T・C・スミスさんにしても、ロナルド・トビさんにしても、マーク・フルインさんにしても、今はすでに日本研究の大家ですが、当時はまだ若手の研究者ですね。そういう方々が新鮮な江戸時代像を語っている。

そして増田四郎さんや木村尚三郎さんなど、西洋をフィールドにする方と日本史について語っているところも貴重です。昔に比べて、現代の日本史研究者は、視野が狭くなってきて、世界史を語れる人が少なくなってきている。僕自身もその点は反省しているところなのですが、そこをきちんと語れるような教養人と、速水先生が江戸時代を論じていらっしゃる点は、とても刺激的です。

座談会シリーズ企画のきっかけ

速水　どうしてこういう座談会シリーズを企画したかと言えば、これが雑誌『諸君!』に掲載され始めた翌年の一九七七年に、早稲田大学で社会経済史学会の大会が予定されていたわけです。「新しい江戸時代史像を求めて」というのが共通論題でした。それで、僕もまだ若かったたし、要するに従来の江戸時代史像を何とかひっくり返したい、という気持ちが非常に強かった。その予行演習のようなつもりでした。

人選は直接存じ上げている方がほとんどですが、山崎正和さんなどは、編集部の勧めで初めてお会いすることになりました。ただ残念なことに、座談会に出席された方の何人かがすでに亡くなられている。磯田さんの先生の田代和生さんもまだ大学院生だった。その田代さんもこの三月で定年退職ですから時の流れを感じます。

それと一九七〇年代初めに「数量経済史（QEH）研究会」をつくったことも、この企画の背景にありました。別にマルクス主義経済史を敵に回そう、と意識したわけではありませんが、とにかく数量化できるものはどんどん数量化して、歴史の中へ取り込んでいこうという趣旨で研究会を始めたんです。そこに同じような考え方を持った研究者が集まってきました。

磯田　「新しい江戸時代像を求めて」という大会には、安良城盛昭《あらきもりあき》さんなども参加されていますよね。当時、安良城さんは、江戸時代の幕藩制も、世界史の基本法則にもとづいてこの国の歴史を位置づける理論を展開されていました。

速水　安良城盛昭君は沖縄出身で、東大の社会科学研究所で非常に活躍した人で、僕の論敵だったんですね。ただ面白いことに、「君は勇気がある」と彼からは言われました（笑）。つまり、みんなマルクス主義になっているのに、僕一人、これを否定してやっていたので。それで「意気地のない味方よりは、勇気のある敵の方がおれにとっては頼もしいんだ。だからおまえの論文は文句なく載せる」というわけですよ。社会経済史から分かれて『土地制度史学』という雑誌ができて、安良城君がその中心だった。その『土地制度史学』第二号に僕の論文が載っている。他はみんなマルクス主義一色ですから、僕のだけ明らかに異色なんですよ（笑）。

研究の出発点としての太閤検地論争

磯田　実は、私が大学を決める前に近世史家の主著を並べて読んだ本のなかで、最も感銘を受けたのは、速水先生と安良城先生の二冊でした。

速水　彼は、そういう点では徹底していました。

磯田　小農社会が江戸時代の基本をなしている、という認識では、両者は一致している。ところが、この小農社会の位置づけの仕方、解釈の仕方が違う。そこが面白かったですね。

速水　安良城君は、「太閤検地という政策によって小農を自立させたのだ」というわけです。つまり、小農という存在は、政策によってつくり出され、これが徳川社会の核をなしているのだ、と。それに対し、「小農は政策によってつくり出されたのではない」と僕は考えました。例えば、当時、城下町ができることで、市場ができた。そうした市場に適合するなかで、旧来の隷属労働型から家族労働型、つまり小農に変わっていった。徐々に形成されてきた市場に適合する形で小農は生まれてきたわけです。要するに、小農の方が生産性が高い。市場システムにおいては、一生懸命働けば、自分のところへ利益が直接返ってくる。ところが旧来の形態では、一生懸命働いても自分のところには返ってこない。

実は、農業というのは、社会主義的な方法では最も扱いにくい分野なんです。これは、現在でもそうです。社会主義国の農業政策はどこも失敗している。この方法で一生懸命働かせるためには、監視人が必要になりますが、農業は工場と違って広いところで行われますから、働いているのかサボっているのかわからない。工場なら密閉された空間なので一目瞭然です。そうした理由から、農業では、労働者の管理が非常に難しい。だからこそ、小農が非常に大事になる。

その点は、安良城君も認める。しかし彼は、それを小農自立政策の産物とみなす。検地帳の一番下に名前が出てくる人に土地の所有権を与えたのが、太閤検地という小農自立政策だった、という解釈です。しかし実際に、その検地帳を何百冊、何千冊と読んでみると、とてもそうは言えない。というのも、そもそも村高を出すのが検地の目的だからです。一筆一筆はかって、縦何間、横何間、面積はどれだけで、そして土地柄を上中下に分けて、上田なら一反分で一石八斗米がとれる、中田なら……という具合に合計の村高をはじき出す。検地とはこういうものです。徳川時代は、村請年貢制度ですから、村高に対して、例えば五〇%年貢を出せとか、今年は凶作だから四〇%にするといった決め方をする。今で言えば、例えば新宿区として年貢を負担するようなものですから、この点が個人単位で税金を負担する現代のあり方と全く違うわけですね。そういう個人が税を負担するようになったのは、明治以降のことです。

磯田 地租改正ですね。

速水 そこにこそ地租改正の意味があったわけです。太閤検地ではなく、この地租改正においてこそ、納税の担い手が劇的に変わった。

磯田 これらのやりとりは「太閤検地論争」と言われているものですね。一九五〇年代後半から一九六〇年代初頭にかけて激しい論争が起こりました。

江戸時代の仕組みがどのように出来上がってきたかというのは、江戸時代を知る上で当然、重要になので、やはり私も初学者のときから気になって読みました。速水先生が解説されたように、安良城先生は、江戸時代の社会の基礎をなした小農は、太閤検地という政策革命によってつくられた、つまり上から強く働きかけて、しかも非常に短期間のうちにつくられた、という考えです。

他方で、速水先生は、検地帳の実証研究から、そう解釈するには無理があると考えられた。「おまえら、今から検地帳に載せてやる、独立農民として取り立ててやる、そのかわり年貢を納めろ」というようなことで、一朝一夕にして、小農がつくられたとは、とても考えられない。そもそも村請という納税形態とどう見ても矛盾する。

宗門人別改帳分析を中心とする速水先生のその後のご研究が始まるのも、そこからですね。ゆっくり百年ぐらいかけて、小農を基礎的な経済単位とする、江戸時代らしい経済社会が成立していく。それを端的に示すのが、世帯規模の縮小で、単婚小家族の小農民が経済主体となっていく。単婚小家族は、一人当たりの子供に対する高い教育力・養育力をもつことになるわけですが、この世帯規模への着眼というのは、女性一人当たりの出生数を近代化の指標とみなすエマニュエル・トッドの議論とも通底しているように思います。少しでもよく働くことで、少しでも家族の世帯収入を増やす。村落の中でのある種の経済競争が起きて、農業生産以外に販売目的の経済活動も行なうようになる。これが速水先生のおっしゃる「勤勉革命」ですが、旧来の隷属農民は減少し、有配偶率が上昇（つまり一生涯結婚しない人の比率が低下）していく。そうして社会全体としては、人口が増加していく。こうした江戸時代成立の仕組みが、諏訪地方のモノグラフィーで見事に描き出されている。きちんと統計上の裏付けもあって、非常に説得力がある。徳川期社会に関する「速水理論」の基礎部分は、実はすでに一九六〇年頃までには出来上がっていたのではないでしょうか。そしてその後、先生はヨーロッパに留学され、今度はこれを世界史の中にどう位置づけるかを問題にされていったのだと感じています。

「土地」から「人」へ

――先生は、一九六三―一九六四年のヨーロッパ留学で教区簿冊を用いた家族復元を始めとする歴史人口学に出会われたわけですが、それまでに、先生ご自身の江戸時代像や江戸時代研究の方向性について、どのあたりまでイメージが出来上がっていたのでしょうか。

速水　先ほど言ったように、検地帳を研究するなかで、ふと気がついたのは、いつも最後に「何々村、高何石何斗何升」と書いてあるわけで、検地の目的は、村ごとの高を出すことにあって、これを基準に年貢を定めていた、ということです。

しかし、すべてではないけれども、その次に家数改が記されているものがある。要するに、家の数ですが、検地の際に、田畑だけではなく、農民が住む家についても調べている。例えば、この村は、家数が二〇軒で、一軒は庄屋、一軒はお寺、一軒はお宮、一軒は大工で、それから二軒は後家……という具合に書いてある。この場合、二〇軒から今挙げた六軒を引くと、残りは一四軒。さまざまな名前で呼ばれましたが、要するにこの一四軒が「本百姓」です。

これを見つけたときは、電撃的なショックでした。というのも、それまで「本百姓」というのは、「高持百姓」のことだと教わってきたわけですから。ところが、この「本百姓」は、どう見ても、後の「高持百姓」のような存在ではない。夫役を負担する農家です。要するに、太閤検地論争の時に宮川満さんなどが言っていた「役屋体制」、あれなんですよ。ただ宮川さんによれば、役屋とは親方のことで、子方がみな独立した後も彼らを懐柔しなくてはならず、それで彼らを役屋として取り立てているのであって、要するに役屋は特権階級を意味する。ところが実際には、この一四軒の本百姓は、むしろ夫役を負担しているわけです。

太閤検地や一七世紀初頭の段階では、「家」と「人」はまだ区別されていません。単に一四軒とあるだけです。それが徐々に、実際に夫役を負担できるのは誰で、各世帯に何人いるか、ということまで探るようになり、「家数人数改」や「人別改」がつくられ、男女別、年齢別の記録がつくられていきます。さらに寛永年間になると、今度はキリスト教厳禁という別の目的が加わって、「宗門人別改帳」がつくられるようになる。

ですから、僕がヨーロッパで歴史人口学に出会うのは、検地帳の最後の頁をめくっていたような段階、つまり家数調査をやっていた段階においてです。

磯田 検地帳は単なる土地調査の記録に留まらないことに気づかれたわけですね。

速水 「土地＝年貢」だけでなく「人口・人間＝夫役」も記録している。現在だったら、これに「資本」も加わるところでしょうが、当時、「資本」という概念はなかった。ただそれでも、「人畜改」「家畜」もつくられた。

いずれにせよ、「土地」と「人間」が、税を確保するために領主が把握しようとする二つの対象で、検地において初歩的な人口調査がすでになされていることが分かり、その時点で、ヨーロッパ留学に旅立ちました。

行政の文書化

磯田　江戸期になると、「在地」と称される領地の把握が文書の形で強力に行われるようになりますね。ここにこそ中世との基本的な違いがあるように思います。というのも、こうした文書化を通じて、領地の現場にいる小農民と大名が土地に対しての強い権利をもつようになるからです。

昔は谷々に城や館を築いて、在地領主として地元を支配していた領主の武士たちが、城下町に集められるようになる。すると、自分の領地を実際に見に行くことなどほとんどない。領主は、自分の領地を数字や書面で認識するようになる。九州や東北の居付きの大名はともかく、織豊系大名の武士たちは、そうなります。やりとりがあるとしても、正月やお盆など年に二回程度、ご挨拶がある程度。大きな藩では、たいてい領主は、「あなたの領地のお百姓さんは、こういう名前ですよ」という「知行所付帳」をもらいます。しかし、普通はそのリストに載っているような農民に会うことはない。この百姓は牛を一匹飼っているといった情報を親切な藩では知らせてくれる。しかし、実際にどんな牛なのかは分からない。「自分は百石取りの武士だ」といっても、数字で認識しているにすぎない。つまり江戸時代において、支配は非常に数字化・記号化されていきます。だからこそ、史料も豊富に残されることになる。

それに対して、中世は、人口史にとってはブラックボックスのような時代です。諸説はありますが、古代末、あるいは中世初頭の史料以降、江戸幕府による人口調査まで、日本の人口を記録で体系的に追うことは原理的に不可能な状況にある。これが何を意味しているかと言えば、中世とは、そうした人口の把握があまり必要のなかった社会であったということです。おそらく支配は、可能なかぎり、フェース・トゥ・フェースでなされていた。それに対して、検地帳や宗門改帳ができた段階で、支配のあり方が根本的に変容している。僕の好きな言葉で言えば、「測定できる江戸時代」というわけです。

住民情報をどこまで把握するかというのは、非常に今日的な問題でもありますが、藩という政治・行政機関は住民の何をどこまで把握していたか、もしくは把握しようとしていたか、そして集めた情報をどう取り扱っていたかは、非常に気になるところなので、僕もいま少しずつ調べているところです。「知る社会」、あるいは「文書で知る社会」と言えばよいのか、その点は、ヨーロッパの場合、どうだったのでしょうか。

速水　太閤検地や江戸初期の人口調査と同じだ、と僕が感じたのは、イギリスのウィリアム征服王（ウィリアム一世／一〇二七―一〇八七）です。一一世紀初めにフランスからイングランドに渡ってイギリス全体を征服する。このウィリアム征服王が何をやったかと言えば、ドゥームズデイ・ブック（Domesday Book）という一種の土地台帳をつくり、税制度を整える。これはまさに検地です。課税可能な対象を把握するために、水車やリンゴの木などをカウントしていく。日本で一七世紀でやられたことが、イギリスでは十一世紀にやられていたわけです。

武士の「兵士」化

磯田　今日に至る学校制度と結びついた役人登用のシステムも、その元になるものは、江戸時代の半ば頃からつくられてきます。それと共に江戸時代に生じたのは、いわば武士の「兵士《アーミー》」化ですね。

以前であれば、武士は、馬なり甲冑なりを自分の俸禄で用意していた。それが、江戸時代の半ば頃になると、そうした軍事手段が公有化されてくる。会津藩などは、立派な武士のものでも甲冑はすべて城の蔵に回収して管理すると言い出す。これは近代的軍隊と同じです。そうした武具は、武士が自分で用意して、家の床の間にでも飾っておくものなのに、「ほっといたら、おまえらはすぐ質にでも入れてしまうだろう。だから蔵で管理する」というわけです。しかも、修理代まで藩の金から出すというわけで、これはもう完全に兵士《アーミー》です。そして、こうした会津藩のやり方を他藩がまたいろいろ模倣し始める。

水戸藩が、近代的な軍事演習などによって日本中の藩から注目されるようになる過程を追っていくなかで、水戸藩が会津藩にこの制度について問い合わせている手紙を見つけました。「甲冑毛付」といって、まず甲冑を帳簿に登録するところから始まる。水戸藩の場合は、さすがに甲冑をすべて蔵に集めることまではできなかったけれども、甲冑を検地帳に付けるように帳簿に登録している。

このように「戦国の武者行列」から「近代的な軍隊」に近づくさまが、江戸後期の藩の動きから見えてきます。軍事整備費を藩が負担するようになるにつれて、最終的には、自弁で参加する昔の「いざ鎌倉」のような武士の姿は消滅していきます。

税からみた江戸時代

磯田　速水先生のお仕事を手伝うなかで、これと対照的な「中世」のありさまをよく残した社会を見ることができたのは薩摩においてでした。「薩摩は幕府のいうとおりの宗門改めはしていないかもしれないが、とにかく何かあれば、九州の南端で気になるから、史料があれば撮影してこい」と言われて、半月ほど鹿児島の山奥に住み込んで帳簿探しをしました。薩摩藩では、宗門帳はなく、「宗門手札改」という特殊な帳簿をつくっています。この時、カルチャーショックだったのは、江戸も中期・後期の帳簿に「柿の木」などと書いてあったことです。柿の木に課税する感覚は、これは中世のものですね。これが中世の荘園の帳簿に記されていても不思議ではありません。ところが、産物だの労働力だのばらばらであった課税対象が、農地に収斂されていくところに江戸時代の特徴があるわけで……

速水　いや検地帳でも、紀州などでは、ミカンの木や茶の木についても調査はしています。茶の木については、実際に課税もしている。薩摩の場合は、家臣が農村に住んでいたでしょう。そういう問題が一つありますよ。

磯田　そうなんです。そこが「中世」的なんですね。明治期の調査でも、約一〇万人ほどの郷士がいる。これは凄まじい規模の動員兵力です。幕府にとって軍事的に圧倒するのが容易でない藩というのは、三百近い藩の中でもやはり薩摩だけだったろうと思います。豊臣家は九万人で大坂城に立て籠もりましたが、あれほど交通の便がよいところでも、滅ぼすのにかなり手こずっている。他方、百万石の大藩である加賀藩でも、幕府と戦うことになった場合、動員できる兵力はおそらく四万ほどでしょう。あの位置で、大坂城の半分以下の四万人では、簡単に潰されてしまう。薩摩藩の表高は七十数万石ですが、郷士だけで一〇万人もいるとなると、城下士なども含めれば、十数万人が自分の土地を守るために全土でハリネズミのようになって迎え撃つ事態になる。しかもあの位置ですから、戦うための補給線は非常に長くなる。関ヶ原で勝利した家康にしても、薩摩だけは、地政学的にも外交的にも取り潰すことがかなり難しい唯一の藩だったのではないか。薩摩の方もそこをよく分かっているからこそ、最後まで江戸時代的な藩にはならない道をとったのでしょう。

つまり、紀州の場合でも、ミカンや茶の把握を行っているのは初期の検地帳で、時代が下ってくると、行なわれなくなる。何に課税するかは、その社会の仕組みを規定する決定要因ですが、やはり江戸時代の社会は、田畑からの収穫物に対して極めて高い税をかけている。夫役、労働地代に対する強い志向が見られるのも、江戸期最初の五〇年間だけです。実際、島原の乱以降、国内国外を問わず、大きな戦争は起こらなくなり、人夫役で百姓を動員する必要も減ってくる。大坂夏の陣以降は、築城のために夫役を課す必要も減ってくる。一七世紀半ば以降は、課税するにしても、労働地代よりは、お金で取る方向に向かう。そこに近世社会の特徴がある。

この本の座談会に参加されている西川俊作先生などは、天保期、一八四〇年頃の長州藩の租税負担率を経済部門別に算出されています。米であれば、四割はかっちり取っている。つまり米一万円分なら、四千円取られる構造だった。ところが米以外の非農業生産物について租税負担率を計算してみると、五%にも満たない。ですから田畑から取れるものでなければ、例えば、材木を売ったりすれば、税金は数%

しかかからない。課税する側の領主も、土地に対して課税する権利は持っていても、その土地に住む住民が、田畑以外で稼いだものに対して課税しようとする意識はあまり持っていなかったようです。

速水 だから西川君の研究でも、田畑の農産物と、筵《むしろ》や縄をつくったり、糸を紡いだりする副業をすべて合計すれば、租税負担率は二五％程度だと計算していますね。この二五％を高いと見るか、低いと見るか。

磯田 今の感覚からすれば、決して高くはありませんね。

速水 そう、二五％というのは、決して高くはなかった。農民のすべてが本当にぎりぎりの生活を強いられていたとは言えない。

磯田 結局、江戸時代の税制の特徴について言えば、二つのことに帰結すると思うんです。

一つは地域差。一方で、米麦二毛作が可能な西南日本においては、裏作の麦には、この制度だと税金がかからないから剰余が生まれる余地がある。他方で、東北、北陸、北関東などの米単作地域では、丸々四〇％近くの租税負担率になる。裏作で麦をつくって、トータルの負担率を三〇％、あるいは二五％以下に圧縮することができない。ここから地域格差が生じてきます。

もう一つは、江戸時代は農業中心社会のように言われているけれども、商業部門には数％しか課税しなかったということは、意図してかどうかはともかく、二〇〇年以上、商業優遇税制を続けていたことと同じだ、とも解釈できます。だからこそ、ペリーが来て大変だからとか、豪農に名字帯刀を許すなどして、政治力を発動してさまざまな臨時的な御用金の取り立てをして、制度上、課税できない商業から税金を取ろうとしている。

速水 江戸時代の中期・後期にもなると、本当に、物、金、人、情報が流通する社会になっている。いわゆるビジネスチャンスは、どこにでもあった。ただ武士が、それをつかみ損なっているという感じがする。その辺はどう思いますか。

磯田 城下町に住む中級以上の武士には、商業に携わることは基本的には許されていませんでした。その点、薩摩藩などは縛りが緩い。農村にいる限りは、どんな商売をしてもいい。地引網をやっても、木こりをやっても、何をしたっていい。しかも薩摩藩の場合は、所領の売買まで許されている。こんな藩は他にありません。ヨーロッパでは、所領の売買が行なわれましたが、徳川日本では、所領の売買は許されていない。どこの藩の武士も副業についいては、あからさまに店を構えて商売をやらない限りは五〇石以下ならほとんど何をやっても大丈夫ですが、百石くらいになれば、取り締まりの対象になる。しかし、藩は別で国産品を「産物まわし」と称して売りさばくようになるわけですから、話がややこしくなります。

「中世」的な藩が明治維新を主導した逆説

——そういう薩摩藩のあり方というのは、あくまで例外ということなんですね。

磯田 そうです。薩摩藩は、完全には江戸型になっていない。武士が農地に住んでいる。

速水 本来、中世はそうだったわけです。

磯田 そこが、薩摩では近世になっても変わっていない。同じように都から遠い東北諸藩にも、やはり郷士が数多く存在していて、武士でありながら、同時に「貧しい農民」としても存在している。

速水 ほとんどの領主は、秀吉・家康の時代に所領の移動を経験していますね。ところが薩摩はそのままです。

磯田 「居つきの大名」、あるいは「旧族大名」と呼ばれる藩ですね。

速水 薩摩藩、領地はかなり縮小したけれども長州藩もややその傾向があります。

磯田 大村藩、それから北の方では伊達藩、南部藩、津軽藩なども、厳密に言えばそうでないケースもありますが、おおよそ土地との結びつきが強く、頼朝公が鎌倉にいた頃に御家人をやっていたような武士のあり方を引き継いでいる。諏訪なども、武士はかなり中世の様相を残している。これと対照的に、「織豊系大名」と言われている人たちは、領地を完全にシャッフルされて、在地性を失っている。文字通り、兵農分離しているわけです。

速水 まさしく官僚制ですよ。

磯田 おっしゃる通りですね。ただ面白いのは、変革のエネルギーは、江戸時代的な官僚的武士ではなく、土佐、薩摩、佐賀、長州といった、むしろ「中世」の様相を残した地域から生じていることですね。こうした地域の藩が明治維新を主導したのも、全く理由がないことではない。逆に最後まで抵抗したのが奥羽の地域だったのも、やはり郷士が多数存在していたことと関係がある。今の歴史学は、ここをうまく説明できていませんが、決して偶然ではない。

そして全体としては、城下町に住む武士が土地とほとんど実質的なつながりは持っていなかったからこそ、いったん体制が変わると、大した抵抗もなく、すべてがあっけないほどに一挙に変わったわけです。しかも、先生のおっしゃる通り、武士は商業の機会からも切り離された。とくに土地を利用して利益を上げることからまず切り離されていた。武士でありながら、大地主や酒屋ということはあり得ない。逆に大地主や酒屋が献金して武士待遇をうけることはある。結局、こうしたあり方が江戸時代から、大正の頃まで続いている。工業化前の日本社会で金持ちになろうと思えば、大地主になって、庄屋や酒屋になって、土地面積を広く確保しなければならない。そうした商行為から武士は切り離されている。だから教育に行かざるを得ない。

ただ武士でも、上層の方はとくに頑張らなくとも世襲権が確保されている。一番つらいのは、下級武士で、世襲も商売も許されていない。だから教育に進むしかない。秋山真之にしても、乃木希典にしても、みな「徒《かち》」と呼ばれる下級武士階層の出身です。こうした人々が近代的な教育を受けて、明治の日本を支えていく。

速水　武士についてはそう言えるし、武士以外についても、いわば武士になり損なった「郷士」の存在も大きい。こういう人材が、明治以降の革新の担い手になっている。

江戸時代の識字率

磯田　ただ、一つ江戸時代に関する誤謬だと思うのは、江戸時代の識字率を過大に評価し過ぎていることです。最近、リチャード・ルビンジャーさんの『日本人のリテラシー――1600-1900』（川村肇訳、柏書房、二〇〇八年）や明治期のさまざまな調査を見ても、イングランドや北欧社会よりも、日本の識字率は高かったなどといった議論にはとても賛成できません。地域差が大きかったことを忘れてはいけない。

速水　そうですね、地域差はものすごく大きい。

磯田　大都市とそれ以外ではかなり異なっている。男女差も大きい。明治期の調査を元にすれば、例えば、京都、大坂、江戸の男性に限って言えば、識字率は七割程度まで推定しうる。京都の男性なら、八―九割を想定してもおかしくない。あるいは農村でも、近畿の滋賀の村なら、男性で七―八割、女性で四―五割といった識字率でもおかしくない。それに対し、薩摩などでは全く状況は異なります。鹿児島県の明治十五頃の調査では、女性だと識字率は一割程度。江戸時代にまで遡れば、おそらく一割に達していない。男性でも、薩摩なら五割を超えるかどうか、という程度ではないか。そうしたことをトータルに合算すれば、国民全体の識字率はせいぜい四割程度ではないか。

速水　四割でもひょっとすると過大評価かもしれない。

『いさなとり』という幸田露伴の初期の作品がありますが、「いさな」というのは、魚のことです。この小説に、娘が学校で字を習って、母親に新聞を読んで聞かせる、という場面が出てくる。これは、貧しい家の話ではなく、むしろ豊かな大きな家の話なんです。江戸時代の全体としての識字率を過大評価してはいけません。

とはいえ、江戸時代に書籍の出版が非常に盛んだったことは確かです。一定の読者層は確実に存在していた。杉仁さんが『近世の在村文化と書物出版』（吉川弘文館、二〇〇九年）で詳しく描いていますが、村の庄屋や上層農民などの読者層のネットワークが地方にまで広がっていた。全国民的な識字率とは区別する必要がありますが、こうした文化のネットワークは存在していました。

磯田　「日本の近代統計学の父」と言える、杉亨二の曾孫さんですね。この前も、国会図書館の中でばったりお会いしました。

一定の読者層の形成は見られても、識字率は、男女差、個人差、地域差が非常に大きいということですね。カルロ・チポラが作成した一八五〇年頃のヨーロッパ諸国の識字率一覧表がありますが（佐田玄治訳『読み書きの社会史――文盲から文明へ』御茶の水書房、一九八三年）、これによると成人識字率はそれぞれ、スウェーデンは約九〇％、プロイセンとスコットランドは約八〇％、イングランドは六五―七〇％、フランスは五五―六〇％、ベルギーは五〇―五五％、イタリアは二〇―二五％、スペインは約二五％、帝政ロシアは五―一〇％です。敢えて言えば、おそらく同時代の日本は、このイタリアとベルギーのあいだ、約三〇―四〇％程度ではないかという気がします。

速水　プロテスタント圏の北欧では、みんな聖書を家で読む。これが識字率の高さと関係しています。この点がカトリック圏と異なります。カトリック圏では、庶民は聖書を自分では読みません。そしてとくに女性の識字率の高低が出生率を左右する。つまり女性の識字率が高いところで出生率が下がっている。これは、エマニュエル・トッドの発見ですが、地図を描くと、カトリック圏と非カトリック圏の境と、識字率や出生率の地域分布が見事に一致する。

磯田　プロテスタント圏が広がる北方へ行くほど識字率は上がり、加えて農奴制が展開する東方に行くほど識字率が低くなるという構図ですね。江戸時代の日本にも、同じような地域差がかなりあることを忘れてはいけません。

日本の地域的多様性

磯田　その日本の地域的多様性については、速水先生ご自身が家族人口学的な視点からそれぞれの特徴を論じられていますが、おおよそどのようなことが言えるのでしょうか。

速水　まず『歴史人口学研究』（藤原書店、二〇〇九年）という本で、これまでの各地の史料を用いた研究論文をまとめ、一冊全体で各地域ごとの特徴を浮かび上がらせようとしましたが、例えば婚外子が多いのは、大都市で、とくに大坂です。婚外子の割合は大坂からの距離に比例しています。ただし、長崎、熊本、鹿児島、沖縄など東シナ海沿岸地域も多い。ここは、独自の文化圏をなしていて、ひょっとすると韓国南部の沿岸部、中国沿岸部、台湾まで含めて「東シナ海沿岸文化圏」というようなものが、かつて存在していたかもしれないと考えています。もし国家形成力を持っていたら、一つの国になっていたかもしれない、と。

そう考えると、「琉球処分」というのは、どれほど乱暴なことだったか。「琉球王国」という国家が存在していたのに、無理に日本に併合してしまった。最終的に、一八七九（明治十二）年に明治政府は、軍隊と警官を派遣して琉球藩の廃止を宣言し、日本に編入し、沖縄県を設置しますが、一八八一（明治十四）年度から人口統計に沖縄県の指標も出てきます。ところが、はっきり言ってこの数値は信頼できない。住民の抵抗が強く、日本人の役人が調査しても、正確には答えていないからです。このような状態が実は戦後まで続きます。沖縄県の平均寿命が最長なのも、おそらく数値上、全体の平均寿命に大きな影響を与える乳児死亡があっても届けなかったからです。
こういう統計上の問題はありますが、いずれにせよ、「東シナ海沿岸文化圏」の名残らしきものは、家族構造上の特徴に現われています。ただ、これをどう解釈するかは大きな問題で、史料が限られた現状では、とりあえず白紙にしておくほかありません。

磯田　婚外子の問題もそうですが、薩摩などでは、兄弟のあり方が特徴的ですね。例えば兄弟が一つの集団を成して、一緒に焼酎を飲み交わしていたりする。半月ぐらい鹿児島に滞在して古文書調査をしていると、それが偶々のことではないことに、だんだん気づいてくる。薩摩藩の郷士の名簿のたぐいを見ても、兄弟三人に対して一つの禄を与えていたりしている。武士の俸禄というのは普通、「おまえは何石取りだ」という形で必ず一対一の関係にあるわけですから、こんな例は他地域ではあり得ません。考えてみますと、薩摩藩士というのは、西郷氏にしろ、大山氏にしろ、兄弟やイトコで活躍していたりする。桜田門外の変に参加した有村次左衛門と有村雄助兄弟も同様です。同姓の兄弟が幕末史で揃って活躍する姿というのは、考えてみたら、本土の藩ではあまりない。家族構造や相続制度の違いがここに現われているように思います。男子の傍系集団が存在する琉球との共通性も感じられます。東シナ海的なつながりがあるのかもしれない。

すでに「近代」だった江戸時代
――そうした地域差を無視してはいけませんが、ただ総体としては「徳川時代にすで近代は始まっている」と言い

得るのでしょうか。本書収録の各座談会を読むと、まさにそうした思いを抱くのですが。

速水　マーク・フルインなどは、「市民革命はすでに江戸時代のうちに行なわれているのではないか」とまで言っています。僕に言わせれば、「近代という視点から見れば、徳川時代になかったものは蒸気機関くらい」ということになる。石炭は使っているが、これをエネルギー源にして近代的な目的に使うという段階にまでは達していない。

磯田　江戸時代が「持ったもの」と「持たなかったもの」のリストがつくれますね。

速水　それは非常に面白い。

磯田　ただ「すでに近代だった」とは言えるにしても、「江戸時代」といっても、とても長いので、最初と最後ではかなり違います。つまり、江戸時代を固定的な「不動の時代」としてではなく、「激変の時代」として捉えようというのが、まさに速水先生の江戸時代像です。ですから、変わったとすれば、どこがどう変わったのかを具体的に見ていかなければいけない。江戸が最後まで持てなかったものを挙げるとすれば、蒸気機関以外には、身分制議会のようなものですね。投票によって国家レベルで選ばれる議会はない。

速水　それが租税システムと連動しています。近代的な租税システムにおいては、租税は個々人が負担する。だからこそ、税率も納税者が選んだ議員が議会で議論して決まる。しかし江戸時代は村請で、村が税を負担しているのであって、個人ではない。

磯田　江戸時代には、タックスペイヤーとして国家と対峙する個人というものは存在していなかったということですね。逆にこの点を踏まえて、これこそ日本の近代の特徴だとも言えるかもしれません。

速水　そうなんだ。タックスペイヤーという意識が我々に薄いのも、おそらく江戸時代の社会のあり方が関係している。

明治まで残存していた「江戸」

速水　蒸気機関について言えば、近代産業の動力は、結局、国外から入ってくる。例えば、もともと運輸では沿岸航路は実に発達していた。ところが内陸交通はネックになっていた。その部分を近代産業的動力が変えていくわけです。例えば、鉄道ネットワーク成立以前の明治十（一八八七）年頃の農産物の郡別価格を地図化してみると、面白いものが見えてきます。新潟県と群馬県は隣り合っている。しかし険しい山脈があるために、ここには大きな価格差がありました。だからこそ三国峠という険しい峠を米一俵背負って歩く、という非効率な商売も成り立った。江戸時代からそうで、昔の旅行記を読むとよく出てきます。こうした地域差が鉄道ができることによって解消されてしまう。

磯田　確かに内陸交通と言えば、高瀬舟、馬方、あるいは人間が担ぐ籠といった程度のものしかありませんね。その鉄道網ができるのは明治二十年代になってからですか。

速水　東海道線にしても開通は明治二十二（一八八九）年で、下関まで延びるのは日清戦争終のこと、青森から下関まで通じるのは、日露戦争直前のことです。

磯田　つまり、一九〇〇年代に入るまで内陸交通は整っていなかったのであれば、流通面での江戸的な要素は、一九世紀の終わりまで残存していたと言った方がよいかもしれませんね。

速水　控えめに言っても、明治二十年代前半まではそう言えるのではないか。ですから、明治十九（一八八六）年という転換期をめぐって、一冊、別に本を書こうと思っているんですよ。というのは、実にいい資料がありまして、婚姻など人口に関するデータが、年齢別――しかも一歳刻みで――、府県別、男女別に揃っている。この資料を使えば、初婚年齢の地域分布などもかなり詳細に描けます。

磯田　日本の地域性がくっきりと浮かび上がってきますね。

速水　明治三十六（一九〇三）年についても詳細な統計が残っているので、明治十九年と明治三十六年の比較も可能です。

磯田　明治期の統計資料ですが、要するにそれは江戸時代の地域的多様性を表しているわけですね。

速水　まさにその通りで、この文脈で言えば、明治十九年なら、明らかにまだ「江戸」的だったと言えます。

江戸と明治の連続性

磯田　行政や政府の機能の担い手にしても、一定の連続性が認められます。江戸時代を通じて地域ごとの行政機能を担っていたのは、武士ではなく、むしろ大庄屋と庄屋ですね。彼らの行政能力によって地域社会が成り立っている。ですから明治維新は、大きな革命のように語られますが、明治に出来上がった議会の姿を見ると、大庄屋や庄屋がそのまま県議会議員になっていて、実質的に顔触れがほとんど変わっていない。こうした地方の名望家が、それぞれの地域社会で、明治以降の近代化を下から支えてきた面がある。地域政治のあり方に関しては、江戸時代と比較的連続していたと言える。ただし、外交・軍事など国政レベルになると、庄屋や大庄屋に馴染みのある仕事とは異なる。こうした分野をこそ、学校システムで育てられた官僚や軍人たちが――とくに初期には下級士族が多かったわけですが――担っていくようになる。

速水 その点は、幕府側の幕臣にも注意する必要があります。何も薩長だけで明治が成り立ったわけではない。幕臣が果たした役割もかなり大きい。

磯田 先生が注目されている、統計学の先駆者である杉亨二などもそうですね。特に技術系について言えば、西洋の新しい技術や知識を習得した人材バンクとしては、幕府ほどの巨大機関はほかにない。実際、新しい技術に関する実験は、幕府のなかでほとんどやられている。

全集などを読んでとくに感動するのは栗本鋤雲なのですが、彼は、幕末の苦しい時にレオン・ロッシュを通じて外国奉行としてフランスとの橋渡しをして、病院を建てたり、馬を養ったり、新たな軍事制度を整えてみたり、開港場での外交にチャレンジしたり、函館で実にさまざまな実験を行なっている。小栗上野介と協力して、農産物に偏った課税はゆがんでいるから、商業やその他の産業にも課税しなければならないといった計画まで進めようとしていた。

速水 栗本鋤雲は、確かパリに行っている間に……。

磯田 そうです。明治維新になってしまう。

速水 江戸と明治との間には、そうした連続性と断絶性の両面があるわけですね。その両面を見なければいけない。

江戸時代の行政機能

磯田　例えば、行政サービスの中身からも、連続性と断絶性が見えてきます。単なる地代として年貢を徴収するだけなら、反対給付たる行政サービスは存在しない。しかし、建前上は「仁による政治」でもあるわけで、例えば、災害時の対応など、何かしらの行政サービスはある。ただし公的サービスの中でも、「行なったもの」と「行なっていないもの」がある。とくに病院など公的医療システムの整備などは、ヨーロッパに比べて、かなり遅れていた。それこそ速水先生が注目されてきた分野ですが、逆に明治になると、公衆衛生は比較的早くに確立します。「遅れていたけれどもすぐに追いつけた分野」と「遅れていいて追いつくのも遅かった分野」といった具合に、いろいろ解剖していくと面白いかもしれません。

速水　後藤新平が行なったような日清戦争後の兵士の検疫などは、その意味で画期的だったわけです。

磯田　長與専齋《ながよせんさい》もそうですが、明治期における公衆衛生確立の重要性それ自体が、江戸時代に欠けていたものを示している、ということですね。

検疫にしても、まず宮様から薬をかけたという話です。すると兵たちも、「ああ、そうか、清いとされている宮様でも消毒しないといけないのか」とおとなしく従ったようです。おそらくこの時、強制的に消毒する権限、公衆衛生を行う権限を国家が持っているということを日本人は初めて目の当たりにしたわけですね。

江戸時代の大都市の死亡率が農村より高く、平均寿命も農村より短かったというのは、速水先生がずっと強調してこられたことですが、公衆衛生やインフラが整って、都市がそうした「蟻地獄的状態」から脱して、人口を再生産し得るようになり、農村部よりも平均寿命が長くなるような状態に達したのはいつ頃のことなのでしょうか。

速水　統計上の数字から言うと、明治末期、明治三十年代から四十年代にかけてです。

磯田　そこにおいて初めて安定的な都市と言いますか、社会増がなくても人口が膨らむ都市というものを日本は持ったわけですね。こうしたことは、速水先生のような研究からでないと答えようもない問題です。

速水　ただし『日本を襲ったスペイン・インフルエンザ』（藤原書店、二〇〇六年）でも述べたように、疫病との戦いは、近代以降もそう簡単には解決しません。近代的な公衆衛生がある程度整った後の一九一八年―一九二〇年の時点でも、スペイン・インフルエンザ（H1N1型）という当時の新型インフルエンザによって、少なくとも日本国内（内地のみ）で四八万人、世界全体で五〇〇〇万人以上の死者が出ています。ましてや江戸時代においては、疫病に対する防御力はゼロに等しい。「天保の飢饉」とよく言われますが、実はあれも、飢饉である以上に流行病による被害なんです。コレラ、赤痢、チフス、天然痘など、さまざまな疫病が考えられますが、インフルエンザだった可能性もある。史料によれば、高熱と下痢。とくに大きな被害が大坂で出ている。大坂では、約一一％も人口が減っている。この減少は、大坂から逃げ出した人の分も含まれている可能性もありますが、やはりかなりの死者が出たのだと思います。通常、死亡率というのは、三〇パー・ミルというように、パー・ミルの世界です。それが一一％というわけですから、文字通り、桁外れの被害です。

磯田　疫病というのは、歴史を見る際に本当に重要な視点ですね。政治史にも大きく影響しますね。

速水　先ほど触れた明治三十六（一九〇三）年の人口統計でも、一八九〇年生まれの人口に大きな凹みが見られます。これもインフルエンザだったという説が有力です。「ロシア風邪」などと言われていますが、史料が少なく、まだほとんど研究されていませんが、天皇の侍講だった元田永孚も、この時亡くなっています。それから三条実美も。そして明治天皇も寝込んでしまった。

磯田　明治天皇はお丈夫だったと聞いていますが、やはりそうだったんですね。ただ、もしこの時お亡くなりになっていたとしたら、その後の歴史はどうなっていたのか……。幼い十一歳の大正天皇を擁した日本が日清・日露に向かう歴史になるのだから。

江戸前期は環境破壊の時代

速水　いま日本の論壇は、一種の「江戸時代ブーム」が真っ盛りです。江戸時代というのは、少なくとも初めと終わりを除けば、何かとても幸せで、平和で、日本古来の文化にあらゆる層が浸ることができた時代であった、と。とくに文化史では、そうした面が強調されがちです。しかし、歴史人口学の立場から言えば、江戸時代がそう語られるほど幸せな時代だったとは決して言えません。

磯田　そうした通俗的江戸論については、僕自身も、いくつかの問題点を感じています。もちろん立派な面もあったけれども、環境にしても、識字率にしても、過大評価されすぎている。

速水　例えば平均寿命。諏訪地方の例で言えば、十七世紀前半で平均三十歳未満です。それが幕末になると、おおよそ三十歳代後半ぐらいまで伸びる。明治期になると、四十歳前半というところです。実際は、もっと長く生きた人もたくさんいたわけですが、平均寿命がこうした値になるのは、疫病などで働き盛りの二十代、三十代の死亡が多かった一方で、一歳、二歳といった乳幼児の死亡がとくに多かったからですね。諏訪藩の宗門改帳を見ても、一組の夫婦が八人から一〇人の子供を産んでも、多くの場合、その半分は二歳、三歳で死んでいる。こういう事態を、当時、生きていた人々はどう思ったか。当たり前だと思って、悲しみもしなかったのか。自分たち夫婦が産んだ子供が生まれてすぐ死んでしまえば、やはり悲しかったはずだと僕は思うんですよ。現に、子供を弔う小さな墓が東京にもたくさんある。そういうこと一つとっても、江戸時代は決して幸福なだけな時代ではない。ある限定的な意味では、「江戸時代にすでに近代は始まっていた」とは言えるにしても、もっと注意して江戸時代史像をつくっていかなければならない。決して、バラ色一色にはしてほしくないと思います。

磯田　「江戸時代は環境に配慮した時代だった」といった議論もよくなされますが、少なくとも江戸時代の最初の百年間は、むしろ凄まじい「環境破壊の時代」です。山の植生を調べても、荒れに荒れている。それこそ、速水先生が経済社会の誕生を支えるものとして、耕地面積の拡大を指摘されていますが、耕地がわずか百年ほどで二倍近くに増えるというのは、一体何を意味したか。肥料をとるために、山も、八合目、九合目より上の方だけ、やっと木を残して何とか治山するような状態です。だから洪水が何度も襲ってくる。日本の十七世紀は、まさに環境破壊の世紀だった。自然とさんざん戦って、環境を破壊した後の一七〇〇年頃にようやく、人口増加も落ち着き、ある意味で「閉鎖系」としての日本列島の中で環境と折り合いをつけるところにまで達した、というのが、実は正確なところです。

「家」と「勤勉」という江戸的価値の行方

磯田　その意味では、日本社会がいま、ひとつの岐路に立っているように思われます。江戸時代の発展の根底にあるものとして速水先生が見出された「小農的家族集団」と「勤勉革命」。この二つは、時代を越えて永続するものなのか、一時代のものにすぎないのか。今後の日本の制度設計をするにしても、この点をよく踏まえなければならないと思うのですが、いかがでしょうか。

速水　「小農的家族集団」も、「勤勉革命」も、決して永続的なものではないと考えています。ここ四百年くらいのことにすぎず、「勤勉革命」以前の日本人というのは、そんなに働いていたわけではなかったのではないか。そして「勤勉革命」の時代も、今日ではもはや過去のものかもしれない。

磯田　その「勤勉精神」の基盤を担っていたのが「家」という結合体だったわけですね。この「家」にひたすら奉仕するのが「勤勉革命」だった。「家」によって、「家」を通じて、自分自身の生存を全うする。そこまでやるかというぐらい、労働自体が目的であるかのごとく働き続ける日本人。しかしこれも、おそらく昭和三十年代には、終焉を迎え始めていて、その後、惰性だけで残存していたものも、平成二十年代には消滅するとすれば……

速水　直系家族から核家族化するだけでなく、現在は、さらには個人化、つまり非家族化が進んでいますね。

磯田　そもそも家族を選択しない。

速水　そう、いわば非家族主義。

磯田　すると、今後はどうなってしまうのでしょうか。

速水　日本の人口は、当面、減り続けると思いますが、僕自身は、もうその減少の底を見ることはできない。磯田君にはぜひそこを見てほしいわけですよ。

磯田　はい、見ます。いや、だからこそ歴史分析が大切だと思います。これから大変だと思うのは、非家族化が進めば、これまで小農的家族観に基づいて家族の面倒は家族が見るという前提だったのが、今後は通用しなくなる。しかし人間は老いもすれば病気にもなるわけで、家族を選ばないとすれば、これを誰が保障するのか。ところが――ここでまたしても江戸時代の国家の問題に戻らざるを得なくなるのですが――、政府や公に関して我々が抱いてきた観念はそこにまで達していない。高福祉・高負担に耐えられる国家への信頼はない。納税の意識も北欧のものとは歴史的に違う。公は単身者の生存を守るようなものにはなっていない。家族を選ばないのだとすれば、公的部門がより深く関与する新たな社会保障制度が必要になるはずなのに、そうも決められないまま、日本はいま迷走を続けています。財源的にも難しいし、例えば、どこまで税率を上げればよいのか、どこで合意形成を図るのか、その手がかりすら見えていない。恐怖すら感じます。

――少子化については、例えばフランスなどでは、婚外子の存在も特別なものではありません。育児にも公的部門が大きく関与することで片親でも子供を育てられるシステムが整っていて、出生率も押し上げているわけですね。

磯田　それと日本は対照的で、非家族化が進んでいると言っても、「子供が生まれれば結婚する」という志向は、いまだ非常に強く維持されていますね。いわゆる「できちゃった婚」「授かり婚」ですが、「できちゃっても結婚しない」というのが、ヨーロッパ社会では通常のこととしてある。それに対して、「できちゃったら結婚する」というのは、やはり「子供は夫婦で育てる」ということであって、これは一つの思想です。こうした思想を日本人はいまだしっかり持っているのかもしれない。

ただそうだとしても、結婚後も親と一緒に住むという、かつて小農の日本が持っていた直系家族の思想は、簡単に崩壊したような気がしますが、どうでしょうか。

速水　意外とあっけなく崩壊しましたね。

磯田　もちろん親の近くに住んだり、病気になれば面倒を見るといった習慣は、いまだしっかり残っている気もしますが、いずれにしても、一方で、現実には非家族化が進み、他方で、伝統的家族観もそれなりに強固に残存しているなかで、今後の日本社会や国家の制度設計をどうしていくのか。この点については、議論すら十分になされていないように思います。日本では、政府のこうした社会保障機能に対する信用がほとんどありません。少なくともヨーロッパ社会のように高いとは言えない。

「人口学」が存在しない日本

速水　そもそも問題は、どの政党にしても「人口」を見ていない点にあるのではないか。「人口が減って大変だ」という程度の認識はあるかもしれないが、そこから何が起きるかを考えようとしていない。将来、問題が生じることは必至なのに対応があまりに遅れています。

日本の大学には、人口学、人口学部、人口学科がない。日本の認識や対応の遅れも、原因の一つはここにある。日本の人口学は、経済学部のなかにあったり、社会学部のなかにあったり、まちまちです。日本以外では、人口学は、市民権を得た、独立した学問分野として存在する。欧米はもちろんのこと、中国や新興国においてすら、「デパートメント・オブ・ポピュレーション・スタディーズ」あるいは「デモグラフィー」が、経済学、社会学、法学、医学、統計学などさまざまな学問分野と関わりながら、独立した学問として、一定の重みをもって存在している。ところが日本は、人口に関する問題をこれだけ多く抱えているのに、これに対応すべき学問があまりに脆弱です。

磯田　考えてみれば、人口学ほど確実な未来予見は他にありませんよね。

速水　そうなんだ。

磯田　他学問が対象とする社会現象の未来予見は、そこまで確実にはなり得ない。にもかかわらず、人口学が軽んじられている。しかも、少子高齢化という日本が直面している人口学的変化は、人類史上においても、かつてないほど急速であるというのに。

速水　人口学を元に考えれば、例えば一〇年後の学生数もおのずと見えてくる。それに伴って先生がどれだけ必要かも分かる。しかし、そうした基本的なことからして場当たり的な対応しかできていない。

磯田　怖いのは、このままいけば、社会保障費は、毎年、自動的に毎年、三兆円ずつ増えていく、日本という国はそういう設計になっている、ということです。もしそうならば、当然、税収もそれに応じて伸びていかないといけない。しかし、いまや名目GDPが少々増えたぐらいでは税収は増えない仕組みになっている。

もし経済成長が二%にすぎないのであれば、これを前提に何とかしていかなければ、社会保障費の増大分は埋められない。しかし、そんな制度改革が進んでいるようには思えない。社会保障費が増えれば、確かに関連産業は多少は膨らんでいくのかもしれませんが、これは、技術革新や他分野への大きな波及効果をもたらすような、要するに将来につながるような資金の使い方ではない、ということです。例えば、小学生全員にパソコンを与え、少人数教育を徹底したり、研究機関や企業の技術開発に投資を行うといった資金の使い方とは異なります。昔であれば、例えば明治維新の時は、鉄道建設、電信敷設、ダム建設といった分野に資金を使うことで、それがまた次の生産につながっていき、オートマティカルに経済成長につながっていきました。

いま日本に必要なのは、不効率な税の使われ方を改めると同時に、何よりも労働力の質を高めることです。日本人と中国人の賃金格差は一〇倍くらいありますが、今後は、中国人であれ、日本人であれ、あるいは何人であれ、その労働力の質が、徐々に国際市場の中で評価されるようになる。そうなれば、日本人であっても、労働力の質を高めないかぎり、これまでの所得水準を維持できなくなる。だとすれば、教育に力を入れる以外にない。ところがそうした明日につながる教育や技術革新の分野ではなく、高齢化によって増大する社会補償費にばかり自動的に資金が流れる状態に陥っている。しかもその傾向が今後ますます強まっていく。このままいけば、僕自身、最晩年には、とんでもない日本を目にすることになるのではないか、と怖ろしい気がします。

東アジア全体の危機

速水　しかし、それは日本だけの問題ではありません。実は韓国も日本以上に人口が急速に減少している。そして中国でも人口減少がまもなく始まります。この中国の減り方というのは、完全にハードランディングで、ほとんど「墜落」に近い。

磯田　一九七九年に始まった一人っ子政策の影響も大きいわけですね。

速水　その一人っ子政策の最初の世代が、いま三十代になっている。

磯田　逆に言えば、これまでの中国経済の高成長も、幾分かは人口学的ボーナスを享受した結果とも言えるのでしょうか。

速水　日本の高度成長も、生産年齢人口の増大が大きく影響しています。中国も同様です。当然、高度成長の後は、同じ理由で高齢化に苦しむことになるわけで、そのために日本もいま足元がぐらついているわけですが、中国の場合は、その規模もスピードも比較にならない。

磯田　少子高齢化によって、人口ピラミッドの足元が細って、キノコのような形になりますね。

速水　しかも、日本では社会保障制度が曲がりなりにも、ある程度は整っているのに対し、中国にはそれすらない。ゼロに等しい状態です。要するに、中国が今やるべきことは、航空母艦をつくることではない。年金制度、社会保障制度を今のうちにつくりなさい、と言いたい。

これは東アジア全体の問題なんです。ですから、日本もかなり苦しい状況に追い込まれますが、「その中で最善策はこれだ」とお手本を示さなければならない。お隣の韓国も、かなりきつい。TFR（合計特殊出生率／一人の女性が生涯に産む子供数）が、一・五以下になれば、急速な人口減少や高齢化の危険信号ですが、日本は約一・三で、韓国は一・一です。香港、シンガポールも同様です。

磯田 子供の教育に熱心なところほど、少子化が急速に進んでいるという逆説ですね。子供が産まれれば、いわば「一児豪華主義」になる。

速水 韓国での大学進学率は七〇―八〇％です。

磯田 親が教育熱心なのが当然であるだけに、子供を持つこと自体が過大な負担に思われて、出生率が下がっている面もあるかもしれませんね。

速水 北朝鮮ですら出生率の低下が起こっています。要するに日韓中共通の問題です。

磯田 ならば、東アジアで軍事的に争っている場合ではありませんね。

速水 本当にそう。これは東アジアの全体の危機なんですよ。

磯田 そこを忘れてはいけないですね。

――本日は、お二人から江戸研究の今日的意義を改めて教えていただきました。長時間、ありがとうございました。

（二〇一一年二月一日／於・藤原書店会議室）

編者あとがき

本書は、三十数年前に、東洋経済新報社より発行された対談・座談集『歴史のなかの江戸時代』に四篇の新しい座談・対談と筆者自身による書きおろしの「序章」を加えた、言ってみれば『増補新版歴史のなかの江戸時代』である。旧版は刊行から三十数年を経るうちに、書店の本棚から消えたばかりでなく、筆者自身の手許にも一冊を残すのみとなってしまった。たまに、読みたいという方が現れても、古書で求めるしかない状況である。

読み返して見ると、まだ不惑の歳を越えたばかりだった筆者が、いささか思いあがってはいるものの、対談・座談の相手をして下さった方々の発言に支えられて、現在でも通用する内容を持つものである、という確信を持つにいたった。ただ、三十数年の間に、増田四郎、荒川秀俊、岩生成一、梅村又次、西川俊作、新保博、宮本常一、木村尚三郎、トマス・C・スミスの諸先生方は亡くなられ、常にお叱り、励まし、教えを賜ってきただけに寂寥感に堪えない。これらの方々を偲び、遺されたお仕事を前に、ご冥福をお祈りしたい。

しかし、新たに加わった四篇の対談・座談は、筆者より若い世代の方々との対話であり、『歴史のなかの江戸時代』上での新世代の加入を意味している。『歴史のなかの江戸時代』という題名の書籍の上で、一つの歴史が展開しているのである。

いずれにしても、本書に登場する方々の発言は、生き生きとし、固定観念や先入観から自由で、何よりも自分の言葉で語られていることに感銘を受ける。もちろん本書は、学術書ではないから、一つ一つ注記があるわけではないが、どの発言もそれぞれの長年の研究成果からにじみ出たもので、それを誰にでも分る表現で示したものである。対談や座談は、当然相手あってできるものであるが、対話を通じて自分を見出す機会でもある。そういった点で、最もその余慶に浴したのは、筆者自身だったのかもしれない。

対談・座談を行いながら、新しい考えが浮かんだり、思い込みが解消された例は枚挙にいとまがない。もちろん学問の道は一人でコツコツと、手間ひまを顧みず行うのが正道である。いわゆる耳学問は真の研究ではない。しかし、対話・座談をきっかけに、研究を深めることは許されるであろう。それに、対話を通じて学問を伝える方法は、プラトンに典型的に見られるように、決して不自然なことではなかった。本書が、プラトンの哲学と同水準だとは全く思っていないが、何よりも、それぞれの研究を、話し言葉で伝えているところに意義がある、と考える。

なお、本書各章のトビラに用いた絵図は、すべて葛飾北斎の「富嶽三十六景」からとった。北斎は、江戸時代の生んだ「国際的」芸術家であり、カネにも、地位にも、はては衣食や日常の礼儀にも無頓着で、自ら「画狂人」と称したほど一生を絵につぎ込んだ。その結果、ヨーロッパの絵画、はては音楽にまで影響を与える「国際的」芸術家にさえなったのである。こういった芸術家を生み、その存在を許したのが江戸時代であることを考え、すべての画像を北斎——特に最高の傑作である「富嶽三十六景」——で飾ることにした。

当を得ない場所であるが、本書出版に当り、多くの方々の御好意を戴いた。まず、旧版出版元の東洋経済新報社は、このような形で新版を出版することを無条件で認めて下さった。その意味もあって、旧版の対談・座談、筆者の「序」は、「座談会を終えて」と共に本書「第一章」として基本的にすべてそのまま転載し、今回、新たに「序章」と「編者あとがき」を加えた。

本書出版は、いつもながら藤原書店店主の藤原良雄氏のご厚誼による。氏以外に、増補版とはいえ、一度、三十数年以前に世に出た本書の出版を敢行する書肆があるだろうか。現下の出版事情のもと、氏のご厚意には御礼の言葉もない。

そして、本書出版を担当された同書店の西泰志氏に、満腔の敬意と御礼を申し上げたい。氏は、編集者としての一定の仕事をこなされたどころか、本書刊行のため身を削って努力して下さった。種子を明かせば、本書の「序」は、これもまた氏と筆者の対話の結果と言っていいだろう。氏こそ、筆者が考える日本人の持つマンタリテ、「勤勉」を自己実現されたプロフェッショナルである。

最後の最後に、およそ整理能力を欠いた乱雑極まる筆者の書架から、本書に含めたもの以外にも、対談・座談の抜刷りや記事を見つけ出し、整理して下さった小嶋美代子さんに心から感謝する。

二〇一一年二月

編者記す

出典一覧

序 章　勤勉革命と産業革命　書き下ろし

第1章　歴史のなかの江戸時代　速水融編『歴史のなかの江戸時代』東洋経済新報社（東経選書），1977年（「序」「座談会を終えて」）

第2章　歴史の物差し　速水融編『歴史のなかの江戸時代』東洋経済新報社（東経選書），1977年

第3章　自然環境と生活　速水融編『歴史のなかの江戸時代』東洋経済新報社（東経選書），1977年

第4章　「鎖国」下の国際関係　速水融編『歴史のなかの江戸時代』東洋経済新報社（東経選書），1977年

第5章　銀の小径　『三田評論』慶応義塾大学，第820号，1981年12月

第6章　「鎖国」を見直す　『国際交流』国際交流基金，通巻59号第15巻3号，1992年9月

第7章　経済政策の視点から　速水融編『歴史のなかの江戸時代』東洋経済新報社（東経選書），1977年

第8章　「近世の秋」　速水融編『歴史のなかの江戸時代』東洋経済新報社（東経選書），1977年

第9章　都市と農村の暮らし　『白い国の詩』東北電力株式会社広報・地域交流部，通巻569号，2004年1月

第10章　庶民の生活文化　速水融編『歴史のなかの江戸時代』東洋経済新報社（東経選書），1977年

第11章　大衆化社会の原型　速水融編『歴史のなかの江戸時代』東洋経済新報社（東経選書），1977年

第12章　外から見た江戸時代　速水融編『歴史のなかの江戸時代』東洋経済新報社（東経選書），1977年

終 章　江戸時代と現代　2011年2月1日，藤原書店会議室にて収録

（河出文芸選書）『鴎外』（河出書房新社，のち新潮文庫）『室町記』（朝日新聞社，のち講談社）『社交する人間』（中央公論新社）。

トマス・スミス（Thomas C. Smith）

1916年生。2004年没。日本史。著書 *Political Change and Industrial Development in Japan: Government Enterprise, 1868-1880*（Stanford University Press，邦訳『明治維新と工業発展』［東京大学出版会］）*The Agrarian Origins of Modern*（Stanford University Press, 邦訳『近代日本の農村的起源』［岩波書店］）。

マーク・フルイン（Mark Fruin）

1943年生。日本史。著書 *Kikkoman : company, clan, and community*（Harvard University Press）*The Japanese enterprise system : competitive strategies and cooperative structures*（Clarendon Press）*Knowledge works : managing intellectual capital at Toshiba*（Oxford University Press）。

磯田道史（いそだ・みちふみ）

1970年生。日本社会経済史。著書『武士の家計簿』（新潮新書）『殿様の通信簿』『近世大名家臣団の社会構造』（東京大学出版会）『殿様の通信簿』（朝日新聞社）『江戸の備忘録』（朝日新聞社）『龍馬史』（文藝春秋）。

ロナルド・トビ（Ronald P. Toby）

1942年生。近世日朝関係史。著書『近世日本の国家形成と外交』（創文社）『行列と見世物』（共編著，朝日新聞社）。

斯波義信（しば・よしのぶ）

1930年生。中国経済史。著書『宋代商業史研究』（風間書房）『宋代江南経済史の研究』（汲古書院）『華僑』（岩波新書）『中国都市史』（東京大学出版会）。

川勝平太（かわかつ・へいた）

1948年生。比較経済史。著書『日本文明と近代西洋』（NHK出版）『文明の海洋史観』（中央公論新社）『海洋連邦論』（PHP研究所）。

梅村又次（うめむら・またじ）

1921年生。2006年没。日本経済論。著書『賃金・雇用・農業』（大明堂）『戦後日本の労働力』（岩波書店）『労働力の構造と雇用問題』（岩波書店）。

西川俊作（にしかわ・しゅんさく）

1932年生。2010年没。計量経済学・日本経済論。著書『地域間労働移動と労働市場』（有斐閣）『計量経済学のすすめ』（毎日新聞社）『経済学』（東洋経済新報社）『経済分析と経済政策』（日本経済新聞社）。

新保博（しんぼ・ひろし）

1923年生。2002年没。日本経済史。著書『封建的小農民の分解過程』（新生社）『日本近代信用制度成立史論』（神戸大学研究双書刊行会）『近世の物価と経済発展』（東洋経済新報社）。

宮本又郎（みやもと・またお）

1943年生。日本経済史。著書『近世日本の市場経済』（有斐閣 1988）『企業家たちの挑戦』（中央公論新社 1999）『日本企業経営史研究』（有斐閣 2010）。

宇江佐真理（うえざ・まり）

1949年生。時代小説作家。著書『幻の声』（文藝春秋）『深川恋物語』（集英社）『余寒の雪』（実業之日本社，のち文春文庫）『通りゃんせ』（角川書店）。

宮本常一（みやもと・つねいち）

1907年生。1981年没。民俗学。著書『宮本常一著作集』『甘藷の歴史』（日本民衆史 第7）『瀬戸内海の研究』（すべて未來社）『私の日本地図』（同友館）。

木村尚三郎（きむら・しょうさぶろう）

1930年生。2006年没。ヨーロッパ中世史。著書『歴史の発見』（中公新書）『西欧文明の原像』（講談社学術文庫）『ヨーロッパとの対話』（日本経済新聞社，のち角川文庫）『ヨーロッパからの発想』（講談社，のち角川文庫）。

山崎正和（やまざき・まさかず）

1934年生。劇作家。『世阿弥』（河出書房新社，のち新潮文庫）『劇的なる精神』

著者紹介

増田四郎（ますだ・しろう）

1908年生。1997年没。ヨーロッパ中世史。著書『独逸中世史の研究』（日本評論社，のち勁草書房）『都市――その根柢にあるもの』（如水書房，のち弘文堂）『西洋封建社会成立期の研究』（岩波書店）『都市』（筑摩書房）『西洋中世社会史研究』（岩波書店）。

荒川秀俊（あらかわ・ひでとし）

1907年生。1984年没。気象学および連続体の力学。著書『気象力学』（岩波書店）『気象熱力学』（岩波書店，のち地人書館）『気候変動論』（気象学講座第10巻，地人書館）『お天気日本史』（文藝春秋，のち河出書房新社）。

西岡秀雄（にしおか・ひでお）

1913年生。人文地理学。著書『気候700年周期説』（好学社）『民俗考古学』（ニュー・サイエンス社）『寒暖700年周期説』『なぜ，日本人は桜の下で酒を飲みたくなるのか』（ともにPHP研究所）。

伊藤和明（いとう・かずあき）

1930年生。地質学。著書『火山――噴火と災害』（保育社）『地震と噴火の日本史』『日本の地震災害』（ともに岩波新書）。

岩生成一（いわお・せいいち）

1900年生。1988年没。日本近世海外交渉史。著書『南洋日本町の研究』（南亜文化研究所，のち岩波書店）『朱印船貿易史の研究』（弘文堂，のち吉川弘文館）。

永積洋子（ながづみ・ようこ）

1930年生。日本近世対外交渉史。著書『近世初期の外交』（創文社）『朱印船』（吉川弘文館）編訳書『平戸オランダ商館の日記』（全4巻，岩波書店）『唐船輸出入数量一覧』（創文社）。

田代和生（たしろ・かずい）

1946年生。近世日朝交流史。著書『近世日朝通交貿易史の研究』（創文社）『書き替えられた国書』（中公新書）『江戸時代朝鮮薬材調査の研究』（慶應義塾大学出版会）『倭館――鎖国時代の日本人町』（文春新書，後に，ゆまに書房）。

高瀬弘一郎（たかせ・こういちろう）

1936年生。近世日欧交渉史，キリシタン史。著訳書『キリシタン時代の研究』『キリシタンの世紀』『イエズス会と日本』一・二（すべて岩波書店）『キリシタン時代対外関係の研究』（吉川弘文館）『キリシタン時代の文化と諸相』『キリシタン時代の貿易と外交』『モンスーン文書と日本』『大航海時代の日本』（すべて八木書店）。

編者紹介

速水融（はやみ・あきら）

1929年生。1950年慶應義塾大学卒業。慶應義塾大学名誉教授，国際日本文化研究センター名誉教授，麗澤大学名誉教授，文化勲章受章者，日本学士院会員。経済学博士。経済史・歴史人口学専攻。著書に『近世農村の歴史人口学的研究』（東洋経済新報社），『近世濃尾地方の人口・経済・社会』（創文社），『歴史人口学で見た日本』『大正デモグラフィ』（文春新書），『日本を襲ったスペイン・インフルエンザ』『歴史人口学研究』『〈増補新版〉強毒性新型インフルエンザの脅威』（岡田晴恵編，共著，いずれも藤原書店），『近世初期の検地と農民』（知泉書館），『歴史学との出会い』『汽車とレコード』（いずれも慶應義塾大学出版会）他多数。最近の訳書にR・キャメロン＋L・ニール『概説 世界経済史 I・II』，M・リヴィ＝バッチ『人口の世界史』（共訳，いずれも東洋経済新報社），D・C・ノース＋R・P・トマス『西欧世界の勃興〈新装版〉』（ミネルヴァ書房）他多数。

歴史《れきし》のなかの江戸時代《えどじだい》

2011年　3月30日　初版第1刷発行 ©
2014年11月30日　初版第2刷発行

編　者　速　水　融
発行者　藤　原　良　雄
発行所　株式会社　藤　原　書　店

〒162-0041　東京都新宿区早稲田鶴巻町523
電　話　03（5272）0301
FAX　03（5272）0450
振　替　00160 - 4 - 17013
info@fujiwara-shoten.co.jp

印刷・製本　音羽印刷

落丁本・乱丁本はお取替えいたします
定価はカバーに表示してあります

Printed in Japan
ISBN978-4-89434-790-8

人口と家族から見た「日本」

歴史人口学研究
（新しい近世日本像）

速水 融

「近世―近代日本」の歴史に新たな光を当てた、碩学の集大成。
同時代の史料として世界的にも稀有な、″人類の文化遺産″たる宗門改帳・人別改帳を中心とする、ミクロ史料・マクロ史料を縦横に駆使し、日本の多様性と日本近代化の基層を鮮やかに描き出す。

Ａ５上製　六〇六頁　**八八〇〇円**
（二〇〇九年一〇月刊）
◇978-4-89434-707-6

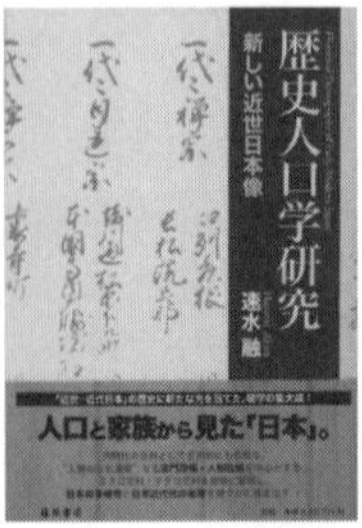

斯界の権威が最重要文献を精選

歴史人口学と家族史

速水融編

歴史観、世界観に画期的な転換をもたらしつつある歴史人口学と家族史に多大に寄与しながら未邦訳の最重要文献を精選。**速水融／ローゼンタール／斎藤修／コール／リヴィ＝バッチ／ヴァン・デ・ワラ／シャーリン／アンリ／リグリィ／スコフィールド／ウィルソン／ハメル／ラスレット／ヘイナル**

Ａ５上製　五五二頁　**八八〇〇円**
（二〇〇三年一一月刊）
品切◇978-4-89434-360-3

新型ウイルス被害予想の唯一の手がかり

日本を襲ったスペイン・インフルエンザ
（人類とウイルスの第一次世界戦争）

速水 融

世界で第一次大戦の四倍、日本で関東大震災の五倍の死者をもたらしながら、忘却された史上最悪の″新型インフルエンザ″。再び脅威が迫る今、歴史人口学の泰斗が、各種資料を駆使し、その詳細を初めて明かす！

四六上製　四八〇頁　**四二〇〇円**
（二〇〇六年二月刊）
◇978-4-89434-502-7

トッドの主著、革命的著作！

世界の多様性
（家族構造と近代性）

Ｅ・トッド
荻野文隆訳

弱冠三二歳で世に問うた衝撃の書。コミュニズム、ナチズム、リベラリズム、イスラム原理主義……すべては家族構造から説明し得る。「家族構造」と「社会の上部構造（政治・経済・文化）」の連関を鮮やかに示し、全く新しい世界像と歴史観を提示！

Ａ５上製　五六〇頁　**四六〇〇円**
（二〇〇八年九月刊）
◇978-4-89434-648-2

LA DIVERSITÉ DU MONDE
Emmanuel TODD